COLLECTION
FOLIO / HISTOIRE

Pascal Ory

# La France allemande

(1933-1945)

Paroles françaises

Gallimard

L'édition originale de cet ouvrage a paru dans la collection Archives dirigée par Pierre Nora et Jacques Revel.

Pascal Ory est né en 1948. Il est professeur à l'Université de Versailles-Saint-Quentin-en-Yvelines, où il dirige le Centre d'histoire culturelle des sociétés contemporaines.

# AVERTISSEMENT

(1995)

L'ouvrage qui suit — pour l'essentiel une anthologie de textes d'époque, en un certain ordre assemblés — a paru pour la première fois en 1977. En vue de la présente édition l'auteur a voulu ajouter quelques documents alors inédits, apportant un éclairage nouveau. Il n'en a pas trouvé. La grande ordalie rétrospective à laquelle se livre ce pays depuis un quart de siècle (1970 : mort du Père, Charles de Gaulle) a pourtant suscité, à côté de multiples études, essais et pamphlets, la publication de nombreux mémoires en défense, anthumes et posthumes, signés de divers acteurs de la Collaboration, depuis le ministre germanophile façon Jacques Benoist-Méchin jusqu'au Waffen-SS de base façon Lucien Gauthier. Mais le propos de ce livre était ailleurs : redonner la parole à la France allemande, dans le temps et dans l'espace où elle avait encore ce ton inimitable que donne à l'homme la conviction d'être dans le sens de l'Histoire. La demi-douzaine d'extraits qui ne respectent pas ce principe et empruntent au genre des mémoires appartient du moins à un autre cercle, secondaire mais utile : celui des textes écrits au lendemain de la Chute, sous son effet et à sa lumière crue ; le texte final de Drieu La Rochelle en est le plus bel exemple. Élargir aux textes de cette fin de siècle aurait posé de tout autres problèmes : « la littérature rétro-satanas », dont l'auteur avait proposé un premier historique et une première analyse dès 1974, est devenue un genre en soi, qui mériterait sa propre anthologie. On laissera ce soin à d'autres, moins soumis que l'auteur ne l'était en 1977 à cette détermination de s'intéresser aux Années noires si peu scientifique et si impure : la morale.

# INTRODUCTION

*L'intention de l'auteur n'est pas ici de parler de la Collaboration mais des collaborateurs. Et ce en leur redonnant, autant que faire se peut, la parole. L'accent a donc été mis sur le discours de tous ces petits acteurs qui pendant un lustre ont entrepris d'occuper la place publique sous la tutelle des plus grands, pouvoir français et, surtout, puissance allemande. Le journal extime, la lettre plus ou moins ouverte et, bien entendu, l'article de presse ont donc été préférés aux textes de l'institution, rapports, traités et allocutions, marqués au sceau de l'officiel — ou du confidentiel, cette dernière catégorie n'étant à tout prendre que l'image inversée de la précédente.*

*Ainsi se trouvera mise au jour cette idéologie longtemps occultée, moins confuse que méconnue, à l'accent caractéristique et désormais, sans doute, reconnaissable. Cette ébauche de phénoménologie constituerait ainsi la moins contestable introduction à ce qui est devenu pour nombre d'années l'objectif principal de la plupart des observateurs attirés par ce moment équivoque : l'analyse non de l'exceptionnel, la Révolte, mais du normal, la Soumission.*

## PAROLES ET CENSURES

*La censure de ce discours ne fut pas elle-même des plus simples. On peut penser qu'elle se fit en deux temps, solidaires par-delà leur apparente opposition. Un quart de siècle fut bien nécessaire à notre pays pour épuiser les charmes d'un certain résistantialisme établi, où le politique et l'historiographique se soutenaient l'un l'autre pour convaincre la communauté nationale de son vaste consensus héroïque, et du profond isolement des voix collaboratrices. Ce schéma se trouvait renforcé dialectiquement par la hargne de ceux qui, petit à petit, de la clandestinité à la place publique, tentaient d'engager devant la postérité le procès en réhabilitation des réprouvés. Un irrésistible glissement conduisait ceux-là de la révision du cas Pétain — l'homme qui avait fait don de sa personne au pays — à la justification de son chef de gouvernement, Pierre Laval, offert en holocauste à l'incompréhension de ses contemporains; de la collaboration d'État sous toutes ses formes aux exploits des lansquenets de la nouvelle Europe. En un mot, une ère de plaidoyers et de réquisitoires, peu propice au retour aux sources.*

*Vint le mythe. Pour que la légende noire pénétrât la société française, il lui fallut être portée par un double mouvement critique et fasciné, prise en charge par une nouvelle génération postérieure aux dernières guerres (coloniales), moins témoin que public et par là même toute prête à y investir ses propres phantasmes. En un temps spectaculaire cette rencontre ne pouvait manquer de nourrir une même fièvre de représentation : titres lucifériens des gestes romancées* (Les Inciviques, Les Hérétiques, Les Maudits), *svastikas, runes noires de la SS, gamma de la Milice française en couverture des revues de vulgarisation historique, films ambigus, mi-parti de dénonciation et de complaisance, où l'engagement d'un jeune Français dans la police allemande tient à la crevaison d'un pneu à l'heure du couvre-feu...*

## VICHY/PARIS

*Par un faux paradoxe ces deux époques entretiennent d'ailleurs chacune à sa façon la même équivoque, fondée sur la confusion de ce que, pour simplifier, on appellera respectivement « Paris » et « Vichy », en d'autres termes la collaboration officielle, assumée, induite du pouvoir politique replié dans le sud de la France, et le collaborationnisme de principe(s), défendu et illustré par ceux que le mauvais esprit dénommera non les Hommes nouveaux mais les* nouveaux messieurs.

*L'erreur est classique, qui consiste à superposer un jugement de valeur implicite à une distinction d'ordre intellectuel. Une simple mise à plat événementielle de cet « An quarante » où tout se noue, entre l'armistice du 25 juin et la poignée de main de Montoire, devrait pourtant suffire à préciser les dimensions exactes du débat. C'est au cœur même de l'été 1940, qui voit par ailleurs Vichy poser toutes les bases d'une politique* sui generis *antidémocratique, antimaçonnique et antisémite, que les ultras de la collaboration idéologique vont échouer à convaincre le Maréchal, tout fraîchement investi des pleins pouvoirs. Pétain se refuse à franchir les deux pas à leurs yeux essentiels : le retour du gouvernement à Paris; l'institution d'un parti unique. Deux mondes se découvrent étrangers l'un à l'autre, le « national », qui veut se consacrer tout à sa revanche sur l'Ancien Régime, l'« européen », qui veut qu'on poursuive cette révision jusqu'au renversement des alliances et à la conversion aux formules nazies.*

*La lune de miel qui suit Montoire —* ce serrement qui est un serment, *lance, lyrique, l'un des petits chefs du nouveau Paris — n'est pas sans malentendu; du moins est-elle de courte durée : dès le 13 décembre le renvoi brutal de Laval par Pétain, conseillé par son entourage maurrassien, installe durablement la suspicion entre les deux camps, l'occupant se chargeant de moduler le ton de la polémique des « nordistes » en fonction de la conjoncture.*

*Est-ce à dire qu'ainsi Vichy se rapproche de la Résistance, comme en un nouvel avatar de la formule à succès :* Pétain-bouclier, de Gaulle-épée ? *C'est le principal mérite de la nouvelle génération d'historiens, moins solidaires des préjugés « internes » (même s'ils n'échappent pas toujours aux incompréhensions symétriques du regard « extérieur »), que d'avoir souligné avec force, documents à l'appui, que la collaboration d'État à la vichyssoise était, tout bien pesé, la meilleure des solutions pour Hitler. L'Angleterre n'est pas encore à genoux, on l'oublie trop souvent; l'heure de la grande réorganisation européenne n'a pas encore sonné. Le vainqueur de 1940 désire avant tout disposer d'une « porte de derrière » bien fermée, zone calme, solidement tenue en main par un pouvoir revêtu des garanties de la légalité, et qui lui fournisse sans trop rechigner l'aide économique dont sa machine de guerre a besoin. « C'est Pétain qu'il nous faut » : Hitler, Ribbentrop ou Otto Abetz, le représentant du second à Paris, auraient pu reprendre à leur compte le slogan d'avant-guerre.*

## L'ÉTAT COLLABORATEUR

*Du point de vue qui sera le nôtre ici, l'État collaborant fournira donc le cadre historique dans lequel devront toujours, bon gré mal gré, se situer les collaborateurs d'idéologie. Voici la longue chaîne de concessions et de réticences, de faux coups de théâtre et de vrais abandons par rapport à laquelle il leur faudra réagir, quelle que soit dans ces réactions la part des consignes allemandes.*

*Avant comme après le débarquement allié en*

*Afrique du Nord et l'invasion de la zone sud par l'Allemand qui en est, le 11 novembre 1942, la conséquence, la collaboration d'État va tenter de jouer un jeu qu'elle suppose subtil. En dernière analyse, son temps n'est pourtant que celui du déroulement des opérations militaires générales, et son espace est bientôt circonscrit, au-delà des apparences, par les moyens de coercition directs ou indirects dévolus à l'occupant. La dégradation continue des deux termes de cette dialectique laisse aisément prévoir que ce qui aurait voulu se donner à l'origine les dehors de la tragédie se résoudra au dernier acte en un jeu d'ombres dérisoire, sans cesser d'être sanglant.*

*L'espace initial de l'État français est celui des conventions d'armistice, bien matérialisées sur le terrain par les cinq zones qu'elles distinguent, cinq feuilles d'artichaut à manger une à une, qui n'augureraient rien de bon pour la France en cas de victoire allemande, pour peu qu'on ne cherche pas à se payer d'illusions : l'Alsace-Lorraine, annexée dans la pratique dès les premiers jours ; le Nord-Pas-de-Calais, rattaché au commandement militaire de Bruxelles ; la zone interdite, au nord et à l'est, qui semble bien aujourd'hui avoir été zone de colonisation agraire par les nouvelles élites germaines ; la zone nord proprement dite, où s'ébroue à son aise la France allemande ; enfin la zone sud, en sursis pour deux années. Sur les bases de ce pouvoir territorial croupion — d'autant plus fragile que la réaction pétainiste célèbre l'ancrage résolu dans le sol national —, le temps vichyssois est celui des trois parties ambiguës jouées successivement par Laval, jusqu'à son renvoi de décembre 1940, l'amiral Darlan, dauphin officiel du Maréchal à compter de février 1941, et derechef Laval, rappelé par Pétain sous la pression allemande en avril 1942.*

*La première collaboration lavalienne « antidoctrinale », autant dire tout entière livrée à la doctrine du calcul souverain et du pragmatisme universel, pose la politique du temps présent comme palabre de deux négociateurs rusés et se refuse à voir que le plus faible des deux n'est qu'un jouet entre les mains de son interlocuteur. Mais c'est la collaboration à la Darlan — même ambition personnelle, augmentée d'une anglophobie d'amiral — qui ira le plus loin dans la direction de la cobelligérance aux côtés de l'Axe : soutien logistique aux Allemands dans leur lutte anti-anglaise au Proche-Orient, autorisation de l'officieuse Légion française des volontaires contre le bolchevisme (L.V.F.), « Protocoles de Paris » du printemps 1941, paraphés par Darlan mais rejetés* in extremis *par les modérés, etc.*

*Après novembre 1942, c'est un pouvoir politique ayant perdu tout ce qui lui restait d'autonomie qui sert de cadre au double dialogue Vichy-Berlin et Paris-Vichy. La conviction de la victoire allemande est devenue « souhait » antibolchevique, et le Laval de cette seconde époque, plus circonspect que le premier, s'il n'a pratiquement plus rien à négocier, n'en continue pas moins à exécuter les gestes du marchandage. Fantôme chaque jour plus diaphane, mais encore bien utile à la polémique nordiste qui, après avoir salué son retour, finit par l'assimiler aux attentistes, malgré l'arrivée progressive d'« éléments révolutionnaires indiscutables » dans les conseils du gouvernement : après l'ambassadeur Fernand de Brinon, l'académicien Abel Bonnard, le chef de guerre Joseph Darnand, le propagandiste Philippe Henriot, le doctrinaire Marcel Déat.*

*De l'or belge, reçu en dépôt par la Banque de France et livré à l'Allemagne, aux aérodromes de Syrie ouverts à la Luftwaffe, de la participation de juristes ou de policiers français à la persécution anticommuniste ou antisémite de l'occupant — et qui renchérissait sur l'initiale persécution d'esprit « réactionnaire » — jusqu'à la déportation officielle des travailleurs français en Allemagne sanctionnée par le S.T.O. (Service du travail obligatoire) de 1942-1943, la France de Vichy aura très convenablement rempli l'office que lui assignait la stratégie de son vainqueur. Mais en prime, elle aura assumé assez de contradictions idéologiques pour donner quelque réalité à l'épée de Damoclès nordiste, exciter la verve des purs et durs de la France allemande.*

## LA COLLABORATION ÉCONOMIQUE

*Cette collaboration dans la quotidienneté du pouvoir d'État est en fait inséparable de toutes les grandes et petites collaborations d'état fondées sur l'exercice, tout aussi quotidien, des fonctions élémentaires ou sophistiquées de la survie économique; depuis le travail d'une main-d'œuvre volontaire en Allemagne, ou dans ces cantons d'Allemagne en terre française que furent les administrations, les usines et les chantiers de l'armée d'occupation, jusqu'à l'entente commerciale ou industrielle la plus étroite des entrepreneurs eux-mêmes avec l'occupant. Ici encore, on retrouve le même mixte de « réalisme » calculateur et de conviction discrète, le même glissement d'un postulat technocratique jusqu'à la volonté de profiter des conditions nouvelles, dans une commune affirmation patriotique : lutter contre la polonisation économique comme le gouvernement lutte contre la polonisation politique, par le moyen d'une égale soumission.*

*Ce discours implicite de l'économique, la tradition et la conjoncture s'unissent pour l'empêcher de s'exprimer avec clarté. Son décryptage est par ailleurs des plus difficiles : conviction, contrainte, déguisements de l'une et de l'autre... Rien qui justifie cependant le tabou encore posé sur quelques interrogations gênantes. Ainsi des 765 000 travailleurs français installés en Allemagne à la Libération : ils sont venus pour la plu-*

*part contraints et forcés par les lois vichyssoises, mais peut-on oublier la présence en leur sein de volontaires indiscutables ? Dès les premiers mois, les reportages et autres enquêtes sur* le standard de vie de l'ouvrier allemand, *l'attrait d'un gain supérieur et de facilités diverses avaient pu allécher une avant-garde. Quand, en 1942, Laval lance la formule de la « Relève » d'un prisonnier de guerre français par trois ouvriers qualifiés volontaires, ce sont en un semestre 72 000 de ces derniers qui répondent à son appel. Sans doute fort peu, comparé aux exigences initiales de l'occupant (350 000) et compte tenu de l'intense campagne de propagande engagée à cet effet, mais du point de vue de l'engagement collaborateur qui s'y trouve implicitement inscrit, un contingent de poids.*

*Même ambiguïté à l'échelon des entrepreneurs, obligés à des degrés divers d'entretenir des relations ouvertes avec une puissance occupante qui s'entend à pousser le plus loin possible en sa faveur les stipulations de l'armistice. Certaines archives militaires allemandes, désormais accessibles au chercheur, dressent un tableau assez optimiste de la collaboration économique pendant les deux ou trois premières années, signalant la grande « compréhension » du monde paysan, pendant que du côté du commerce de détail et de l'artisanat, hasard et nécessité se conjuguent étroitement avec ce que les tribunaux de la Libération essaieront de définir comme l'*intention manifeste *de tirer profit de la présence étrangère. Une assez forte proportion de petites-et-moyennes-entreprises aurait de même* *joué délibérément la carte allemande, qu'il s'agît de lutter contre la Crise ou de prendre enfin sa revanche sur de plus gros, — quand ces derniers ont souvent à leur disposition l'argument des conventions intergouvernementales pour justifier leur complaisance; sans oublier les divers organismes travaillant au grand jour à développer ces contacts fructueux, tels la section économique du groupe français Collaboration ou le Centre en France des organisations économiques allemandes et sa* Revue économique franco-allemande, *l'un des rares lieux publics de ce discours.*

*Sur 44 usines visitées par la Commission allemande de contrôle de la production industrielle de Lyon, un tiers accepteront ainsi de collaborer officiellement à la réalisation du programme Albert Speer — ministre de l'Économie du Reich : les bombardements commencent en 1942-1943 à toucher sérieusement le potentiel allemand — et de recevoir en échange le « certificat d'usine S »* (Spesbetrieb) *qui signale, à côté de la classe* Rustung *(matériel de guerre, un commissaire allemand contrôle le fonctionnement) et* V Betrieb (Vorzugsbetrieb, *produits de première nécessité, en partie seulement dirigés vers l'Allemagne), les entreprises préférentielles, dotées de passe-droits divers. En novembre 1943, 184 patrons d'usine de la région — sur 194 invités — recevront des certificats S des mains des autorités allemandes, au cours d'une solennelle cérémonie. On en comptera 128 dans les Alpes-Maritimes à la Libération.*

*Au-delà, il faudra parler des entreprises transfor-*

*mées en simples usines de sous-traitance de firmes germaniques ou germanisées, des quelques sociétés mixtes sous contrôle allemand et des fameux « bureaux d'achat » de l'armée d'occupation, officiels ou plus souvent officieux, lieux de convergence des éléments les plus troubles de toutes les collaborations mercantiles...*

*Qu'on n'étouffe cependant pas trop vite celles-là sous l'épithète du « sordide ». La collaboration économique n'avait pas besoin d'être plus subtile que toutes les autres, simplement plus discrète, moins spectaculaire que celle des poignées de main photographiées : en termes allemands, elle fut des plus efficaces, avec pour résultat une ponction sans doute égale à 30 % du revenu national français. L'économie des usines S et l'État de Montoire sont ainsi évidemment solidaires : la première trafique, mais c'est le second qui lui donne le* nihil obstat. *Nul besoin ici d'un discours très original ; suffira une classique nécessité, qui n'est à tout prendre qu'une sorte d'acharnement à perpétuer tout en profitant.*

### DES MARGINAUX ?

*La Collaboration de principe, au contraire, n'est, à la limite, qu'un discours. Il se distingue d'autant plus de celui de Vichy que ce dernier se veut très délibérément à usage interne alors que celui-là fait des relations franco-allemandes le propre de sa justification.*

*Les paroles de la France allemande seront donc celles d'une minorité parlante, successivement ou simultanément inconsciente et fière de cette situation minoritaire, toujours agitée par les deux grandes questions qui se posent à toute force politique prétendante : le pouvoir et l'unité. Que la réponse ultime ait été dans l'un et l'autre cas négative n'autorise pas à faire l'économie des deux questions induites : celle de la représentativité (sociale) du groupe et celle de la représentation (idéologique).*

*Les collaborationnistes n'ont-ils été, comme le voulait la Libération, que* quelques douzaines de Français démunis de sens national, de fierté ou d'argent *(André Frossard) ? L'observation microsociologique révèle sans doute quelques lobbies groupusculaires dont la pugnacité, exercée avant guerre par quelques épreuves supportées en commun, ne laissait pas augurer une telle fortune, mais, comme on le verra, ce n'est pas là tout.*

*Prenons, par exemple, le cas de la presse écrite. Inquiète du succès électoral du Front populaire, la maison Arthème Fayard décide en mai 1936 de saborder l'hebdomadaire politique qu'elle a lancé en 1933, comme cour de récréation du jeune maurrassisme. Avec l'aide de trois bailleurs de fonds, les rédacteurs sauvent leur titre :* Je suis partout *sort de l'épreuve plus vigoureux, prêt à radicaliser ses positions jusqu'au fascisme le plus affiché. Quand il reparaît au début de l'année 1941, ses animateurs, dont le choix « parisien » a été sans équivoque dès l'été 1940, sont bien près de tenir à eux seuls le haut du pavé de la presse nordiste. Qualités de plume et violence politique : les deux terrorismes s'épaulent. Un Alain Laubreaux s'impose comme un chroniqueur de référence, unanimement craint pour sa férocité délatrice et ses ambitions mondaines, un Claude Jeantet, un Pierre-Antoine Cousteau s'installent sans risques aux premières pages des principaux organes populaires,* Paris-Soir, Le Petit Parisien, *dont ils contrôlent bientôt toute l'évolution politique; Robert Brasillach assume avec constance les fonctions de jeune premier de la littérature fasciste. Encore une année et c'est le volumineux pamphlet du plus radical de l'équipe,* Les décombres *de Lucien Rebatet, qui jouera dans ce milieu le rôle de best-seller. Même hypertrophie inattendue pour l'agence* Inter France *de Dominique Sordet, devenue le principal centre de propagande pro-allemande à destination de la province (zones nord et sud bientôt confondues), organisation multiforme et conquérante qui tient bientôt sous sa coupe la presse régionale et locale; même partage des dépouilles avec le clan de Jean Luchaire qui s'attache à contrôler par le biais d'institutions corporatives* ad hoc *les sinécures bien rémunérées de tous ces médias.*

*Mais la société collaborationniste ne se limite à ces* nouveaux messieurs. *Sans doute n'est-il pas possible d'ajouter foi aux déclarations tonitruantes des intéressés, aux 500 000 adhérents revendiqués par le Rassemblement national populaire (R.N.P.) de Marcel Déat, lancé avec quelque bruit à l'orée de 1941, aux*

*« centaines de milliers » de militants P.P.F. (Parti populaire français), rassemblés derechef comme aux beaux jours de la création du parti, en 1936, autour de Jacques Doriot. L'exemple de la Milice française illustre au contraire assez bien l'inévitable déperdition qui accompagne ce type d'engagement : la Légion française des conbattants, vaste rassemblement maréchaliste aux contours flous, compte encore, en 1941, plus de 1 500 000 adhérents ; le Service d'ordre légionnaire (S.O.L.), avant-garde pure-et-dure que Joseph Darnand organise en son sein, n'en a déjà plus que 30 000 ; la Milice qui en est à son tour issue ne semble pas avoir conservé la moitié de ces hommes.*

*L'enquête de l'I.H.T.P. sur les effectifs des mouvements de collaboration ne pouvait répondre avec précision à la question des chiffres nationaux, toute la documentation dont nous pouvons disposer aujourd'hui étant des plus lacunaires. L'extrapolation à partir des résultas régionaux permet du moins d'en rabattre définitivement sur les affirmations des appareils : sans doute une vingtaine de milliers de R.N.P. pour toute la France, dont près de 8 000 dans la seule région parisienne ; à peine plus de P.P.F. ; moins de 4 000 L.V.F. combattants à la mi-février 1942, même si dans ce dernier cas le nombre des « adhérents » et des « amis » de la Légion peut localement être de huit à quinze fois supérieur, etc. À l'heure du Débarquement le fer de lance de la Milice, sa Franc-garde, n'a pas regroupé plus de 5 000 actifs. La brigade, puis division SS Charlemagne, vaste pan-*

*démonium où confluent les épaves de toutes les formations armées de la Collaboration, intérieure ou extérieure, ne dépassera pas 7 600 hommes en décembre 1944.*

*Le principal intérêt des enquêtes locales est cependant de relativiser ces indications grossières par une série de petites approches géographiques et socioprofessionnelles. La part des adhérents sur l'ensemble de la population est généralement des plus faibles : 0,33 % en Côte-d'Or; 0,08 % dans le Doubs, toutes organisations civiles et militaires confondues — surtout si l'on tient compte des nombreux cas de double appartenance (10 % de l'ensemble dans le Jura de zone nord). Commencent pourtant à se faire jour des régions à dominante R.N.P. (Val de Loire, par exemple) ou P.P.F. (banlieue parisienne, Vienne, Corse, et plus généralement tout le Sud-Est), sans parler de quelques îlots aberrants (la squelettique Ligue française du commandant Costantini tient le haut du pavé à Dijon) liés à la personnalité de tel ou tel responsable local.*

*Plus évidents et plus intéressants encore sont le caractère nettement urbain de ce recrutement, malgré quelques exceptions miliciennes (deux tiers de ruraux dans la Vienne, par exemple), sans doute héritées de sa généalogie pétainiste, et, corollairement, l'incontestable sur-représentation des classes moyennes, conformément au schéma explicatif désormais classique des mouvements de type fasciste. Une association de noble compromission comme le groupe Collaboration recrute sans doute par priorité dans les professions libérales, l'industrie, la notabilité locale; mais, sans chercher à exagérer cette opposition, on peut dire que le R.N.P. opère d'ordinaire ses percées parmi les employés, les fonctionnaires, les enseignants, conformément à ses origines républicaines et laïques (sa féminisation relativement élevée signerait ses liens assez étroits avec les bureaux allemands), alors que le P.P.F. semble plus près du travailleur indépendant, petit commerçant, artisan et toutes professions dites de contact : limonadiers, garagistes, voyageurs de commerce — ou prétendus tels —, etc. La classe ouvrière et plus encore le* lumpenproletariat *ne jouent un rôle remarquable que dans les mouvements armés, Milice (52 % des miliciens du Doubs sont d'origine ouvrière), L.V.F., Waffen SS... Comme on le voit, la modestie des conditions augmente avec les risques courus.*

*On devine à ces indications sociologiques que ces petites Frances allemandes seront également d'une résistance inégale à l'adversité. Organisations de plus haute antiquité, aguerries par les coups du sort, un groupuscule comme le mouvement franciste (Marcel Bucard, Paul Guiraud) ou un vrai mouvement national comme le P.P.F., maintiendront leur unité et leur pugnacité plus longtemps que, par exemple, le fragile R.N.P. du professeur Déat. À l'heure du grand renfermement, ils passeront plus aisément avec armes et bagages dans les formations paramilitaires de l'État milicien ou de l'Europe SS.*

*Mais il faudrait se garder de conclure trop vite à la*

*totale marginalité. Il serait par exemple utile de connaître, à titre de comparaison, le pourcentage des militants politiques recensés avant et après la guerre dans les mêmes régions (dans le Loiret, les effectifs du seul R.N.P. dépassent sensiblement ceux du P.C.P.F. de 1935). On ne saurait non plus passer sous silence tous les signes qui convergent pour suggérer l'existence d'un courant d'opinion non négligeable, œuvrant en pratique, si ce n'est toujours en paroles et au grand jour, pour la collaboration franco-allemande : anonymographes sans nombre, auxiliaires français des polices allemandes, candidats à la gestion des biens aryanisés — ces derniers en nombre toujours supérieur à l'offre, s'il faut en croire les archives du Commissariat général aux questions juives.*

*Il est des cas plus troublants encore, mis en lumière par une autre enquête de l'I.H.T.P., sur le travail français en Allemagne : il est clair que plusieurs centaines, voire plusieurs milliers de travailleurs, s'ils ont dit non à la déportation déguisée du S.T.O., ne répugnaient pas à s'embaucher en France dans des entreprises notoirement contrôlées par l'occupant, conformément à l'hypothèse défendue par l'habile Speer contre son compatriote Sauckel, plénipotentiaire à la main-d'œuvre et partisan de la manière forte. À côté du populeux personnel de service des administrations allemandes — on y compte 1 545 Français dans les seules Alpes-Maritimes —, la main-d'œuvre ouvrière accaparée par les chantiers Todt (mur de l'Atlantique principalement) fixe un bon nombre de « volontaires de rai-*

*son » : certains réfractaires au S.T.O. cessent de l'être du jour où on leur propose cette solution de rechange. Alors que l'ensemble des départs volontaires du Morbihan n'est que de 370, les ouvriers français employés par Todt y sont déjà 3 000 à l'automne 1942. Dans l'attentisme, voire l'hostilité d'une partie de l'opinion publique, n'est-ce pas l'*étranger *qui est ainsi rejeté, plus que l'*occupant, a fortiori *le* nazi ? *Dans une guerre dont le caractère idéologique devient chaque jour plus affirmé, le refus opposé par l'univers de la longue durée, l'option réactionnaire des « couches profondes » sont une dimension à ne pas négliger, même si elle choque les esprits vertueux. Du Commissariat aux chantiers Todt, dans quelle mesure les nordistes n'exprimaient-ils pas tout haut la logique de l'inconscient pétainiste, dont on sait par ailleurs qu'il fut, lui, largement partagé ?*

## DES FASCISTES ?

*Se trouve ainsi posée la question de la nature même de cette idéologie : exacerbation du discours traditionaliste de Vichy, ou approximation d'un fascisme français, avec la synthèse propre que ce qualificatif implique : élitaire, populaire, totalitaire.*

*Il ne fait pas de doute que la France allemande adopte des points de repère idéologiques qui, sans être radicalement opposés à ceux de Maurras, n'en illustrent pas moins un décalage profond : là où il pose en quelque sorte 1789, 1815 ou 1871, elle pose 1917, 1923, 1933. Diagnostiquant à sa manière les grandes commotions politiques de son temps, elle évacue sans scrupules de conscience excessifs deux articles essentiels du credo propre à l'extrême droite classique : le nationalisme et l'État patriarcal.*

*La présence en son sein de personnalités d'origine socialiste, toutes plus ou moins longtemps adeptes du Front populaire, n'est pas non plus l'une de ses moindres originalités. Ces hommes de gauche, chez lesquels d'ailleurs le vocable de « collaboration », appliqué aux relations sociales, était déjà familier dans les dernières années de l'avant-guerre, apportent avec eux un langage révolutionnaire dont s'empresse de s'emparer la droite nouveau style, encore mal remise de la grande menace de 1936 et qui se rappelle à propos que le fascisme italien est né, pour une large part, en milieu socialiste révolutionnaire et anarcho-syndicaliste.*

*Pour que fascisme il y ait, il faut cependant que dans la synthèse en cours le second de ces termes soit strictement minoritaire, ou plus précisément utilitaire, mis au service de thèmes foncièrement étrangers à la tradition de gauche. C'est ce qui semble bien être le cas ici, où les deux catalyseurs, l'obsession antibolchevique et la justification par la force appartiennent au substrat le plus profond de la droite. Le premier permet le ralliement d'hommes politiques familiers de l'empoignade antirouge, antibolchevique ou antimarxiste (selon les cas et leur généalogie propre), depuis le réac-*

*tionnaire classique jusqu'à l'anarcho-syndicaliste de filiation proudhonienne. Il facilite le glissement de pétainistes germanophobes vers l'européisme le plus délibéré, hommes du verbe comme Philippe Henriot, activistes comme Joseph Darnand. Quant à la morale supposée réaliste du Pur, du Fort, du Vainqueur, elle est bien propre à susciter l'enthousiasme d'intellectuels en quête de fraternités viriles, tout en leur donnant la caution éthique qui leur manquait.*

*Débarrassé ici de ses oripeaux « exotiques », qui encouragent les distorsions quand on se penche sur le noir mussolinien ou le brun hitlérien, c'est bien un fascisme à la française qui prend forme sous nos yeux, non pas négation mais inversion des formules à succès du léninisme, mise au goût du jour — le jour des masses, des races et des krachs — des deux composantes élémentaires de droite : l'Ordre et la Hiérarchie vitale.*

*La contre-épreuve de ce diagnostic peut être aisément administrée pour peu qu'on regarde un instant de plus près le « socialisme fasciste » cher en particulier à Drieu la Rochelle, parangon des contradictions internes de la France allemande. Le jugement porté sur le capitalisme, en théorie bête noire symétrique de la bête rouge, y apparaît en effet strictement moralisateur et psychologique (« égoïsme », « cupidité »...), traversé de notations physiologiques imprégnées de primitivisme : tabou de l'or, image vampirique du ploutocrate (généralement juif), etc. En fait, il recouvre une réelle fascination pour l'ère ascendante du capitalisme et pour ses capitaines d'industrie définis par Drieu lui-même comme « épouvantablement bienfaisants ». Le collaborationniste, le fasciste n'est pas anticapitaliste, il est antibourgeois; en cela, le court épanouissement, strictement circonscrit dans le temps, de ce langage excessif doit être sans doute mis en relation avec cette vieille, diffuse, autrement riche constante idéologique de la francité, d'ordinaire qualifiée, faute de mieux, d'« anarchisme de droite », et qu'on définira rapidement comme une nostalgie féodale violemment dérisive de la société moderne.*

*On comprend dans ces conditions que les néo-socialistes et les pacifistes intégraux remontés sur Paris n'aient pu y tenir qu'en se reniant, quand les néo-maurrassiens, au bout du compte bien mieux à leur aise, ne souffraient guère que de quelques difficultés de vocabulaire.*

*Sans doute parce qu'il a vécu avant tous les autres et au plus haut degré cette inversion de valeurs, l'ancien communiste Jacques Doriot incarne d'assez près le collaborationniste typique : peu de goût pour les débats doctrinaux, sens du* Führer-prinzip, *esprit de parti, enfin la conviction de la résolution ultime des problèmes politiques par la violence. Mais dans le même temps Doriot est, de tous les candidats dictateurs parisiens, le plus « raté », si l'on considère l'obstination couronnée de succès avec laquelle, de Laval à Déat, chacun des autres s'attachera à maintenir le P.P.F. éloigné des allées du Pouvoir. Exemplaire, il le devient alors jusque de l'échec absolu de cette aventure politique. Cette crise finale dans laquelle s'abîmera son rêve en est bien la pire des condamnations, puisqu'elle contredit à la base le « réalisme » collaborateur, tout en enfermant pour finir ses partisans, prétendument ultra-lucides, dans la cécité la plus complète à l'égard de la conjoncture militaire.*

## UNE INTERROGATION

*Le dernier avatar de l'idéologie franco-allemande est, on le sait, tout entier du domaine du phantasme : puisqu'aussi bien force doit rester à la Force, l'ultime résolution ne peut plus passer que par cette sorte de* deus ex machina *à la manière fasciste : l'« arme secrète », universelle et radicale, destinée à renverser en dernière minute une situation militaire désespérée. Mais avant de disparaître du champ politique sous la forme datée qu'il adopte dans les textes qui vont suivre, ce discours léguait aux générations futures une petite bombe à retardement. Pour triompher de l'organisation totalitaire européenne, énonce-t-il en effet, les Alliés ne peuvent faire autrement que d'adopter à leur tour les méthodes d'intégration autoritaire, qu'il s'agisse des institutions, des rapports de production ou des mentalités collectives. Sur tous les fronts l'esprit démocratique cède du terrain. En supposant que Hitler fût vaincu, il aura du moins irrémédiablement contaminé ses adversaires. Appliquée au domaine français, cette théorie se traduira par maintes varia-*

*tions sur les thèmes provocateurs de la solidarité « fasciste » qui lie Alger la gaulliste et Paris l'européenne, et de la communauté profonde des combattants des deux bords, par-delà la couleur des chemises, les jeunes maquisards devenant dans cette optique des patriotes dévoyés, hommes d'ordre et de l'affirmation virile abusés par la propagande judéo-maçonnique.*

*Ce suprême cri justificateur a trouvé une postérité imprévue, et la plupart du temps inconsciente de sa filiation, dans les deux équivalences symétriques posées ici et là par nos contemporains, alimentées ces derniers temps par la « mode rétro » : démocratie occidentale = fascisme (discours gauchiste) ; contestation gauchiste = fascisme (discours antigauchiste).*

*Nous croyons avoir donné une réponse à la seconde, et les voix qui parleront maintenant contribueront sans doute encore à l'éclairer. Mais la première nous touche encore. Ce langage fiévreux ne serait-il pas l'expression française — au reste truffée de gallicismes intellectuels — d'une parole occidentale ? D'un Occident qui, face à une menace qu'il ne sait nommer clairement, essaie de se sauver par une triple crispation autoritaire, raciste et populiste ? Qui ne chante une Force à venir que pour mieux se livrer à celle qui est déjà venue, et ne crie à la croisade contre l'Autre que pour mieux s'acharner contre soi-même ?*

*Au commencement était la guerre, bien sûr — celle de 1914-1918 et de 1917 tout à la fois. Chemin faisant, nous la découvrirons à la source de la plupart des engagements franco-allemands, qu'elle ait forgé des* *pacifistes à tout prix, des nostalgiques du régiment ou des obsédés du péril rouge. Mais qu'il ait fallu la double commotion de 1940 — la défaite, l'exode — pour structurer politiquement ce délire, peut s'interpréter de deux façons : ou bien nous sommes devant un cas exceptionnel, aberrant, à la rigueur récurrent. Mais ce diagnostic du déclassement des hommes de la Collaboration, posé dès la Libération par un Jean-Paul Sartre, nuance la question sans la résoudre, en la limitant à un débat de psychologie sociale ou de psychanalyse. Le minoritaire, l'exclu, le « raté » ne sont pas spécifiques de l'entre-deux-guerres et ne choisissent pas nécessairement le fascisme. Ou bien nous sommes en présence d'un signe avant-coureur, premier symptôme sans équivoque d'une crise structurelle. La France allemande, par sa présence redoublée (immédiate et rétrospective), fait s'interroger sur l'équilibre, en cette fin de siècle, des synthèses économique et culturelle fondatrices*.*

*Les textes qui suivent ne seront que des pièces versées au dossier de ceux qui soutiendront l'une ou l'autre de ces hypothèses.*

* Écrit en 1977.

# JALONS CHRONOLOGIQUES

| | |
|---|---|
| Juillet-août 1930 | Au Sohlberg, en Forêt-Noire, « rencontre franco-allemande de la jeunesse ». |
| 30 janvier 1933 | Adolf Hitler devient chancelier du Reich. |
| Novembre | Les « néos » quittent la S.F.I.O. |
| 22 novembre 1935 | Naissance parisienne du Comité France-Allemagne. |
| 3 mai 1936 | Victoire électorale du Front populaire. |
| Mai | *Je suis partout,* abandonné par la maison Fayard, est sauvé *in extremis* par trois bailleurs de fonds capitalistes. |
| 28 juin | Jacques Doriot fonde le Parti populaire français (P.P.F.). |
| 18 juillet | Début de la guerre d'Espagne. |
| 11 mars 1938 | Les Allemands entrent à Vienne. |
| 30 septembre | Munich. |
| 15 mars 1939 | Les Allemands entrent à Prague. |
| 4 mai | « Faut-il mourir pour Dantzig? » (Marcel Déat, *L'Œuvre*). |
| 22 août | Pacte germano-soviétique. |
| 1er septembre | La guerre. |
| 10 mai 1940 | Début de l'« offensive-éclair » allemande. |
| 14 juin | Les Allemands entrent à Paris. |
| 16 juin | Philippe Pétain, 107e président du Conseil de la Troisième République. |
| 17 juin | Premiers journaux parisiens à reparaître sous contrôle allemand. |

| | |
|---|---|
| 25 juin | L'armistice. |
| 3 juillet | 1 650 marins français victimes de la Royal Navy à Mers el-Kébir. |
| 10 juillet | Les pleins pouvoirs au maréchal Pétain. |
| 11 juillet | Laval dauphin du Maréchal. |
| 11 juillet | Premier numéro de *La Gerbe*, hebdomadaire d'Alphonse de Châteaubriant. |
| 12 juillet | Premier numéro d'*Au Pilori*. |
| 27 juillet | Remise au Maréchal du mémorandum Déat sur le parti unique. |
| 21 septembre 1940 | Déat réinstalle *L'Œuvre* à Paris. Premier éditorial : « Librement. » |
| 24 octobre | Pétain rencontre Hitler à Montoire. |
| 30 octobre | Pétain sur les ondes : « J'entre aujourd'hui dans la voie de la collaboration. » |
| 1er novembre | *Les Nouveaux Temps*, quotidien de Jean Luchaire. |
| 13 décembre | Laval est renvoyé. |
| 7 février 1941 | *Je suis partout* reparaît. |
| 10 février | L'amiral de la Flotte François Darlan devient le dauphin du Maréchal. |
| 23 février | Premier meeting du Rassemblement national populaire (R.N.P.). |
| 22 juin | L'armée allemande attaque l'Union soviétique. |
| 18 juillet | Premier meeting de la Légion des volontaires français contre le bolchevisme (L.V.F.). |
| 27 août | Attentat manqué contre Laval et Déat. |
| 5 septembre | Première « Lettre aux ouvriers communistes » d'anciens du P.C.F. ralliés à la collaboration. Marcel Gitton, principal transfuge, est abattu dans la rue. |
| Octobre | Rupture entre le R.N.P. et le Mouvement social révolutionnaire (M.S.R.). |
| 10 novembre | Premier numéro du quotidien *La France socialiste*. |

| | |
|---|---|
| 3-4 mars 1942 | Bombardement anglais de Boulogne-Billancourt : création des premiers Comités ouvriers de secours immédiat (C.O.S.I.). |
| 18 avril | Laval revient au pouvoir comme « chef du gouvernement ». |
| 29 mai | L'étoile jaune devient obligatoire en zone nord. |
| 22 juin | « Je souhaite la victoire de l'Allemagne » : premier appel de Laval en faveur de la Relève. |
| 16-17 juillet | Rafle dite du Vel' d'Hiv'. |
| 22 août | *Le Rouge et le bleu*, hebdomadaire « socialiste », doit cesser de paraître. |
| 8 novembre | Débarquement anglo-américain en Afrique du Nord. |
| 11 novembre | Occupation de la zone sud par les Allemands. |
| 30 janvier 1943 | Loi instituant en zone sud la Milice française. |
| 15 février | Service du travail obligatoire (S.T.O.) pour les classes 40, 41, 42. |
| 28 février 1943 | Meeting du Front révolutionnaire national (F.R.N.), tentative unitaire de Déat. |
| 22 juillet | Un décret autorise les Français à s'engager dans une unité allemande. |
| 24 juillet | Mussolini est déposé par le Grand Conseil fasciste. |
| Août | *Je suis partout* en crise : départ de Robert Brasillach. |
| 17 septembre | « Plan de redressement national français » des ultras de la collaboration (Déat, Darnand, Luchaire...). |
| 1er janvier 1944 | Joseph Darnand et Philippe Henriot entrent au gouvernement. |
| 20 janvier | Institution des cours martiales. |
| 27 janvier | La Milice est étendue à la zone nord. |

| | |
|---|---|
| Mars | La Milice participe au « nettoyage » allemand du maquis des Glières. |
| 16 mars | Déat « ministre du Travail et de la Solidarité sociale ». |
| 6 juin | Débarquement des Alliés en Normandie. |
| 28 juin | Henriot est abattu par la Résistance. |
| 5 juillet | « Déclaration commune sur la situation politique » (Déat, Bonnard, Brinon, Luchaire...). |
| 20 juillet | Attentat manqué contre Hitler à Rastenburg. |
| 17 août | Derniers numéros des quotidiens parisiens de la collaboration. |
| 25 août | À Paris, la garnison allemande capitule. |
| 4 septembre | Brinon crée une « Commission gouvernementale française ». |
| 26 septembre | À Sigmaringen (Bade-Wurtemberg), premier numéro de *La France*, première émission d'*Ici la France*. |
| 12 novembre | Création de la brigade, plus tard division SS « Charlemagne ». |
| 6 février 1945 | Brasillach est fusillé. |
| 22 février | Doriot est abattu par un avion non identifié. |
| 15 mars | Drieu la Rochelle réussit sa quatrième tentative de suicide. |
| 2 mai | Au matin, quelques Français se battent encore dans Berlin. Hitler est mort depuis deux jours. |
| Juillet-août | Procès Pétain. |
| 10 octobre | Darnand fusillé. |
| 15 octobre | Laval fusillé. |
| 22 février 1946 | Luchaire fusillé. |
| Novembre | Procès *Je suis partout*. |
| 1948 | Brinon fusillé. |
| 1951 | Mort de Châteaubriant à Kitzbühel (Tyrol autrichien). |

| | |
|---|---|
| 1955 | Mort de Déat à Turin. |
| 1960 | Procès Bonnard. |
| 1969 | *Le Chagrin et la pitié.* |
| 1973 | *Lacombe Lucien.* |

# 1

# *L'événement*

## LE COLLABORATOIRE

*L'existence, une dizaine d'années après Versailles, de contacts réguliers entre petits groupes anticonformistes des deux côtés du Rhin est avérée. Mais les germanophiles affichés y étaient singulièrement minoritaires par rapport à ceux qui, pacifistes ou irénistes, anciens combattants ou disciples de Briand, prônaient l'avènement d'une authentique « société des nations », à tout le moins européennes, dont la pierre angulaire était nécessairement la réconciliation des deux protagonistes de Verdun. Même après 1933 peu nombreux seront les stipendiés directs, tel le falot Paul Ferdonnet dont les livres sur le thème de « la guerre juive », à la périodicité soudain rapprochée dans les dernières années de l'avant-guerre, ne rencontreront qu'un accueil chaque jour plus réservé.*

Je songe, en ce moment, à mon vieux Poitou, dont le sang généreux a fécondé la noble terre du Canada. Je pense à des paysans laborieux qui sont aussi de magnifiques soldats. Et je crois, de toute mon âme de terrien, attachée aux traditions séculaires qui firent la civilisation française, qu'il ne se trouverait pas un seul gars de chez nous pour risquer sa vie dans le seul intérêt des coffres-forts de la juiverie universelle[1] !

*Avant comme après le déclenchement des hostilités, Ferdonnet n'aura jamais été qu'un traducteur besogneux de la propagande nazie, sans même avoir prêté sa voix, comme on l'avait cru à l'époque, aux émissions défaitistes de Radio-Stuttgart pendant la « drôle de guerre » de 1939-1940 :*

*Le président :* En quoi consistait exactement votre travail ?

*Ferdonnet :* C'était un travail de traduction de textes de documents diplomatiques tels que le Livre blanc, d'extraits de livres anciens, pour retraduire des proclamations de Napoléon, des notes de toutes sortes du service d'information, des brochures sur la politique sociale, économique, agricole, ce qui donnait au service des langues étrangères le caractère d'un centre de documentation. [...]

*Le président :* Lorsque vous traduisiez, il n'est pas possible que vous ne vous soyez pas rendu compte de l'état d'esprit dans lequel la recherche avait été faite, car enfin, ce service était bien un service de propagande ?

*Ferdonnet :* Je ne le conteste pas. [...] Monsieur le président, je répète encore une fois que j'étais en travail forcé, exactement comme le requis dans une usine de guerre, pour tourner des obus contre les Alliés. [...] Je n'étais qu'un travailleur mécanique. [...]

*Le président :* Et en qualité de « requis », combien étiez-vous payé ?

*Ferdonnet :* 400 marks par mois. Et j'étais le moins bien payé : mes confrères étrangers touchaient 1 500 marks[2].

*Tout aussi isolés des grands courants politiques demeurent, à l'autre extrémité de la société française, les quelques intellectuels ralliés sans plus attendre au fascisme de variété hitlérienne. À l'orée des années 30 Alphonse de Châteaubriant (1877-1951) n'est encore qu'une figure de gentilhomme fermier du bocage occidental, qui emprunte à* Monsieur des Lourdines *(prix Goncourt 1911) et à* La Brière *(1923) pour le paysage mental. Chacun ignorait, à commencer par l'intéressé, que l'écrivain régional cachait un prophète cosmique, que le moraliste à l'ancienne était gros d'un mystique peu orthodoxe, bénéficiaire par faveur spéciale, aux alentours de 1933, de* La Réponse du Seigneur. *Encore quelques mois de méditation, la découverte de la Terre promise outre-Rhin, et c'était l'envol définitif. Accueillie avec méfiance jusque par l'extrême droite de sympathie mussolinienne,* La Gerbe des forces (1937) *ébauche cependant quelques-uns des principaux thèmes du futur hitlérisme français, dans un style reconnaissable, nourri de sentences bibliques, carlyliennes ou pseudo-nietzschéennes : primitivisme...*

Je n'ai pas oublié l'ardent jeune Siegfried, sanglé dans son uniforme doré, qui, le poignard noir au côté, l'œil fixé sur le lointain horizon, scandait ces mots : « Oh ! la richesse du don de soi !... faire brûler ce charbon-là sur l'autel du sacrifice ! » [...] Je ne fais parler ici que les hitlériens, les jeunes hommes vigoureux, en pleine force, ceux qui, ailleurs, dans d'autres pays que ne secoua pas une révolution, n'ont que des pensées professionnelles. J'ai relevé sur leurs lèvres une sagesse qui fait d'eux comme les lévites des temps nouveaux, une passion de la joie saisie à ses sources pures. [...]

À Bayreuth, l'un d'eux me disait : « On reproche au national-socialisme d'être primitif, c'est justement ce qui fait sa force »[3].

*... fascination d'un nouvel Ordre...*

Il y avait pour l'humanité, dès le commencement des temps, de grandes choses à accomplir, le passé en a réalisé quelques-unes, il n'a pu tout faire. Ce qu'il n'a pu faire a été la mort de ce qu'il a fait. Et inversement. Et c'est fini !... Les nationaux-socialistes allemands sont l'apparition humaine d'un recommencement de l'œuvre de Dieu. Ce qu'ils sont, ces hommes de foi, qui dominèrent la souffrance et la défaite ? Un exemple humain et une victoire humaine ; et aussi, je l'affirme, un immense désir de voir les autres nations se réjouir avec eux de cette victoire, qui est la victoire de tous[4].

*... et surtout culte éperdu du nouveau Sauveur, dans toutes ses épiphanies. Martyr :*

Oui..., c'est bien certainement ce qui hâte mes pas pour mon retour en Allemagne : la question, le problème Hitler... Hitler, moins peut-être héros d'exception que Hitler préfigurant l'homme de demain, [...] la vision d'un Hitler soldat, soldat de la guerre, soldat dans un jour d'affreuse bataille, et debout, seul, dans cet entonnoir creusé par l'obus meurtrier, seul, au milieu des cadavres et des râlants, les pieds dans le sang et la leçon du ciel sur la tête. Voilà où je vois Hitler. C'est là qu'il a commencé, exactement. Et là, il est la pensée clarifiée, volontaire, lucide, affective de tous les hommes de ce temps-là. [...] Il est le fils de cette guerre[5].

*Ange :*

Ses yeux sont du bleu profond des eaux de son lac de Königsee, quand le lac, tout autour de Sankt Bartholoma, reflète les puissantes cassures striées de nuages de son Tyrol. Il est exaltant de se trouver près de lui quand il parle ! [...] Son corps vibre, sans s'évader une seconde du galbe de sa tenue ; son mouvement de tête est juvénile, sa nuque est chaude. Ce dos-là n'a pas été cabossé par les sales passions de la politique : il est plein et pur comme un tuyau d'orgue. Et la main fine est vive, alerte, souple, intelligente, féminine. Oui, sans doute, il reste de la femme dans cet homme-là. Heureusement[6] ! [...]

Oui. Hitler est bon. Regardez-le au milieu des enfants, regardez-le penché sur la tombe de ceux qu'il aimait ; il est immensément bon, et, je le répète : *bon*, avec la conviction parfaite que cette affirmation scandaleuse n'empêchera pas les délicieux, les incomparables raisins français de mûrir sur les coteaux de Beaugency[7].

*Christ :*

Si Hitler a une main qui salue, qui s'étend vers les masses de la façon que l'on sait, son autre main, dans l'invisible, ne cesse d'étreindre fidèlement la main de Celui qui s'appelle Dieu. [...] Beaucoup de gens, lisant ma phrase, la mettront entre les deux pointes du compas et souriront. Mais Hitler ne sourira pas[8].

*Plus proches du pouvoir réel, les animateurs du Comité France-Allemagne, refondu en 1935 sur des bases politiques « saines », bénéficient d'une certaine audience dans le Tout-Paris et auprès de certains médias populaires. L'un d'entre eux, le journaliste Fernand de Brinon (1885-1948), interrogé sur ce point par la presse américaine six ans plus tard, à son apogée collaborationniste, glosera sur la logique rétrospective de ses choix internationaux, depuis le temps où il dirigeait à Paris la rubrique étrangère de* L'Information, *quotidien de la banque Lazard, tissant des liens étroits avec les milieux industriels et politiques d'outre-Rhin. Le régime change, en Allemagne d'abord, en France ensuite; Brinon est toujours là, fidèle intermédiaire,* animal des ténèbres, très muet, et très dangereux *(Abel Bonnard).*

— Est-il vrai que M. de Brinon travaille depuis de longues années au rapprochement franco-allemand?

— C'est absolument exact. J'ai cru à la nécessité du rapprochement franco-allemand après notre victoire de 1918. C'est pourquoi j'ai pris publiquement parti contre l'occupation de la Ruhr. J'y ai cru constamment depuis vingt-trois ans. J'y ai cru surtout depuis l'avènement du national-socialisme, ce qui m'a valu les principales attaques. [...] Quand, par l'aveuglement des dirigeants français de 1939, la guerre m'a paru une fatalité, j'ai abandonné ma plume de journaliste parce que je ne voulais rien écrire qui fût contre cette conviction. [...]

— Est-il vrai que M. de Brinon ait entretenu des relations avec les chefs du Reich et notamment avec Otto Abetz, expulsé du territoire français et considéré comme membre de la cinquième colonne?

— Parfaitement. Je suis fier d'avoir été le premier Français reçu par le Führer-Chancelier, dans l'automne de 1933. Je garde, avec l'impression de son génie, la conviction de sa sincérité que j'exprimais en novembre 1934 dans un article du *Matin.* En outre, je suis lié avec M. Abetz depuis des années. J'éprouve pour son intelligence et pour sa loyauté la plus complète estime... Quant à la fameuse cinquième colonne, elle était composée principalement des Français qui, en s'efforçant de s'opposer à la catastrophe et en donnant à leurs compatriotes des avertissements véridiques, s'exposaient à la rage des bellicistes étrangers influençant par leurs mensonges systématiques la démocratie française[9].

*Plus révélatrice est sans doute, cependant, la sympathie croissante que va rencontrer l'Allemagne « régénérée » auprès d'une avant-garde nationaliste de formation germanophobe sans doute, mais séduite par l'image d'un régime autoritaire et populiste, qui lui paraît de plus en plus comme la seule réponse moderne aux défis qu'elle se crée traditionnellement : démocratie parlementaire, « judéo-maçonnerie », bolchevisme... Le journaliste maurrassien Dominique Sordet, animateur depuis 1937 de l'agence rédactionnelle* Inter France, *décrira le phénomène avec lucidité en 1942, pour lui aussi sommet de sa splendeur.*

Nous prîmes fortement et utilement parti contre la guerre. Des horizons insoupçonnés se découvrirent à nous, et du haut de notre observatoire, nous commencions à les distinguer plus clairement que nos propres amis. [...]

Peu à peu se faisait jour dans notre esprit l'idée que les partis et les hommes politiques français jouaient des rôles de figuration dans un drame immense dont le sens et les proportions leur échappaient. [...] Certes, en octobre 1938, nous n'avions pas encore une vue d'ensemble de ce qui se passait dans l'univers; et la nécessité d'une révision de nos idées ne nous apparaissait pas clairement. Mais déjà nous avions compris qu'il s'était formé un « Parti de la Guerre » et que ce parti, dans lequel les pires éléments s'étaient donné rendez-vous, préparait la catastrophe de la France et peut-être de la civilisation. [...] La déclaration de guerre nous trouva dans les dispositions que l'on devine. Mais nous étions mobilisés, comme tous les Français, et il fallait bien écrire contre notre raison et notre cœur. Du moins n'avons-nous pas à nous reprocher d'avoir suscité un climat de haine, d'intransigeance, de fureur et de mensonge, qui n'eût pas pesé d'une once dans la balance des forces, et dont nous pressentions qu'un jour viendrait où il grèverait d'une lourde hypothèque une politique nationale rendue au réalisme. [...]

Nous pressentions le reclassement fatal des Français, lorsque l'aventure belliqueuse serait liquidée, la dislocation de la ligne de partage séculaire entre Droites et Gauches sous le choc des événements dont l'avalanche torrentielle s'annonçait à l'horizon. Et c'est ainsi qu'à notre demande, un socialiste S.F.I.O. antibelliciste, Paul Rives, devint collaborateur pendant la guerre d'une agence créée pour combattre le socialisme[10].

*Quand, à partir du rattachement de l'Autriche au Reich (mars 1938), la perspective d'une nouvelle guerre franco-allemande sera passée, pour ne plus la quitter, à la première page des journaux, une partie de la gauche française, faisant passer son pacifisme — et son anticommunisme — avant son antifascisme, se retrouvera en effet avec de moins en moins de scrupules de conscience aux côtés de ces philonazis venus de la droite. De l'Anschluss à l'armistice cette cohorte s'éclaircira sans doute, mais plusieurs de ses porte-parole, et parmi les plus écoutés, ne la quitteront jamais. Le même Sordet dressera en 1943 le portrait de l'un de ces hommes dont tout le passé, jusqu'à l'avant-veille de la guerre, semblait exclure radicalement une telle convergence.*

M. Léon Emery, naguère collaborateur de *La Flèche*, leader des *Feuilles libres*, membre du Comité de vigilance des intellectuels antifascistes, militant syndicaliste, professeur à l'école normale de Lyon, et maître d'une génération d'instituteurs, était fort connu, et depuis longtemps, dans les partis de gauche. [...]

On n'avait pas remarqué deux détails considérables : il était pacifiste et il était anticommuniste. Il avait refusé de s'enrôler pour la guerre sainte, et il avait même entrepris une courageuse campagne contre les bellicistes. Dressé d'autre part contre les puissances d'argent, il ne s'en séparait pas moins de la plupart des hommes de son appartenance sur le point qui, au fond, leur tenait le plus à cœur : une politique extérieure d'intervention et de provocation. [...] La guerre refusée ou redoutée par les uns, souhaitée par les autres, jouait le rôle de l'aimant qu'on glisse sous la feuille de papier couverte de limaille de fer. Entre le pôle de la guerre et celui de la paix, un champ magnétique s'était formé, dont les lignes de force coupaient à angle droit celles des vieux partis. On vit les molécules de la société politique française se mettre en mouvement et s'orienter en fonction de la nouvelle attraction qu'elles subissaient[11].

*Les dernières initiatives impérialistes de Hitler refroidirent certaines convictions, mais pas toutes, s'il faut du moins en croire, trois années plus tard, le journaliste Alain Laubreaux, ancien tâcheron suspect du monde des lettres parisiennes, devenu l'une des têtes les plus chaudes de* Je suis partout, *qui scandalisera encore certains de ses lecteurs quand il révélera* a posteriori *quel était son état d'esprit au jour de la déclaration de guerre, face au discours patriotique d'un de ses amis.*

Je conteste ce point de vue. Rien de ce qui ressemble à une participation à cette guerre abjecte et méprisable ne me paraît possible. Je lui dis : « Je ne puis souhaiter qu'une chose pour la France : une guerre courte et désastreuse[12]. »

*L'ami en question s'appelait Lucien Rebatet et collaborait au plus haut niveau à* L'Action française *en même temps qu'à* Je suis partout. *Quand le « Blitzkrieg » allemand achève comme on sait l'équivoque drôle de guerre, ce maurrassien de la nouvelle génération peut noter pour lui-même, avant de le reproduire en 1942 dans ses* Décombres *:*

C'est ahurissant. Mais c'est fort simple aussi. Il

a suffi que les démocraties interdisent l'accès des eaux norvégiennes à l'Allemagne pour que la croix gammée y flottât aussitôt comme chez elle. L'audace et la rapidité de l'ennemi sont éblouissantes : comme pour la Rhénanie, comme pour Vienne, pour Prague, pour Varsovie, comme partout. Ah ! je ne me suis point trompé. C'est bien là qu'est la force et l'esprit. Comment pourrait-on s'empêcher d'admirer ces Siegfrieds qui surgissent au milieu des éclairs, bousculant les porte-parapluies, les outres-à-whisky et les petits bazardiers de Londres et de Paris[13] ?

*Un littérateur, obscur, ancien combattant de 1914-1918, Géo Vallis, publiera dès la fin de 1940 des extraits de ses carnets intimes. On peut y lire, de janvier à août 1940, une série de professions de foi qui vont du défaitisme rétrospectif...*

La résistance à l'Allemagne nous a coûté deux guerres, même trois (car on peut regarder celle de 70 comme un premier commandement). [...] La France, au sol incomparable, n'est plus qu'à demi cultivée. Tandis qu'aux mains de l'Allemagne, de ses hommes nombreux, laborieux et forts, elle eût été très vite un grand jardin, le jardin du monde. [...]

Les Allemands ne me font pas peur. [...] Cinquante ans de calomnies tombent d'un coup.

J'aurais voulu qu'ils eussent gagné la bataille de la Marne. La guerre n'eût pas duré un an. Et celle d'aujourd'hui n'aurait pas été[14].

... *à la justification de l'agression allemande contre le Benelux neutre...*

J'ai donné ma parole, crois-je entendre dire le chef de l'Allemagne, et celle de mon peuple, que je ne ferais pas telle chose. Je l'ai donnée avec sincérité, mais je ne suis pas maître de la vie. [...] Cette neutralité devient un bouclier pour mon ennemi. Il s'en abrite et, riche, attend à cet abri et se fortifie. [...] Chaque jour d'inaction se tourne contre moi. Mon cœur alors élève la voix plus haut que ma conscience. Je révèle au monde mes raisons, qu'il ne peut méconnaître, et ces patries neutres qu'il me faut envahir, je leur donne du moins l'assurance que leur indépendance sera sauve si elles renoncent à se servir des armes[15].

... *sans oublier, au bout du chemin, les deux convictions initiales de tout collaborationnisme conséquent : la sentence masochiste...*

La France est l'enfant gâté, qui ne comprendra que lorsqu'il aura beaucoup souffert. C'est lui rendre un mauvais service que de tenter d'atténuer la cuisance de la défaite[16].

... *et l'*a priori *réconciliateur :*

Le peuple commence à ne plus dire : Boches mais Allemands... Deux guerres ont fait ce rétablissement et la paix, le contact vivant et durable, le parfera[17].

*Sans attendre, les premiers journaux du Paris allemand avaient d'ailleurs mis les points sur les* i. Paris-Soir *:*

L'acte de la remise des conditions fut effectué par le Führer en forêt de Compiègne, dans le même wagon dans lequel le maréchal Foch, en date du 11 novembre 1918, dicta les conditions honteuses d'armistice aux plénipotentiaires allemands. Ce qui s'est passé aujourd'hui en forêt de Compiègne répare l'injustice causée à l'honneur allemand en 1918[18].

*Plus tard, quand il faudra être sur ce même propos initial plus explicite afin de convaincre une opinion devenue sceptique, la presse parisienne n'aura d'autre ressource que de démarquer, avec ou sans guillemets, les arguments de la propagande berlinoise.*

Une comparaison des textes des deux conventions d'armistice de 1918 et de 1940 aboutit au résultat suivant :

« Dans les deux cas, celui qui a succombé a été dépouillé de sa puissance militaire. — Mais l'Allemagne n'a pas — comme les Alliés — tiré les pourparlers d'armistice en longueur et elle ne s'en est pas servie pour poursuivre la guerre par d'autres moyens. — À Compiègne, l'Allemagne n'a pas manifesté à l'égard de son adversaire vaincu des sentiments de haine mesquine; ainsi que l'avaient fait les Alliés. L'Allemagne n'a pas exigé — comme les Alliés — la livraison de la flotte. — L'Allemagne n'a pas abandonné — comme les Alliés l'avaient fait — la population civile à son propre sort, mais elle s'est au contraire généreusement occupée des fugitifs et de tous ceux qui ont perdu leur foyer. L'Allemagne n'a pas — comme les Alliés — limité la durée de l'armistice à un temps très court et elle n'a pas rendu les conditions d'armistice plus dures, lors de chaque renouvellement, mais elle a tout de suite conclu l'armistice définitivement... »

Sincèrement, ne peut-on faire confiance — dans la paix — à celui qui ne nous a pas humiliés dans la guerre[19]?

## L'AN QUARANTE

*Dès le début l'objectif principal de cette propagande est clair, on le sait : plutôt un Pétain rassemblant autour de lui un vaste consensus qu'un Quisling sans crédit. Consciemment ou non, tout le travail de ceux qui réclament déjà, avant même la rencontre Pétain-Hitler et l'officialisation du mot, la « collaboration » visera donc à abolir toute solution de continuité entre l'Occupation et ce qui peut être récupéré de l'ancien état de choses.*

Parisiens, voici votre journal favori. [...] Sans orgueil déplacé, nous pouvons dire qu'il manquait à Paris, et qu'avec les crieurs de *Paris-Soir*, c'est un peu de sa physionomie que va retrouver la rue parisienne... Paris est et sera toujours Paris[20] !

*La culture française sera toujours la culture française, pourrait ajouter un peu plus tard, arpégeant sur un tout autre registre, le distingué Jacques Chardonne, heureux de ne pas être le seul à « remonter » sur la zone nord occupée.*

De ce canapé où nous étions assis, auditeurs un peu oppressés, j'aperçus Alfred Fabre-Luce. On est rassuré quand on voit à ses côtés l'homme le plus intelligent de France. Montherlant est revenu à Paris. Cela aussi fait plaisir et l'on va mieux respirer. Ce moraliste épique et sans compromis, ce moraliste à toute vapeur avec une allure de catastrophe ne déraille jamais. On dit qu'il a trouvé Paris vrai. C'est l'important. [...]

Quittant le sanctuaire privé où il enferme des livres et des laques dans des bahuts chinois, et le langage le plus doré dans un silence où je ne puis l'imaginer, Abel Bonnard est descendu dans la rue afin de saluer d'une parole dure encore parfumée de métaphores l'heure grave de l'aurore. En novembre j'avais rencontré Paul Morand. Il me dit : « Je suis venu auprès de vous. » Je ne l'ai pas revu, et il n'est jamais très près de vous. Mais je sais qu'il est à Paris ; et en effet, cela compte beaucoup. Abel Hermant aussi est à Paris. Il a vu trois guerres et n'est pas ankylosé[21].

*Très vite le retour à Paris prend ainsi valeur de test, d'acte de foi en l'Europe nouvelle, bientôt de profession de foi en faveur du travail en commun des deux ennemis d'hier.*

*D'ailleurs, qui donc ne « collabore » pas ? interroge Pierre Drieu la Rochelle, quinze jours avant Montoire, avec peut-être déjà un effort un peu crispé pour se convaincre lui-même.*

Il y a des gens, de ce côté-ci ou de l'autre côté de la ligne, qui s'imaginent encore attendre. Mais c'est une simple illusion. Les Français, dont pendant des années ce fut le sport immobile d'attendre, [...] les Français en fait n'attendent plus. Ils sont engagés dans la collaboration avec les Allemands. [...]

Peu importe les heurts, les malentendus, les échecs, les grincements de dents, les désespoirs, les recours à la radio anglaise, — nous collaborons et cela est une garantie de vie. Les gens de l'administration, les gens dans les affaires, les intellectuels collaborent. Des contacts, des relations, des échanges de services s'organisent. Cela croît et grossit tous les jours. C'est l'essentiel et le nécessaire, si ce n'est pas le suffisant. [...] Rien ne prévaut contre ce que nous faisons — ni ce que nous pensons, ni ce que nous disons. Et ce que nous pensons finalement, c'est ce que nous faisons[22].

*Prompts à la généralisation, les essayistes professionnels cherchent dans le même temps à diagnostiquer les causes de la supériorité allemande, dont aucun ne semble mettre en doute la victoire finale. Les uns sont compréhensifs jusqu'à la ferveur, tel Bertrand de Jouvenel, coanimateur avec Drieu de l'hebdomadaire* Le Fait.

La guerre pouvait ne pas éclater, en septembre 1939, mais il fallait nécessairement que l'Allemagne étendît l'aire de son système économique, système auquel elle ne pouvait renoncer puisqu'il lui avait permis de rappeler à la vie active des millions d'hommes auparavant condamnés à la dégradation du chômage. Cette extension la mettait nécessairement en conflit avec les puissances capitalistes, intéressées à ce que ne se resserrât point le secteur de l'économie capitaliste dans le monde. [...] Si l'on veut remonter aux sources du conflit, on en trouvera l'origine première dans le sauve-qui-peut de 1931, quand on vit les puissances riches uniquement, et d'ailleurs vainement, occupées, sous le choc de la crise, d'assurer leur salut propre, trahissant ainsi en fait le cosmopolitisme qu'elles affirmaient en doctrine[23].

*D'autres n'ont aucune peine à se rallier intellectuellement aux principes nationaux-socialistes, tel René Martel.*

Il est deux points essentiels qui doivent retenir l'attention : le national-socialisme est, sous certains aspects, un fait purement allemand. Il est par contre, à d'autres points de vue, un événement qui dépasse l'expérience allemande et rejoint la grande histoire de l'humanité. [...] Étudiez ce que les autres ont fait. Recherchez les raisons de leur réussite. Ils n'ont pas l'âme assez basse pour vous dérober les causes de leur succès.

Avez-vous pensé au désarroi de notre jeunesse? [...] Avez-vous regardé passer, sur les routes de France, cette autre jeunesse qui vous a tant étonnés? N'avez-vous rien à apprendre de ceux qui les ont faits si beaux, si robustes, ces soldats que vous avez enviés, comme moi, à nos anciens adversaires? Je n'ai jamais lu de haine dans leurs yeux. Ils n'étaient pas méchants. Je gage qu'ils ne demanderaient qu'à tendre, avec un beau sourire, une main bien ouverte et cordiale à vos fils. N'empêchez pas qu'ils se connaissent[24].

*Quand le vainqueur de Verdun, par son discours du 30 octobre, avalise de tout son prestige la politique de la main tendue au vainqueur de Sedan, les dernières barrières mentales paraissent tomber. Le quotidien du pacifiste de gauche Henri Jeanson,* Aujourd'hui, *album de signatures « bien parisiennes », recueille avec méticulosité les voix « bien françaises » conviées à répondre à la question :*

— Que pensez-vous de la collaboration franco-allemande?

*Paul Derval, directeur des Folies-Bergère :* Je pense qu'il n'existe pas un Français, digne de ce nom, qui ne se rende compte combien la politique du Front populaire a été néfaste. Notre devoir est de suivre notre chef, le maréchal Pétain, et de lui faire entière confiance.

*Brunot, doyen de la Comédie-Française :* Il y a un grand Français à la tête du pays. Je le salue bien bas et je le suis avec une entière confiance et même avec amour.

*Lucien Lelong, grand-couturier :* Le maréchal

Pétain nous a indiqué la voie à suivre ; en conséquence, nous avons le devoir de nous conformer à ses instructions en nous associant au geste symbolique qu'il accomplit[25].

*Géo Vallis, comme il se doit, extrapole sans hésiter.*

25 octobre 40. Le maréchal Pétain et Hitler se rencontrent en France. Mon cœur bat à cette information. Il me semble que c'est l'aube enfin d'un temps réellement nouveau. La paix s'assoit en Europe. La race blanche est sauvée[26].

*Moins concis, Henry de Montherlant est pourtant plus sibyllin. Pour lui Hitler a quelque chose d'un Constantin inversé, néo-païen. Quant à Licinius...*

Lui qui défend la vieille religion des Quirites, il s'accote à l'Orient et Constantin, qui apporte le Juif, s'appuie sur l'Occident. Et c'est à l'équinoxe de septembre (le 23 septembre) : toujours les signes cosmiques mêlent leurs grands accords à tout cela. Licinius est battu une seconde fois, et rend les armes. Ses partisans passent au plus fort : la vie est belle. Le soir, le vaincu dîne à la table du vainqueur ; la conversation dut être difficile, mais nous avons vu aussi bien depuis.

*Mais c'est pour ajouter, cultivant l'ambiguïté jusqu'au bout :*

Constantin, solennellement, lui promet la vie sauve. L'an suivant, il le fait mettre à mort[27].

## LA COLLABORATION D'ÉTAT

*Sur de telles bases on serait tenté d'assimiler le pouvoir vichyssois dans sa totalité au collaborationnisme d'idéologie. La réalité est plus complexe. Le seul collaborationniste de doctrine — ou au moins d'intérêt — dont le pouvoir officiel ne connaîtra pas d'éclipse est Fernand de Brinon, promu successivement ambassadeur de France (novembre 1940), délégué général auprès du Commandement militaire allemand, sorte d'ambassadeur de France à Paris (décembre), enfin, après deux années d'attente, secrétaire général puis d'État auprès du chef du gouvernement. L'étroitesse de ses relations avec les autorités nazies, à commencer par son* alter ego *allemand, qui n'est autre qu'Otto Abetz, l'a imposé à ce poste clef d'intermédiaire.*

*Le rapport du fonctionnaire Freiherr von der Goubart à son chef Goebbels, retransmis par ce dernier à Hitler le 7 juin 1943, est vraisemblablement de la plume de Brinon, dont à tout le moins il reproduit exactement, de son propre aveu, l'argumentation.*

À mon avis, un Allemand commet une grosse imprudence s'il pense que le problème des rapports entre la France et l'Allemagne a été résolu d'une manière favorable, parce que des milliers d'ouvriers sont partis pour l'Allemagne et que les exigences du gauleiter Sauckel ont été somme toute satisfaites. [...]

Lorsqu'on examine certains détails, on n'a pas de peine à découvrir que dans la presse et la radio des adversaires notoires de la collaboration franco-allemande continuent toujours à travailler, que beaucoup de postes administratifs, qu'un nombre non négligeable de préfectures et de nombreuses municipalités sont occupées par des ennemis tolérés, par des partisans de l'ancien régime ou des calomniateurs du nouveau régime et que le gouvernement permet à une bonne partie du clergé de manifester une attitude hostile à l'occasion de l'enseignement religieux ou de ses services.

Dans tous ces domaines, quelques avertissements sérieux pourraient suffire pour rappeler chacun à l'ordre.

*Plus loin il précise :*

Des Juifs de modeste condition sont durement poursuivis et deviennent ainsi des objets de pitié, alors qu'on rencontre à Paris, dans les foyers des théâtres, des Juifs gaullistes et que la Juive Mme Simone, sœur de Benda cet agitateur de guerre, assiste aux représentations générales et proclame ouvertement qu'elle ne fera jouer ses propres pièces qu'après la victoire des Anglo-Saxons[28].

*Il est sans doute nécessaire de noter ici que Brinon est marié à une israélite, et de rappeler qu'à cette date c'est un ministre du gouvernement français qui se confie à un fonctionnaire allemand. Le rôle exact dudit ministre ressort encore plus clairement du télégramme adressé en 1943 par le commandant de la Police de sécurité du Reich à Vichy au « colonel de police docteur Knochen » à Paris.*

Objet : Conseil des ministres d'aujourd'hui.

Je viens de parler à de Brinon, dans sa chambre d'hôtel. Il me fait savoir que le Conseil des ministres d'aujourd'hui n'était rien moins que beau à voir ; que l'on s'est senti revenir au moment du plus mauvais parlementarisme.

Il résulte du Conseil des ministres que Laval remettra, demain matin, une note à Sauckel, dans laquelle il lui fait savoir qu'il acceptera le travail de la Commission germano-française qui doit être instituée, mais qu'il ne veut, en aucun cas, envisager la possibilité d'envoyer un plus grand nombre d'ouvriers français travailler en Allemagne. [...]

De Brinon est déjà arrivé cet après-midi, à 4 heures, à Vichy, et s'est aussitôt rendu chez le Maréchal pour essayer de l'influencer. Il m'a dit qu'il n'a absolument rien pu obtenir[29].

*Encore cette situation limite apparente-t-elle son titulaire à un rôle des plus simples aux yeux des contemporains, quel que soit leur camp : celui du traître de mélodrame. Le premier chef de gouvernement de l'État français appartient plutôt à un autre « emploi ». Si Pierre Laval (1883-1945) vient de loin, du moins son pacifisme n'a-t-il pas faibli depuis les jours de 1914 où, jeune avocat des pauvres, il figurait sur les listes noires de la police comme à surveiller de près. Mais entre-temps le jeune maire d'Aubervilliers est devenu ce parlementaire indépendant, animal d'assemblée et de couloirs, qui traîne derrière lui une solide réputation de solitaire aux convictions incertaines et aux calculs obscurs, parvenu de la richesse et du pouvoir qui n'en a jamais fini de prouver sa réussite à la face de l'Établissement.*

*En 1935 il a enfin touché au sommet : la présidence du Conseil. C'est un président à poigne, brutalement déflationniste à l'intérieur et peu regardant sur les moyens pour tisser à l'extérieur le réseau d'alliances, à base franco-italienne, sans lequel, croit-il, ne peut se fonder durablement la paix en Europe. L'échec le plus cuisant a sanctionné ces deux tentatives. Pendant un lustre il rongera son frein, chaque jour le renforçant dans sa conviction d'avoir eu raison contre la majorité, voire contre tout le monde. En juillet 1940, le vote des pleins pouvoirs à Pétain est, dans une large mesure, son œuvre, sa plus belle opération parlementaire, celle qui tue en douceur le Parlement. Sa confiance en soi est à son zénith, sa démarche politique plus personnelle que jamais, son éthique de la combinaison triomphe. Sa première victime : lui-même.*

*Malgré la continuité de ses positions antibellicistes, anticommunistes et pro-italiennes, le personnage a trop de cartes dans sa manche pour ne pas être d'abord froidement accueilli par les Allemands, qui lancent contre lui leur presse aux ordres.*

Il a le flair d'un Auvergnat et la souplesse d'un vieux politicien. Il est riche au point de pouvoir s'offrir, aujourd'hui, le luxe d'être désintéressé. Il aime la paix, les négociations et les accommodements.

Du drapeau blanc des parlementaires, il s'est fait, depuis longtemps, une cravate[30].

*Montoire et le 13-Décembre vont en faire, aux yeux des ultras de la collaboration, le symbole de la seule politique raisonnable et raisonnée. Que l'onction allemande fasse de lui, après son rappel au pouvoir en avril 1942, le véritable homme fort de Vichy, ils ne l'enverront pas dire.*

*Une impopularité croissante est cependant la rançon des ambiguïtés du personnage. Ses thuriféraires les plus résolus sont obligés d'en tenir compte, tel l'officieux José Germain, ancien président de la Société des gens de lettres.*

L'Auvergne fut une terre de grand passage. Les Maures y plantèrent leurs tentes, certains y sont demeurés. Comment n'y pas penser devant ce visage hâlé, au nez busqué, aux lèvres fortes et rouges, au menton furieusement volontaire, aux yeux tirés vers les tempes, à la bouche tirée vers les joues ? Des traits physiques aussi marqués ne sont pas sans périls pour un homme public. [...]

Si la terre natale a fortement modelé sa figure morale, il tient de son passage dans les faubourgs et de son intimité avec le monde ouvrier le mépris du préjugé, de l'abstraction et des précautions oratoires. C'est le secret de son audace ; n'étant soumis à aucune convention, il peut tout tenter et ceux qui, l'ayant vu monter, le redoutent aujourd'hui ne l'ignorent pas. On le suspecte d'habileté parce que la simplicité de son procédé déroute dans un jeu que les plus intelligents s'évertuent à compliquer. On l'accuse de masquer ses desseins parce que sa droiture étonne dans un monde habitué à jouer le fin des fins. On ne le loue pas pour ses mérites, mais on lui fait volontiers grief des complots qu'on lui impute. On le juge trop vrai pour être vraisemblable. [...] Tel est le sens de la rumeur hostile, toujours impuissante à préciser ses doutes, mais prompte à faire peser sur l'homme qu'elle craint un inquiétant point d'interrogation. Une cause majeure relie entre elles toutes ces préventions. Dans un pays aussi étroitement compartimenté que l'est la France, on n'a pas toujours pardonné à Pierre Laval d'être un solitaire, d'avoir grandi sans le secours des solidarités de l'âge, d'avoir traversé plus de milieux que la France ne compte de provinces. [...]

On a raison de montrer les dangers de l'isolement volontaire de ce grand courageux, le seul chef parlementaire qui ait pensé qu'on devait conduire l'opinion et non se laisser conduire par elle. Ce n'est pas un serre-file, c'est un chef de section, il marche devant, c'est pourquoi on lui tira dans le dos[31].

*Quoi qu'il en soit, au long des quatre années d'une existence sur le tard bien compromise, les concessions de ce pouvoir officiel à l'esprit dit de Montoire seront suffisantes pour que, lorsqu'il le fallait, les collaborationnistes « du dehors » puissent en confondre les plus hauts responsables dans la même récupération. Jean de La Hire, publiciste prolifique très répandu dans la presse de l'avant-guerre, excelle dans ce type d'argumentation.*

Tout cela, le maréchal Pétain le veut, qui est allé à Montoire et a mis sa main loyale dans la main généreuse du Führer Adolf Hitler — et puis qui est allé à Saint-Florentin et s'y est entretenu avec le Feldmarschall Goering, entretien à l'issue duquel il a dit : « J'ai bien travaillé pour la France. »

L'amiral Darlan le veut, qui est allé à Berchtesgaden et, revenu à Vichy, a conservé le pouvoir qu'il doit au choix du Maréchal et dans l'exercice duquel les Français lui font confiance. Et l'amiral, lui aussi, est allé à Saint-Florentin. [...]

L'homme d'État Pierre Laval le veut, qui a préparé l'entrevue de Montoire, y a assisté, et attend avec dignité que justice lui soit rendue pour effacer, tard mais définitivement, la désastreuse faute commise le 13 décembre contre la France et contre lui-même.

Des ministres le veulent, qui, en Conseil, ont fait l'unanimité autour du maréchal Pétain et de l'amiral Darlan. Des ambassadeurs le veulent, tels M. de Brinon et M. Scapini, qui font preuve des plus belles qualités de bon sens, de diplomatie, d'énergie, enfin de courageux dévouement à la cause de la collaboration. Des milliers d'hommes le veulent, qui se sont engagés librement dans la Légion antibolchevique. [...] Plus de cent mille ouvriers et ouvrières français le veulent, qui travaillent librement en Allemagne. Plus d'un million de prisonniers le veulent, qui observent sur place, réfléchissent, jugent, attendent, mais ne se gênent pas pour faire connaître leur opinion. Des milliers de savants, d'écrivains, d'intellectuels de tout ordre le veulent, qui depuis des mois écrivent, parlent, agissent, s'incorporent à des partis dont nous espérons qu'ils feront un jour le « parti unique », selon le vœu exprimé par le maréchal Pétain, vœu qui est celui de tous les Français.

Tous ces hommes de bonne volonté, à commencer par le maréchal Pétain, veulent des Français ce qu'en veut Hitler[32].

PARIS CRITIQUE DE VICHY

*Ces discours assimilateurs, fruits d'une tactique de la continuité aux résultats incertains, ne sont évidemment pas ce que le collaborationnisme peut proposer de plus distinctif. Son originalité tient au contraire dans le discours délibérément critique qu'il développe à l'égard du pouvoir vichyssois, avec, sur ordre, de sensibles variations d'amplitude dans la violence du ton. L'édition parisienne — autant dire pro-allemande — de* Paris-Soir, *portée par la verve du journaliste suisse nazi Georges Oltramare dit Charles Dieudonné, multiplie dans les premières semaines les piques contre le nouveau régime.*

Nous allons avoir douze ministres. Cela fait combien d'hommes?

Borotra... Enfin un champion dans le ministère!

Un gouvernement nouveau... (au Japon).

Vichy... ou les sources de nos malheurs.
Un nouveau parti : les Je m'envichystes.
À Vichy... beaucoup d'appétits rien dans le ventre[33].

Le maréchal Pétain, le général Weygand, M. Pierre Laval et M. Adrien Marquet ont à eux quatre 270 ans, ce qui fait 67 ans 1/2 de moyenne. C'est beaucoup pour des hommes nouveaux. [...] Nous avons pour le maréchal Pétain un respect justifié par la reconnaissance. Le maréchal Pétain est un glorieux grand-père, mais ceux qui l'entourent nous paraissent un peu bien âgés pour des petits-fils. [...]

Nous permettra-t-on de faire observer que les quatre dirigeants allemands totalisent 187 ans, soit 46 ans de moyenne. [...] Pourquoi des hommes obligatoirement fatigués s'entêtent-ils à vouloir relever personnellement la France? [...] Aujourd'hui, on doit, pour diriger l'État, être debout[34].

*Nombreuses sont déjà les voix qui s'étonnent, s'inquiètent et bientôt dénoncent le non-retour du gouvernement à Paris. Le parallèle avec la situation de 1815 revient souvent sous la plume des enfants de Maurras, tel Sordet.*

Un gouvernement pris à la gorge par les exigences de la collaboration continentale vit exilé et coupé sur un territoire extérieur au continent, où il est assailli sans relâche et pénétré dans sa substance intime par toutes les influences hostiles au système qu'il a choisi. Cette situation paradoxale résume le drame de Vichy et en explique beaucoup d'aspects.

Nous fûmes de ceux qui eurent l'intuition qu'il fallait, dès le mois de juillet, fuir Vichy en toute hâte et courir à Paris. En 1815 Louis XVIII, passant outre aux conseils de Talleyrand, avait regagné les Tuileries, bien que les jardins en fussent occupés par les bivouacs prussiens[35].

*Après tout, la zone dite libre l'est-elle autant que cela ? Drieu la Rochelle n'en est pas convaincu.*

Je viens de faire un voyage dans la zone libre et, comme tous ceux qui y sont allés ou qui y sont retournés, je n'ai pu en rapporter qu'un regret : les gens qui y restent alors qu'ils pourraient n'y pas rester ne prennent pas le sentiment clair qu'ils ne sont pas plus libres que nous et qu'ils sont prisonniers de la nécessité, tout comme nous[36].

*Plus systématique, le socialiste national Marcel Déat, l'auteur à la veille de la guerre du fameux article « Faut-il mourir pour Dantzig ? », remonté à Paris à l'automne 1940 avec son quotidien* L'Œuvre *après avoir échoué à convaincre le Maréchal de l'excellence d'un régime totalitaire, pose dès le 13 octobre avec vigueur la question des hommes.*

Le maréchal Pétain, malgré son étonnante vigueur physique, malgré l'acuité de son regard, malgré la vigilance de son esprit, ne peut ni tout voir ni tout régler. C'est à travers son entourage que les bruits du monde lui parviennent. [...] C'est cette clique anonyme, ce sont ces intrigants sans mandat qui en fait mènent le jeu depuis l'armistice. [...] Ils étaient hier bellicistes, ils sont aujourd'hui revanchards et anglophiles, tout en feignant de suivre, le dos rond, le sentier rocailleux de la collaboration. Ils sont voués corps et âme à toutes les réactions, en flirt permanent avec les grands intérêts, et tout confits en cléricalisme. [...] Il faut casser aux gages ces mauvais serviteurs, avant que la colère populaire se manifeste. En cette histoire difficile, où la France se relève et doit se retrouver, il n'est pas possible d'en remettre plus longtemps le sort quotidien aux mains de sectaires, de cuistres, de trublions ou d'incapables notoires. Monsieur le Maréchal, il faut les chasser.

*Drieu, à la même époque, lui fait écho :*

Vichy certainement travaille. [...]

Pourtant, il reste deux ou trois points de gros doute :

1° On a fait la révolution de 89 (si périmée aujourd'hui) avec des hommes d'ancien régime, mais aussi avec des hommes entièrement nouveaux — des hommes vraiment jeunes et neufs.

Ces hommes manquent à Vichy. Ne manquent-ils qu'à Vichy? Ne manquent-ils pas dans toute la France? Où sont-ils s'ils existent? Dans les camps de prisonniers, sans doute. Ou dans les groupes de compagnons.

2° Il y a une chose que Vichy, pour le moment, comprend mal : la nécessité du grand parti national.

Question capitale. [...] Nul autre moyen de flamber les vieilleries.

Or, ni la « Légion », ni les camps du secrétariat de la Jeunesse ne peuvent être les éléments décisifs du parti unique. Par définition, ce sont des endroits où l'on ne doit pas faire de politique, ou bien ce sont des endroits où l'on ne fait que de la politique confusionniste.

Là est le point le plus faible de Vichy; si dans l'opinion nationale Vichy marque le pas, c'est par là qu'il est arrêté. Ce n'est pas notre faute, nous l'en prévenons assez souvent[37].

*Après le petit coup d'État de décembre on devine que le ton aura encore monté d'un cran. Au bout de deux années de nouveau régime, la collaboration parisienne ne cachera plus ses critiques de fond à l'égard des valeurs posées en* a priori *par Vichy dès l'été 40.*

*Les plus élégants, avec le jeune Jacques « Bostan » (en fait, Jacques Laurent), peuvent faire part de leur agacement.*

Je reconnais ne pas très bien saisir pourquoi une nation vaincue doit nécessairement se taire, pourquoi une nation blessée mais avide de se redresser se doit de borner son appétit à ambitionner « une heure d'oubli avec... » Henri IV, ou les badinages folkloriques, ou les traités de bridge et de jardinage, ou les Mémoires du général Marbot[38].

*De plus agressifs — et de plus puissants —, tel Abel Bonnard, pourtant ministre de l'Éducation nationale du Maréchal, poussent beaucoup plus loin la remise en cause du peu splendide isolement de l'État français.*

Quand la terre entière est embrasée par la guerre, mais que, comme le Phénix, elle ne s'enveloppe de flammes que pour renaître, quand les continents qui étaient couchés dans la géographie se redressent dans l'histoire, quand toutes les valeurs de l'homme se régénèrent en même temps que tous les rapports des peuples se renouvellent, quand l'avenir se décide dans un moment qui devient ainsi plus grand que les siècles, ce n'est même pas une idée puérile, c'est une idée sénile de vouloir ménager à la France une renaissance à part, que de prétendre lui conditionner un printemps sous cloche, un printemps en pot[39].

*Les plus excités, comme Rebatet, parleront clairement en termes de sang.*

Un nouvel État avait peut-être vu le jour. Mais le cordon ombilical qui le liait au vieux régime démocratique n'était pas coupé. Cela tenait sans doute au faible caractère de la plupart des ministres, à leur jeannoterie congénitale de libéraux, aptes à faire une révolution comme M. Maurice Chevalier à jouer Hamlet, et qui n'auraient pas signé une condamnation à mort sans prendre l'avis de vingt-quatre confesseurs[40].

*C'est moins la politique intérieure de Vichy qui suscite ce mécontentement que ses réticences à pousser l'esprit de collaboration jusqu'à la cobelligérance de fait, comme le réclame par exemple le Comité d'action antibolchevique, présidé par le chantre de la Royale, l'anglophobe Paul Chack...*

Qui peut aujourd'hui se flatter de pouvoir rester à l'écart de la bataille mondiale? *Allons-nous, sans exercer de justes représailles, laisser couler ou capturer nos bateaux et permettre qu'on affame nos femmes et nos enfants? Qui donc nous en saura gré? Qu'attend-on pour faire escorter nos convois? Allons-*

*nous accepter d'être coupés de notre Empire africain ? Allons-nous, au contraire, redevenir une grande nation et une race virile et faire, enfin, courageusement face aux réalités ?*

Le Comité d'action antibolchevique,

14, avenue de l'Opéra[41].

*... ou, plus franchement, jusqu'à l'alliance solennelle, comme le souhaite Robert Brasillach, rédacteur en chef de* Je suis partout, *ressuscité en 1941 :*

Répétons sans nous lasser ce que nous avons déjà dit. En 1815, quoi que l'on pense de l'Europe d'alors, Louis XVIII et Talleyrand ont mis la France en accord avec cette Europe VIVANTE, l'ont alignée sur elle. Une politique digne de la Restauration prendrait connaissance de ce qu'est l'Europe VIVANTE d'aujourd'hui, et alignerait la France sur cette Europe. La collaboration ? C'est trop peu dire que nous voulons d'elle, et le mot, si beau qu'il soit, puisqu'il signifie le travail en commun, est peut-être trop usé avant d'avoir servi, faute d'avoir été bien défini. Ce que nous voulons, autant que cela dépend de nous, ce n'est pas la collaboration, c'est l'Alliance[42].

# 2

# *Ce que parler veut dire*

LA PRESSE ÉCRITE

*Privés pour l'essentiel du pouvoir constitué, les partisans affichés de la collaboration tendent à monopoliser, avec l'aide et sous la surveillance de la censure allemande, les médias de la zone nord laissés en déshérence. Plusieurs titres familiers au public parisien reparaissent, nous l'avons vu, sans tarder; quelques autres, remontés de zone sud, réoccuperont leur place avec à peine moins de précipitation. Otto Abetz, arrivé à Paris dès les tout premiers jours de l'Occupation, s'attache enfin à combler les lacunes persistantes, à donner le plus tôt possible à chaque public un ersatz de son journal habituel. Voici, raconté* a posteriori *par Charles Dieudonné lui-même, comment naît le quotidien destiné à remplacer* l'Humanité *et* Le Populaire.

L'ambassade rêvait de lancer un quotidien destiné aux syndicats et à la classe laborieuse.

Elle chargea l'avocat Picard du soin de recruter dans le clan des moscoutaires. Picard, d'un cynisme rance et lugubre, qui voyait partout chantage, pédérastie et pourriture, rabattait avec des cris de triomphe le plus décevant des gibiers :

« J'ai circonvenu Juliette Goublet ! J'aurai Me Berthon ! Nous mettons la main sur un cousin de Maurice Thorez ! »

Van den Brooke, demi-fou, renégat du marxisme et plus agité qu'agitateur, avait trouvé le titre : *La France au travail.* Accompagné de l'analphabète Houssard, il présenta une maquette ahurissante. [...] Comment créer un journal en une semaine ? On avait fixé au 30 juin la date du premier numéro. Quatre jours passèrent en discussions oiseuses et, le 28 juin, Friedrich Sieburg et le Dr. Feilh me proposèrent de diriger *La France au travail*, feuille qui, à défaut de programme, possédait déjà une imprimerie. Que faire ? J'avais quarante-huit heures devant moi. Je rencontre sur les boulevards Daniel Perret, je l'engage comme secrétaire de rédaction. Je m'installe, rue Montmartre, dans les locaux de *L'Humanité*, où viennent me solliciter, leur copie à la main, des génies méconnus, des intellectuels en chômage, des échotiers, des polygraphes. J'ai l'embarras du choix[1].

*Une faune complexe hante en effet bientôt les salles de rédaction. Les plus suspects, parfois correspondants avant guerre du « Weltdienst » (Service mondial) d'Alfred Rosenberg, ne sont pas les moins bien pourvus. Ainsi le mystérieux aristocrate qui prend le pouvoir au sein de la vieille et luxueuse* Illustration, *tel que Dieudonné le reverra aux jours de leur débâcle commune.*

Seul, Jacques de Lesdain avait conservé sa garde-robe de gentilhomme normand et pouvait se croire encore au temps de sa splendeur. C'était lui, le démiurge d'une Exposition européenne où l'on avait dépensé les millions de la propagande pour montrer au public une paire de bœufs, une machine agricole et deux ou trois tableaux synoptiques. Il fit représenter aussi, à grand renfort de fonds secrets, une pièce d'une indigence rare, *Le Don de soi-même*, qu'on rebaptisa vite *Le Don à soi-même*. La calvitie en bataille, belliqueux, avantageux et roublard, il affichait un bel optimisme. Toujours prêt à foncer, mais surtout habile à faire foncer les autres, il se dirigeait, d'un pas claudicant, vers une caisse ou un bureau[2]...

*Un homme va symboliser aux yeux de tous, artisans comme adversaires, alliés obligés et confrères jaloux, le règne de ces « nouveaux messieurs » de l'information autorisée. Jean Luchaire (1901-1946) est un homme fidèle à ses jeunes années. Européen de la première heure (il est né à Sienne et son éducation fut cosmopolite), il brandira toujours l'exemple de son maître Aristide Briand pour justifier les positions collaborationnistes les plus radicales. Fondsecretier du Quai d'Orsay au temps de son hebdomadaire international* Notre temps *(1927-1939), il passera au financement allemand avec une grande facilité. Journaliste officieux, de sympathies radicales sous la Troisième, il sera de sympathies allemandes sous l'Occupation. En juillet 1930, au Sohlberg, en Forêt-Noire, il participait à la première grande rencontre réconciliatrice des jeunesses française et allemande; dix ans plus tard presque jour pour jour il retrouve en la personne d'Otto Abetz son interlocuteur de l'époque.*

*À la rentrée d'automne 1940, Luchaire lance* Les Nouveaux Temps, *quotidien destiné, dans le plan de l'ambassade d'Allemagne, à la bourgeoisie intellectuelle et aux milieux d'affaires. Directeur négligent, à l'en croire...*

Il m'était extrêmement difficile simultanément, pendant deux ou trois heures, d'écrire un article et de contrôler ceux des autres. Mais je venais à mon journal fréquemment et d'une façon générale je savais ce qui se passait et quels étaient les articles qui devaient être publiés. Tandis qu'à partir d'août 1942, je ne vais presque plus jamais à mon journal. J'y viens peut-être une fois par mois, les jours où la comptabilité a besoin de ma présence.

Je prends cette responsabilité pour avoir le droit de me décharger de celles qui ne sont pas les miennes et de dire que je deviens un lecteur de mon journal comme les autres.

*M. l'avocat général :* Un lecteur qui touchait 100 000 francs par mois[3].

*... mais intermédiaire très répandu, en tant que président de la Corporation nationale de la presse française.*

Il n'y avait pas de jour où, dans l'intérêt de la corporation dont j'étais le chef, je n'aie quelque chose à demander aux officiers de la Propagandastaffel. On n'a pas besoin de faire des recherches : c'est moi qui le dis. Je les ai invités à déjeuner, à dîner, trois, quatre, cinq fois par semaine. Ce n'était qu'en les traitant aussi somptueusement qu'il était possible d'obtenir d'eux un certain nombre de choses qui étaient indispensables[4].

*Le texte que ledit président adresse aux enfants de la colonie de vacances de la Corporation, le jour de son inauguration, éclaire, dans sa simplicité voulue, le sens de ces initiatives « professionnelles ».*

Vous êtes ici pour vos premières vacances. Vous y êtes parce que vous appartenez à la presse, que vous soyez enfants de journalistes, d'employés ou d'ouvriers. Si les journaux qui font vivre vos familles et qui avaient tous cessé de paraître l'an dernier ont pu reparaître, c'est parce que ces messieurs que vous voyez ici en uniforme, non seulement nous l'ont permis, mais nous ont aidés.

C'est ainsi que le pain quotidien de vos familles a été préservé et que vous êtes à Liancourt.

Le lieutenant Weber porte un uniforme que beaucoup de Français n'aimaient pas. Eh bien, si vous êtes ici, c'est parce qu'il nous a beaucoup aidés à organiser cette colonie.

Vous êtes ici parce qu'un certain nombre de Français ont eu le courage de mettre leur main dans des mains allemandes qui, après avoir été armées, s'offraient dans un geste cordial[5].

*L'empire de la Propaganda sur lequel Luchaire règne sans gouverner ne se limite pas à la presse quotidienne parisienne. L'agence* Inter France *quadrille méticuleusement le territoire national, multiplie les branches d'activité, et pourra revendiquer l'abonnement de 180 périodiques à ses dépêches rédactionnelles, de 65 organes d'audience régionale à son secteur « informations ».*

*Les hebdomadaires parisiens, anciens et nouveaux, passent quant à eux entre les mains d'autres nouveaux messieurs à la recherche d'une tribune, un Costantini* (L'Appel), *un Châteaubriant* (La Gerbe), *sans parler de l'équipe plus obscure (Jean Lestandi, Jean Drault, Robert Jullien-Courtine...) d'*Au Pilori, *qui sait se mettre jusque dans les moindres détails en accord avec ses convictions racistes et anti-anglaises :*

Changement d'adresse.

Nous prions nos correspondants de nous écrire dorénavant à l'adresse suivante : 55, avenue Édouard-Drumont (ex-avenue George-V), Paris-VIIIe [6].

*Les amateurs de littérature retrouveront quelque temps la* N.R.F., *où Drieu la Rochelle, bientôt seul maître à bord, fait hautement l'éloge de la presse « engagée », comme les amateurs de magazines illustrés pourront avoir leur compte d'images et de récits colorés dans les hebdomadaires des principaux groupes de presse établis, Bunau-Varilla* (La Semaine), *Luchaire* (Toute la vie), *Hibbelen, prête-nom de l'ambassade d'Allemagne* (Actu), *à moins qu'ils ne préfèrent la qualité photographique et le style très reconnaissable de* Signal, *édition française de la* Berliner Illustrierte Zeitung, *mélange d'érotisme suave, côté femmes :*

Blonde, brune, rousse : trois belles femmes réunies dans une harmonie attirante composée de musique et d'un doux parfum dont le charme délicat et exaltant vague sur une heure de fête[7].

*... et de lyrisme martial, côté hommes :*

Vois-tu Londres brûler sous nous ? Les Anglais vont-ils chanter maintenant leur chanson militaire « La cloche de l'enfer tinte joyeusement pour toi, mais non pour moi », crois-tu qu'ils entonnent maintenant cet air ? Es-tu prêt, Max ? As-tu la main sur le bouton ? La mire est-elle sur le but ? Oui ? Alors, lâche les bombes !

*Les gas* (sic), *tous les appareils sont en route pour ici, retour de Londres, intacts !*

Le soldat qui dans l'aéroport de base indique la place que doit occuper l'appareil lui crie, lorsque les hélices s'arrêtent : « Où en est-on à Londres ? » De l'appareil, il lui est répondu : « À Londres, le glas de l'enfer fait entendre son lugubre tintement. »

FIN[8].

*Aucun terrain n'échappe au travail de la propagande. Nous nous arrêterons à titre d'exemple, car il est tout à la fois significatif et mal connu, sur le seul organe de presse destiné à la jeunesse pendant les dix-huit derniers mois de l'Occupation,* Le Téméraire, *réalisé à partir de janvier 1943 par une équipe d'écrivains obscurs et de dessinateurs réputés et diffusé dans les premiers temps à près de 100 000 exemplaires. Les bandes dessinées y racontent la lutte de bons Aryens contre de méchants sémites, pendant que les jeux de plein air proposés s'intitulent :*

Jean Bart;
La mission Marchand;
Trésor des Nibelungen;
L'enlèvement de Pierre (*par des* terroristes);
La poursuite de Paul (*derrière l'envoyé du sinistre Ilanine*);
La vengeance de Patrick (*O'Brien, patriote irlandais, activiste anti-anglais*).

Jeu d'attention : Marc est en conversation avec deux personnes. Pendant ce temps viennent s'asseoir à la table voisine deux criminels qui commencent à parler ensemble. Marc, tout en suivant ce que disent ses interlocuteurs, doit être en état de comprendre et de retenir ce que l'on dit à la table voisine[9].

*Volontiers didactique, la publication bifurque à tout instant vers l'actualité, dans une veine généralement sombre.*

Les crimes de Barbe-Bleue, s'ils dépassent en horreur tous ceux que nous connaissons, ne sont cependant pas uniques dans l'histoire de la sorcellerie du Moyen Âge. C'était alors une croyance généralisée que le dieu des ténèbres aimait par-dessus tout le sang des jeunes enfants chrétiens. Cette superstition atroce était transmise par les Juifs, qui la tenaient de la tradition sémitique. [...] [*Suit tout un chapitre sur le « Moloch », un second sur « le Talmud, loi étrange dictée par la haine du non-juif ».*] Enfin il existe, actuellement encore, en Amérique des sectes israélites que la population soupçonne d'enlever les enfants pour la pâque. On en parla beaucoup à propos de certains kidnappings et en particulier lors de l'enlèvement et de l'assassinat du fils de Lindbergh[10].

*Certaines de ses initiatives tendent clairement à constituer autour du journal l'ébauche d'une jeunesse collaborationniste de structure paramilitaire.* Chevalerie d'antan, chevalerie moderne :

Devant la petite ville de Liegnitz, à un contre vingt, les chevaliers attaquèrent les Mongols. La mêlée dura toute la journée. Au début de la nuit, il ne restait plus que quelques Chevaliers teutoniques vivants. Le Grand Maître lui-même était mort. Mais les Mongols décimés et désorientés devant l'héroïsme de la résistance n'osèrent pas pousser plus avant et reculèrent jusque sur les confins de la Russie. L'Europe était sauvée pour plusieurs siècles.

Sait-on qu'à l'étranger, en Allemagne, il existe des Écoles de Jeunes Chefs où l'on s'est donné pour idéal de former de véritables chevaliers? Seuls les meilleurs des enfants peuvent avoir accès à ces écoles. [...]

Construits dans des paysages grandioses et sévères, au bord d'un lac de montagne ou au cœur d'épaisses forêts, les Burgs de l'Ordre sont véritablement l'équivalent des anciens monastères templiers ou teutoniques. Les hommes, dès leur entrée, sont des êtres d'élite. [...] Sortis de l'École et envoyés quelque part pour prendre un commandement, ces hommes sauront ne pas reculer devant leur devoir, ils ne seront capables d'aucune compromission, d'aucune lâcheté. [...]

Pourquoi n'aurions-nous pas nous aussi des Écoles de Jeunes Chefs? On grouperait là, en pleine nature, en été sous la tente, en hiver dans un de ces châteaux comme il y en a tant dans notre pays, une centaine de garçons de onze à dix-sept ans, choisis pour leur intelligence, leur valeur physique, leurs qualités morales, leur bonne camaraderie. [...] Ces garçons seraient liés entre eux par les merveilleuses années passées ensemble et formeraient une véritable Chevalerie. C'est avec eux qu'il serait possible de redresser la France à terre. Des hommes comme cela, parvenus à des postes de confiance, ne se laisseraient pas acheter, eux, et ne reculeraient pas par lâcheté devant leur devoir. [...]

Que pensez-vous, lecteurs téméraires, d'écoles d'élite de ce type?... Aimeriez-vous entrer dans une école de ce type? Écrivez-nous[11].

## LA RADIO

*Encore ne s'agit-il là que d'instruments de propagande assez ponctuels. Avec* Radio-Paris *et quelques postes satellites, peu à peu relayés par la zone sud, la Collaboration détient des armes de choc pour la guerre des ondes. Le critique musical Émile Vuillermoz n'est pas le premier à souligner, en préface à un recueil d'allocutions radiodiffusées de Philippe Henriot, l'importance de ce média en plein essor.*

Enfoncé dans son fauteuil et les pieds dans ses pantoufles, l'auditeur des radios internationales retrouve l'émotivité et la docilité d'une bergère de Domrémy écoutant ses voix. [...]

Et c'est ainsi qu'après des chanteurs connus, des parleurs inconnus se sont introduits dans tant de foyers et n'ont pas tardé à y faire la loi. [...] Et c'est en manœuvrant méthodiquement et patiemment ces importants effectifs que d'adroits stratèges ont ouvert, chez nous, la brèche morale de toutes les dissidences. Si, depuis le début de la guerre, les Français de France s'étaient imposé la patriotique consigne — au fond si logique et si raisonnable — de ne prêter l'oreille qu'à la voix de leurs chefs, beaucoup de choses seraient actuellement changées sur la surface du globe[12].

*Un prétendu Dr. Friedrich — en réalité Dambmann, ancien collaborateur de Ferdonnet — distille deux fois par semaine le point de vue « nuancé » et « compréhensif » de l'adversaire loyal, qui ne prend pas de chemins détournés pour faire la leçon au vaincu.*

*Dimanche 8 août 1943, 13 h 20.*

Chers auditeurs,

Depuis que je m'adresse à vous sur les antennes de Radio-Paris, vous avez pu remarquer que je me suis toujours conformé à ma ligne une fois tracée, c'est-à-dire d'aborder avec vous librement et franchement tous les sujets, même ceux qui paraissent à première vue les plus délicats et les plus scabreux. Cette méthode a pu plaire aux uns, comme elle a pu déplaire aux autres. Elle m'a permis de constater toutefois, par les milliers de lettres que j'ai déjà reçues de tous les coins et de tous les milieux de France, qu'entre gens de bonne foi, de bon sens et de bonne volonté, il y a toujours moyen de trouver un terrain de compréhension, et par conséquent d'entente. [...]

J'ai l'habitude de vous parler franchement, d'un point de vue strictement allemand et en tenant compte, comme je le faisais déjà longtemps avant cette guerre, des contingences françaises que je crois connaître à fond. Cela vous l'avez toujours reconnu, cela vous l'avez toujours compris, malgré les divergences de vues et de conceptions qui peuvent nous séparer. J'ai agi ainsi en écoutant ma seule logique qui me dit que nous sommes voisins, que nous l'avons toujours été et que nous le serons toujours, quelles que soient les péripéties que nous traversons. Or, entre voisins qui habitent porte à porte sur le même palier, rien de plus naturel que de se respecter mutuellement et de s'entendre[13].

*Le Français Jean Hérold-Paquis, ancien speaker franquiste de la guerre d'Espagne, joue du style nerveux. Son domaine est celui du communiqué d'état-major, du commentaire d'opérations militaires. Son éloquence est concise et hargneuse, son leitmotiv carthaginois finit par ressembler à un tic.*

Le Quartier général allemand a prévu, pour ces nouvelles opérations, une telle répartition de ses formes que pas un seul transport de troupes ne sera nécessaire, ni pour parer à une invasion à l'Ouest, ni pour lutter contre une seconde offensive soviétique. Les effectifs nécessaires à la défense de l'Europe sont parfaitement équilibrés. Les hommes et le matériel sont en place. Chaque front, qu'il soit déjà existant, qu'il soit probable, dispose du potentiel militaire qui lui est indispensable. Et l'on ajoute que la plus parfaite synchronisation entre les armées alliées, soviétiques, anglaises et américaines, ne changera rien à un tel état de choses.

Cette confiance absolue dont on fait montre au Quartier général allemand est une première réponse aux affirmations, toutes gratuites et toutes nombreuses, de la propagande d'en face, qui a imaginé on ne sait quelle désagrégation de la puissance morale et matérielle européenne. [...]

Il n'est pas mauvais, cependant, de rappeler à nos compatriotes que, de quelque nom qu'on l'appelle, l'invasion projetée par les Anglo-Américains appartiendra au seul domaine de la bataille, et que si les canons alliés crachent des obus, ces obus ne contiendront pas une bicyclette ou une machine à écrire. C'est tant pis pour ceux qui ont besoin de l'une et de l'autre !

Tout ceci ne doit pas, pour autant, nous faire perdre de vue qu'une vérité demeure, et cette vérité c'est que, pour que la France vive, l'Angleterre, comme Carthage, doit être détruite[14] !

*Naguère orateur remarqué du catholicisme conservateur, Philippe Henriot (1889-1944) a plus de chaleur et une rhétorique plus soutenue. L'Institut catholique et l'enseignement libre ont conforté ses convictions et sa technique, l'abbé-député Bergey, qu'il seconde à partir de 1925, l'introduit définitivement à la politique militante. Sept ans plus tard il lui a succédé comme député des vignobles bordelais — et s'est installé lui-même comme viticulteur : l'engagement est complet. La violence de ses attaques contre le régime, qui défraient avant guerre la chronique du Parlement, le destine sans doute aux services de propagande du Maréchal mais le mouvement de conversion accéléré qu'il amorce en direction de l'Allemagne à partir de l'offensive à l'Est surprend par son ampleur. La voix d'Henriot s'impose donc sur le tard, mais irrésistiblement. Vuillermoz :*

C'est à ce moment précis qu'une voix puissante et mordante traverse notre ciel. Philippe Henriot nous parle. Ce qu'il nous dit est net, positif et irréfutable. Pas de casuistique, pas de rhétorique, pas d'effets de tribune : des faits, des constats, des précisions qui ne peuvent être mis en doute. [...] C'est bien, en effet, l'objectivité, la raison et la dignité françaises qui parlent à cette antenne le plus noble et le plus clair des langages. De telles paroles assainissent et purifient l'air saturé de mensonges. On les capte au passage avec un soupir de soulagement[15].

*Compte tenu de la date, l'essentiel de son argumentation joue dans la gravité (la France, champ de bataille malgré elle) et le sarcasme (les sympathisants de la « dissidence » devront se munir d'une longue cuiller pour manger avec le diable bolchevique) ; elle semble avoir rencontré un certain écho.*

*19 septembre 1943.*

[...] L'Allemagne n'a rien à voir dans cette affaire. Ce n'est pas l'Allemagne qu'affaiblissent les destructions des villes françaises. Ce n'est pas l'Allemagne qu'atteignent les bombardements de Nantes, de Modane et de Montluçon. C'est de la France qu'il s'agit. Et on aura beau multiplier les attentats contre des Français coupables de ne pas plier le genou devant les exigences de Moscou transmises par Londres ou Washington, on aura beau continuer d'organiser les déraillements de trains, les assassinats de gendarmes, les pillages de mairies, les incendies de récoltes, les vols de cartes d'alimentation, on n'aura servi que la cause du bolchevisme et non celle de la France ! [...]

Au lieu de planter des drapeaux sur des cartes de Russie et de frémir d'allégresse quand on croit que la digue va céder devant le flot rouge qui menace l'Europe, nos stratèges en chambre, nos vieilles filles en mal de tactique, nos bourgeois péremptoires feraient mieux de marquer sur le plan de leur quartier ou de leur canton la sinistre et silencieuse marche souterraine des colonnes rouges infiltrées chez eux. Demain, on les entendra supplier de la voix chevrotante de la Du Barry : « Encore un petit moment, monsieur le bourreau. »

Et si toute la France ne devait pas être avec eux victime de leur niaiserie, de leur sottise et de leur aveuglement, avec quelle amère satisfaction n'entendrions-nous pas le grand rire déchirant de Molière leur répondre : « Tu l'as voulu, George Dandin[16] ! »

VOIX ILLUSTRES...

*L'ébranlement du printemps 40 ne pouvait pas laisser indifférents tous ceux aux yeux desquels une certaine notabilité littéraire, une relative célébrité scientifique, une réputation établie de grand esprit paraissaient assigner le rôle éminent et délicat de penser pour leurs semblables. La violence de la commotion accrut ainsi sensiblement la part des « notes à leur date » et autres fébriles « essais pour comprendre le siècle » dans la production intellectuelle du temps.*

*Les écrivains les moins suspects de sympathie profonde pour le nouvel état de fait ne manquent pas d'être ébranlés. André Gide lui-même peut écrire le 5 septembre 1940 dans son* Journal :

Composer avec l'ennemi d'hier, ce n'est pas lâcheté, c'est sagesse, et accepter l'inévitable. *Untersuchen was ist und nicht was behagt,* dit excellemment Goethe. Qui regimbe contre la fatalité est pris au piège. À quoi bon se meurtrir aux barreaux de la cage[17] ?

*Gide figure pourtant en bonne place dans le panthéon de la décadence ancien-régime, tel qu'il est fréquemment évoqué par la Collaboration. Camille Mauclair, écrivain fécond qui s'est bâti une certaine réputation dans le monde de la critique d'art en parlant en guerre contre les « mercantis » et les « métèques dans l'art français », sent le moment venu de régler ses comptes au judéo-bolchevisme culturel.*

Le byzantinisme s'installa. La rage du dancing et du jazz hystérisa une multitude dont les trémoussements sur des rythmes idiots insultaient à nos quinze cent mille morts, à nos deux millions de blessés, à nos deuils, à nos dévastations, tandis que le cinéma, livré aux Juifs et aux stars yankees, était plus bête et plus démoralisant que jamais. À ceci correspondit la déchéance littéraire et artistique avec « Dada », les poèmes ou tableaux loufoques, prônés par une maffia de mercantis et de pisteurs. [...] Le talent est un don et un moyen : il impose des devoirs autant qu'il assure des droits.

*Les diagnostics tombent dru. Valéry :* carence de la sensibilité. *Giraudoux :* tarabiscoteur retors. *Carco :* faux Villon pour boîtes de nuit. *Mauriac :* obsédé de refoulements honteux. *Bernanos :* névropathe et déséquilibré. *Jules Romains :* enfui et vendu.

Descendons plus bas, jusqu'au saltimbanque Cocteau, idole des invertis, des faisans, des cocaïnomanes, des petits swingueurs qui bafouillent « zazou » et sont encore plus bêtes que Dada. Et négligeons quelques autres, plus ou moins célèbres putains littéraires d'un sexe ou deux, sans même rappeler le théâtre d'un Bataille, d'un Bernstein et la musique malpropre du Juif Darius Milhaud.

Pour ce travail de décomposition, qui a contribué à nous perdre, les faux savant et les pédagogues se sont associés aux littéraires. [...] Les Gide, Alain, Mauriac, Maritain, Bernanos, Benda et consorts ont flirté avec la « farce de la Sorbonne », les Perrin, Langevin, Buisson, Séailles, Ruyssen, Bouglé, Brunschwig, Basch, Seignobos, toute la troupe juive ou maçonnique des sophistes et des falsificateurs de l'Histoire digne de figurer parmi les responsables de Riom[18].

*Face à un tel pandémonium, peu nombreux apparaissent ceux auxquels Rebatet, sur le tard, offrira dans un article remarqué les fauteuils de l'« Académie de la collaboration ».*

*On ne s'étonnera pas d'y trouver d'abord les noms de Drieu la Rochelle et de Brasillach, que leur activité journalistique met en première ligne. Deux portraits complémentaires, s'il faut en croire leurs admirateurs.*

*La Collaboration ne regarde pas de plus près à la virilité désenchantée du premier. L'exigeant* Au Pilori *s'en satisfait largement.*

Drieu est un intellectuel, bien sûr; mais un vrai, un de ceux dont la race se perd, et il ne craint pas de se « salir » en faisant de la politique. Drieu est un rêveur et un artiste, mais son rêve ne l'égare jamais au-delà de la réalité du moment; c'est l'homme calme et sûr parce qu'il a raison et qu'il le sait[19]...

*Un père officier mort pour l'Empire, de brillants succès scolaires couronnés par la rue d'Ulm ont imposé d'ardentes obligations au jeune Robert Brasillach (1909-1945). Il s'est choisi un maître, Charles Maurras; en retour,* L'Action française *a trouvé en lui le sang neuf qui lui manquait cruellement : à vingt-trois ans il y devient titulaire de la rubrique littéraire. Sans doute ses premières études sentent-elles encore l'huile, sans doute ses premiers romans ont-ils encore la fragilité d'essais écrits à la lumière d'Alain-Fournier, Giraudoux, René Clair; mais l'*Histoire du cinéma *de 1939, le recueil de souvenirs de* Notre avant-guerre *(1941) signalent un observateur aigu de la création contemporaine, un chantre émerveillé de la jeunesse occidentale et des fraternités adolescentes. Dans ces textes cependant la violence des professions de foi fascistes, la cruauté du regard que cet être sensible porte sur les démocrates, les communistes, les Juifs* *ne font jamais oublier le polémiste qui est devenu, au lendemain de la victoire du Front populaire, l'animateur de* Je suis partout, *cette avant-garde d'un jeune maurrassisme qui finira par tuer le Père.*

*Le roman des* Sept Couleurs *(1939), une* Histoire *franquiste* de La Guerre d'Espagne *(1939) sont là pour le confirmer dans son personnage de cadet de l'Alcazar, prêt à se rallier corps et âme à celui qui, à l'instar de Léon Degrelle, leader du rexisme dont il chante la geste en 1936, paraîtra incarner sa vision du fascisme comme « poésie du XX^e^ siècle » par excellence. Quand, en 1941, libéré de son camp de prisonniers, il reprend à Paris la direction morale de* Je suis partout, *l'option délibérément pro-allemande de l'hebdomadaire ne lui pèse pas outre mesure. Il sait forcer sa voix juvénile pour mieux gronder, voire hurler avec les loups. Dans les rares moments où la lutte politique lui laisse quelque répit, il lui arrive cependant de célébrer avec émotion son idéal du fascisme, Grand Meaulnes nouveau style dont la fête s'appellerait Nuremberg.*

Pour le solstice d'hiver, comme ils l'avaient déjà fait pour le solstice d'été, de jeunes camarades de vingt ans m'ont invité à camper dans cette maison et ce beau parc d'Île-de-France où ils se réunissent parfois, pour parler de la patrie blessée et des temps présents. J'ai retrouvé le cérémonial auquel je suis accoutumé, les couleurs que l'on salue le matin, les feux de bois autour desquels on parle, le repas ordonné sur la table nue... ; j'ai contemplé les tableaux semi-improvisés d'une « veillée » ironique et amère, où l'on bafouait le bourgeois qui compte sur l'armée Rouge, où l'on rappelait la force du désespoir...

Qu'avaient-ils choisi ? Un poème sur la mort d'un héros national-socialiste, une page du Nietzsche le plus noir, une autre de Bernanos, une autre du Céline des *Beaux Draps*. Et je pensais que dans tous ces amers refus du monde libéral, au-delà des divergences, il y avait la même salubre réaction, celle des *Réprouvés*, où Ernst von Salomon a décrit l'exaltation de l'Allemagne, après l'autre guerre. Oui, « la patrie brûle sourdement dans quelques cerveaux hardis[20] ».

*Mais Brasillach comme Drieu est capable, cédant à la polémique, des jugements les plus féroces sur l'adversaire, fût-il à terre. Et il n'est pas le dernier à participer à la curée contre la plus pernicieuse des « sept internationales » : la juive.*

L'archevêque de Toulouse proteste contre les mesures prises envers les Juifs apatrides en zone non occupée et accuse le gouvernement du Maréchal de suivre des inspirations étrangères ! Il parle de brutalités et de séparations que nous sommes tous prêts à ne pas approuver, car il faut se séparer des Juifs en bloc et ne pas garder de petits, l'humanité est ici d'accord avec la sagesse : mais il oublie de dire que ces brutalités sont le fait de policiers PROVOCATEURS qui veulent apitoyer les pauvres idiots d'Aryens[21].

*On ne s'attendra pas à plus de modération chez Louis-Ferdinand Céline (1894-1961), dont l'engagement collaborationniste est bien, contrairement à ce qu'il affirmera plus tard, sans équivoque.*

*Entre la naissance de l'écrivain Céline, en 1932, dans le fracas de* Voyage au bout de la nuit — la vie c'est ça, un bout de lumière qui finit dans la nuit —, *et son effacement apparent, douze ans plus tard, derrière le docteur Destouches, médecin de la Collaboration agonisante dans son exil allemand de Sigmaringen, s'inscrit un destin excessif, mais nullement exempt de traits idéologiques reconnaissables, coutumiers à la France allemande tout entière.*

*Au lendemain de* Mort à crédit *(1936), où les obsessions commencent à devenir phantasmes et le style procédé, le nihiliste grinçant, le médecin des pauvres, l'ancien combattant de 14-18 pensionné à 100 % sent revenir la guerre à grands pas. Son imagination se met à battre la campagne, sa plume s'affole. La documentation du Weltdienst (Service mondial) d'Alfred Rosenberg est là pour lui permettre de donner un nom à sa peur.* Bagatelles pour un massacre *(1937) et* L'École des cadavres *(1938) ne sont plus que des éructations mal digérées alimentées aux brochures antisémites les plus suspectes.*

*Bien loin de modérer les pamphlets antérieurs à la défaite,* Les Beaux Draps *de 1941, sous le regard compromettant de la censure allemande, renchérissent encore, s'il en était possible, dans le délire, peuplé de « Juif Racine » et de « Ben Montaigne » :* Plus de Juifs que jamais dans les rues, dans la presse, au barreau, en Sorbonne, en médecine, au théâtre, à l'Opéra, dans l'industrie, dans les banques...

*Impossible d'ailleurs de mettre, comme certains commentateurs le feront, ces textes au compte de la vitesse acquise et de l'inconscience des premiers jours : dans le même temps Denoël réédite les* Bagatelles *et l'*École *en deux nouvelles versions « illustrées de photographies hors texte », légendées par un Céline des mauvais jours, le tout précédé de professions de foi sans équivoque. Préface de l'*École, *version France allemande :*

La parution de l'*École* ne fit aucun bruit — silence total, scrupuleux dans toute la presse française — y compris la pacifiste, l'antisémite, la franco-allemande, etc., pas un écho, pas une ligne, le frigo intégral, la pétoche totale, le désaveu absolu. Raison de ce hoquet unanime : *L'École* était le seul texte à l'époque (journal ou livre) *à la fois et en même temps :* antisémite, *raciste,* collaborateur (avant le mot) jusqu'à l'alliance militaire immédiate, anti-anglais, antimaçon, présageant la catastrophe absolue en cas de conflit[22].

*Quand l'Institut d'études des questions juives oublie de présenter sa trilogie antisémite aux éventaires de la librairie annexée à la grande exposition* Le Juif et la France *du palais Berlitz, Céline ne manque pas de le signaler par lettre à l'organisateur :* Je constate là encore, hélas, la carence effroyable (en ce lieu si sensible) d'intelligence et de solidarité aryenne...

*Défiant et décontenancé devant les nécessités de l'écriture journalistique, il ne manque pas de répandre sa parole par le moyen de la « lettre », plus ou moins ouverte, parfois de la « déclaration » orale, que le destinataire s'empresse de publier en première page. De Doriot à Costantini en passant par la rédaction d'*Au Pilori, *les correspondants les plus divers, et parfois les plus suspects, s'assurent ainsi sa collaboration bénévole, toute de tonnerres hypocondriaques et d'acharnement masochiste. À Claude Jamet :*

Cher ami,

Je trouve votre papier fort bien, et rien à redire. Peut-être un petit mot de plus sur la gigantesque tartuferie actuelle de la Résistance ! Alors que jamais la France n'a été si riche, si cupide, si gavée de bénéfices de guerre, proprement *commerce avec l'ennemi !* On fusillait pour beaucoup moins de 1914 à 1918.

La jean-foutrerie française atteint, je pense, en ce moment son summum historique... Souffrance peau de lapin, abominable jérémiade, évidence de la pourriture de l'âme de cette nation devenue si sournoise et si vile, qui ne peut être récurée que par le grand moyen chirurgical : *l'ablation du capital individuel.*

À vous bien cordialement[23].

*Pour les oreilles délicates il est des voix de meilleure compagnie. Le vieil Abel Hermant, qui renie l'Angleterre pour le Tout-Paris, le fragile Abel Bonnard, affolé de virilités conquérantes, le fier Henry de Montherlant, prêt à donner sans tarder à la victoire nazie le sens cosmique d'une revanche de Julien l'Apostat :*

Une semaine a passé, et aujourd'hui l'armistice a été signé. Le 24 juin. Pour le solstice d'été. La croix gammée, qui est la Roue solaire, triomphe en une des fêtes du Soleil.

Le soir, j'ai été marcher le long de cette côte livide : quand on arrive du large, comme on voit tout de suite que mon pays a été toujours saigné. Rien n'a lieu sur la grande eau, plus douce que la terre. [...] C'est la mer où une voix passa qui disait : « Le grand Pan est mort », traduisez : « Tu as vaincu, Galiléen. » Et où j'entends ce soir une voix qui passe : « Tu es vaincu, Galiléen. » [...]

À nos trousses, la païennie déferlait, ses casques ceints de couronnes de branchages : « ils nomment dieu le secret des bois ». Ses milliers de blindés faisaient le roulement de la mer. On prenait des villes avec dix bicyclettes, dix garçons débraillés, ruisselants de sueur, l'arme à la bretelle, et qui s'amusaient rudement. Et je pensais que la terre qu'elle gagnait maintenant lui était acquise, que les clochers abattus par ses feux ne seraient plus reconstruits jamais, et qu'un jour viendrait où je verrais flotter l'étendard de la Roue solaire sur les tours de Notre-Dame de Paris. [...]

Aujourd'hui, si la France et l'Allemagne, unies sous l'emblème de la Roue solaire, voulaient rendre à la vie souterraine, le temps d'une saison ou deux, la saison de Constantin.

Mettre en sommeil le christianisme[24].

*Le cas de Jacques Chardonne est plus significatif encore. Son récit, tôt publié, de* L'Été à La Maurie, *est la description idyllique de la grande réconciliation franco-allemande à la base, dans ses Charentes accoutumées, entre nobles âmes proches de la même terre. Un vigneron charentais s'entretient avec un officier prussien, au lendemain de la débâcle :*

— Eh bien, monsieur, vous pouvez vous rendre compte que les Allemands ne pillent et ne tuent personne, dit le colonel.

— Je n'ai qu'à me louer de la tenue de vos soldats et je crois que tous les habitants de la contrée sont dans le même cas. D'ailleurs vos soldats n'ont pas l'air de se plaindre de l'accueil qui leur a été fait.

— Les soldats sont contents.

— Les Charentais offrent volontiers ce qu'ils ont.

*On passe donc bientôt au signe par excellence de la bonne volonté : le verre de cognac.*

— Monsieur le colonel, je ne veux pas manquer aux habitudes, permettez-moi de vous offrir un verre de cognac.

— Volontiers, j'apprécie beaucoup le cognac.

— Si vous voulez bien entrer, je vous ferai goûter un cognac 1820 authentique qui a été distillé par mon arrière-grand-père. Il était né en 1780, c'était un soldat de l'Empire et il a fait une partie des guerres de Napoléon.

— Il était peut-être à Iéna. Je suis chez vous ; nous sommes quittes.

*Et c'est au tour de la Providence d'appliquer son sceau à ce Montoire provincial.*

— Qu'est-ce qui ne va pas ? Rhumatisme ?

— Non.

— Sciatique ?

— Non.

— Alors, qu'est-ce que c'est ?

— Verdun.

Le colonel se dressa au garde-à-vous et tendit la main à Briand.

— Vous savez ce que c'est que la guerre ; vous êtes un brave.

Il se rassit et prit le verre que Briand avait posé près de lui.

— Moi aussi, j'étais à Verdun... Alors, c'est ce fameux 1820... *Sehr gut... Sehr gut*[25]...

*Quelques mois plus tard Chardonne peut extrapoler tout à loisir. Le « socialisme européen » sera une pilule amère pour le vieux libéral, mais l'occupant est si raffiné...*

Je plains les Français qui ont mis leur point d'honneur à ignorer les Allemands. Ces malheureux ne savent pas ce que nous devons à quelques conversations que des Français moins délicats ont eues avec des Allemands, dans une heure très incertaine.

Pour ma part, j'ai recherché ces entretiens. (...)

Dans ces conversations émouvantes et pudiques, semblables à cet accord tardif auquel parvient un couple longtemps déchiré par les apprentissages de la connaissance mutuelle, j'ai parfois blâmé les excès de l'individualisme français. Alors, des écrivains allemands, des nazis, m'ont reproché cette sévérité[26].

*Et, pour tout dire :*

Nous sommes à la merci de l'Allemagne. Elle dominera l'Europe. Mais le vainqueur épargnera le territoire des nations appelées à former l'Europe si elles consentent aux conditions de cette unité. De toute manière, le mode d'existence d'autrefois est fini, car les fondements de l'ordre ancien sont détruits, même chez les Anglo-Saxons. Seule l'Allemagne peut organiser le continent, et elle nous procure l'occasion d'une réfection interne qui était nécessaire et qu'il nous appartient de réussir[27].

*De cette nécessité historique, de ce mouvement irrésistible qui fait de l'Europe allemande de demain comme le point oméga de l'épopée contemporaine, on ne s'étonnera pas de voir divers savants rendre compte en termes de certitudes « scientifiques », entremêlées de rêves personnels.*

*Le vieil inventeur Georges Claude, ancien militant de l'Action française, a deux obsessions qui font bon ménage : faire admettre par une société réticente quelques-unes des découvertes auxquelles il a consacré sa vie; la convaincre de la bonne volonté allemande. Avec un prosélytisme remarquable pour ses soixante-dix ans, il sillonne sans fin les deux zones, chantre d'une Europe future où le triomphe du national-socialisme devient inséparable, dès le court texte qui salue l'entrevue de Montoire, de l'abaissement du niveau des mers.*

Europe nouvelle, Monde nouveau peut-être, et peut-être allégé pour de longues décades, par tant d'impossibilités subitement abattues, des charges militaires énormes qui pompaient toute sa sève. Monde nouveau, où l'on peut concevoir que chaque pays pourra plus spécialement se consacrer à ce qu'il est apte à produire mieux que d'autres, dans la mesure où les transports, développés à l'extrême, pourront le répartir au loin. Monde nouveau, où tout le parti possible sera tiré des richesses naturelles, chutes d'eau, énergie de la mer, abaissement du plan d'eau de la mer Rouge, entreprise gigantesque, bien digne de notre technique moderne[28]...

*La voie est ouverte aux systématisations les plus hardies, en tête desquelles se placent sans doute les théories de Charles Laville sur le binôme « Biologie et Collaboration ».*

Une politique doit être biologique ou ne pas être. [...] Par ses études et ses réflexions, le biologiste aboutit à cette conclusion que les sociétés, tout comme les individus, et ceux-ci tout comme les simples cellules qui les composent, ont une vie propre, une morphologie propre, une mentalité propre. [...] Les monocellulaires, les êtres les plus frustes que nous connaissions, ont mis en pratique deux modes d'association. [...] Qu'est-il advenu? Tout simplement ceci : c'est que les groupements uniquement formés sous le signe du nombre n'ont pas évolué, depuis des millénaires, au-delà d'un mode d'existence supérieur à celui des spongiaires ou des coraux. Leur devenir a tourné court, les qualités d'ensemble ne pouvant dépasser, voire même atteindre la somme arithmétique des qualités apportées par chacun des membres de l'association. Faillite de l'instinct grégaire!

Tout au contraire, les associations cellulaires d'éléments à tendances complémentaires sont celles qui ont permis la formation des animaux supérieurs, jusqu'à l'homme. [...]

Tout le problème est là : voulons-nous demeurer, dans l'évolution sociale qui se prépare en ce moment dans le sang et la douleur, un vulgaire polypier? Voulons-nous, au contraire, nous diriger vers un stade supérieur d'organisation? Après ce que nous venons de faire entrevoir, poser la question c'est, autant dire, la résoudre. Nombre de gens n'ont point pris garde à ce qui est pourtant l'essentiel, dans l'offre de collaboration qui nous a été si généreusement faite par nos adversaires d'hier. [...]

En vérité, il faut nous en tenir à cette forte philosophie qui se dégage d'un examen attentif de la nature et des lois éternelles de la biologie :

la collaboration franco-allemande représente la symbiose idéale entre nations[29].

## L'ÉCHANGE

*Sans qu'il leur soit nécessaire d'avoir de ces intuitions vertigineuses, nombreux sont ceux qui entreprennent de faire passer dans les faits l'Europe nouvelle. Pour sa part Abetz a engagé sans plus tarder l'opération de charme que lui permettent ses relations parisiennes et sa réputation de grand « francophile ». Au lendemain de la Libération, la fille de Jean Luchaire se souvient :*

Abetz affectait, au cours de cette soirée, d'ignorer la politique, de ne point se rappeler que son pays était encore en guerre, et d'avoir les sujets les plus frivoles comme objet essentiel de ses préoccupations. Brinon aurait sans doute aimé faire avec lui des apartés, lui donner les derniers « tuyaux » de Vichy, mais l'ambassadeur répondait en parlant théâtre, mode, littérature. C'était la première fête officielle donnée à Paris. L'ambassade de la rue de Lille brillait de tous ses feux, ce qui contrastait avec le black-out total qui faisait peser sur Paris sa chape d'obscurité et d'inquiétude. Le buffet était abondamment garni. Le temps des restrictions n'était point encore venu, mais quoi qu'il en soit, même avant la guerre, on n'aurait pu que trouver difficilement, dans les plus grands magasins de comestibles, autant de variétés de produits gastronomiques... Une véritable « soirée française », comme l'avait voulue l'ambassadrice. La langue allemande était prohibée. Et c'était à qui rivaliserait de finesse et d'érudition dans la vieille langue de Rabelais. [...]

Et autour de ces militaires, de ces diplomates, il y avait ce qu'il est convenu d'appeler le Tout-Paris des lettres, des arts, de la politique, du théâtre. À quoi bon citer des noms ? Je veux être charitable et essayer de ne pas avoir trop bonne mémoire[30].

*Côté armée d'occupation, l'écrivain Ernst Jünger, en poste à Paris, note dans son* Journal *une réception symétrique chez Brinon :*

8 octobre 1941. À midi, avec Speidel, chez l'ambassadeur de Brinon, au coin de la rue Rude et de l'avenue Foch. Le petit *palais (en français dans le texte)* où il nous a reçus appartiendrait à sa femme qui est juive, ce qui, à table, ne l'a pas empêché de se moquer des « youpins ». J'ai fait la connaissance, là, de S. G..., que j'ai trouvé agréable, bien que, chez lui, l'acteur excède de beaucoup le poète... Je me suis entretenu avec lui de Mirbeau, dont il m'a raconté qu'il était mort dans ses bras, lui chuchotant à

l'oreille dans un dernier souffle : « *Ne collaborez jamais !* » *(en français dans le texte)*, ce que je note pour ma collection de dernières paroles. Assis à table, à côté de l'actrice Arletty. [...] Pour la faire rire, il suffit du mot « cocu »; aussi ne cesse-t-elle guère, ici, d'être gaie. Dans un vase, des orchidées, lisses, rigides, dont une lèvre était divisée en antennes troublantes. [...] Un doigt de pouilly, bourgogne, champagne. À l'occasion de ce déjeuner une vingtaine de policiers avaient été postés dans les alentours[31].

*Des amitiés se nouent ou renouent de part et d'autre d'un Rhin symbolique. Brasillach chantera en 1942 la mort de son ami Karlheinz Bremer, le « jeune Siegfried » de l'Institut allemand de Paris. À Rennes, vers le même temps, ce sera au national-socialiste breton Olier Mordrel de saluer le jeune Prussien jumelé avec le mouvement séparatiste, Gerhard von Thevenar.*

La science pure n'était pas son fait. Il était de ceux qui croyaient à une renaissance des Celtes et l'étude du passé ne l'aurait pas intéressé, s'il n'avait pas dû y trouver, par la race qu'il aimait, des raisons de croire et de vivre. [...] Il avait retenu de son éducation dans les groupes d'avant-garde de la jeunesse allemande une profonde connaissance de l'homme en général et des jeunes gens en particulier. [...] Il nous a enseigné que l'être le plus lamentable est celui qui proteste contre l'iniquité du sort, c'est-à-dire qui a été trop aveugle ou trop sot pour comprendre la loi du monde : règne du fort, écrasement du faible, triomphe de l'injuste. Le mot de *Stur* selon qui le « prussianisme » était l'expression héroïque du socialisme l'avait enchanté. [...] Il savait que de son vivant il ne verrait jamais son rêve devenir une réalité. Mais, cependant, seul ce rêve restait à ses yeux l'unique raison de vivre. L'Empire des Nordiques, axé sur les Germains, appuyé à l'Est sur les Finnois, à l'Ouest sur les Celtes. Notre Monde[32] !

*Pour faciliter et systématiser tous ces contacts, un organisme se mettra sur pied dès l'automne 1940, dont les activités se développeront surtout à partir du retour de Laval au pouvoir, le groupe « Collaboration ». Une association qui se veut d'élite, et qui recrute effectivement en priorité parmi les notables locaux quand, à Paris, elle affectionne les Prix de Rome, membres de l'Institut et autres ministres.*

Collaboration.
Groupement des énergies françaises pour l'unité continentale.
Rénovation française ; réconciliation franco-allemande ; solidarité européenne.

Monsieur le Ministre,

Au moment où le Gouvernement vient de vous confier le ministère de la Justice, vous voudrez bien permettre au groupement qui a l'honneur de vous compter parmi ses membres associés de la première heure de vous exprimer ses plus chaleureuses félicitations.

Autorisé par le maréchal Pétain, chef de l'État, reconnu par le président Laval, chef du Gouvernement, notre groupement est placé sous le haut patronage de l'ambassadeur Fernand de Brinon, secrétaire d'État. Un membre de son Comité d'honneur, M. Abel Bonnard, de l'Académie française, est ministre en exercice. [...] Votre accession aux Conseils du Gouvernement constitue, pour l'action que nous menons inlassablement, dans le souci de l'avenir de la patrie, le plus précieux des encouragements[33].

*Qu'il s'agisse d'opérations montées par des groupements français ou, comme dans la plupart des cas, d'initiatives allemandes, innombrables sont les occasions de manifester tangiblement la réalité de l'Europe des cultures. Contemporaine du petit coup d'État pétainiste du 13 Décembre, la remise des cendres de l'Aiglon à la France est une cérémonie ratée, mais elle permet quand même à un fils d'Edmond Rostand, Maurice, mobilisé pour la circonstance, d'entonner pour la grande presse le péan des temps nouveaux.*

Les cendres de l'Aiglon.
Maintenant... Maintenant que la guerre est
finie
Maintenant qu'un espoir de future harmonie
Peut succéder à nos remords
Maintenant que l'étoile au prénom de déesse
Ne se lèvera plus dans un ciel de détresse
Sur la jeunesse de nos morts. [...]

Eh bien, voilà, c'est fait. Prince immobile et
pâle,
Vous voici revenu dans votre capitale
Sans que les fusils soient fleuris. [...]
L'avez-vous espérée cette heure légendaire ?
Il a fallu la mort, il a fallu la guerre,
Voici le retour attendu !
Et par ce jour, ce jour un peu gris qu'est le
nôtre,
Vous êtes, comme si vous précédiez les autres,
Le premier prisonnier rendu ! [...]

Et dites-vous que c'est un tournant de
l'Histoire
Un geste de grandeur posé sur la victoire
Une immense inspiration
Que l'instant où, rompant avec toutes les
règles,
L'Allemagne, voulant qu'il dorme auprès de
l'Aigle,

A voulu nous rendre l'AIGLON[34] !

*Plus subtilement, deux amateurs de poésie, l'Autrichien Georg Rabuse et le Français René Lasne, vont faire, en 1943, de leur* Anthologie de la poésie allemande, *un manifeste solennel en faveur de la Collaboration poétique. Les Français sont ainsi conviés à découvrir des auteurs d'aussi peu équivoque idéologie qu'Heinrich Anacker :*

Voici que croule et tombe toute pourriture
dans une irruption de lumière divine.
Ô Tout-Puissant Esprit qui fais ta solennelle
entrée
voici que parle au monde
par mille langues de feu l'Allemagne nouvelle !

*Kurt Eggers :*

Aussi longtemps qu'un peuple
engendre des guerriers
la justice est fondée
aussi longtemps qu'un peuple
ne renonce pas au combat
il ne dégénère pas.

*Baldur von Schirach :*

Vous étiez à vos jeux encor que, sous les
armes,

nous suivions celui-là qui porte le drapeau
Vous étiez à rêver que déjà nous vivions
en plein feu, tout entiers transportés de sublime.

*ou le poème expressément franco-allemand du S.A. Hergbert Menzel, qui retourne Victor Hugo :*

LA GORGÉE

Que dire? Il me souvient seulement qu'en ses yeux
— leur brun sombre — me regardait la France entière,
celle des hommes, la jeune. [...]
Alors il se pencha, me souleva la tête,
et c'est ainsi que se virent aux yeux le fils
de France et le fils d'Allemagne. Aucune
haine : la lutte était finie. Que faire? Il prit
mon quart et mon bidon, il me versa à boire;
je bus,
et ce fut plus que la saveur du vin[35].

*Au milieu des poètes retenus, une absence remarquée : Heinrich Heine. L'essayiste Friedrich Sieburg, rendu jadis célèbre de ce côté-ci du Rhin par son* Dieu est-il français? *expliquera cette exclusive à un journaliste de* L'Appel *: c'est que Heine est traduisible.*

Le malheur qui devait fausser les rapports entre nos littératures fut Heine ; Heine, qui est plus connu par ses défauts que par ses qualités, car il n'en manque pas ; mais, par-dessus tout, il possède les faiblesses énormes de sa race : c'est un Juif. Et c'est à cause de cela qu'il est traduisible, n'étant pas enraciné. La grande poésie allemande, au contraire, est extrêmement mystique et, par cela, intransférable.

Heine efface la distinction, jusqu'alors très nette, entre le journalisme et la poésie ; c'étaient deux mondes séparés par un abîme : d'un côté il y avait le langage social, compréhensible de tous ; de l'autre, le langage purement poétique, infiniment plus noble et spécialisé. Le langage poétique partait de sources immaculées, très profondes. La différence était, en France, effacée depuis déjà longtemps ; en Allemagne, Heine s'efforcera de la faire disparaître. [...]

C'était surtout des auteurs juifs de langue allemande, comme Ludwig ou Stefan Zweig, qui connurent le grand succès à l'étranger. [...] L'Allemagne les a éliminés, ils se sont réfugiés en Amérique : qu'elle les garde[36] !

*Pour De Brinon, au contraire, si Richard Wagner nous concerne tous, c'est qu'il est un peu français : n'est-ce pas à Meudon, il y a exactement cent ans, en 1841, qu'il mettait la dernière main au* Vaisseau fantôme *?*

Messieurs,

Les hommes connurent-ils jamais des spectacles pareils? La guerre se poursuit sur le territoire de la France, l'Allemagne et la France vivent dans un régime de suspension des hostilités : pourtant, fait sans précédent dans l'histoire des guerres, comme le disait l'autre jour mon ami Georges Scapini : des prisonniers sont rendus à leurs foyers. Des accommodements entre les ennemis d'hier se font au jour le jour et progressent heureusement, des liens se créent entre industriels, commerçants et artisans, qui ne peuvent être que des liens de paix. Des Allemands et des Français s'assemblent pour goûter les mêmes chefs-d'œuvre du génie, qu'ils appartiennent à l'Allemagne ou qu'ils appartiennent à la France. Voilà à quoi l'on pouvait penser, avant-hier, dans l'émerveillement sublime de la représentation de *Tristan et Iseut* où une voix française se mêlait aux voix allemandes; voilà à quoi je songeais, hier soir, dans le moment où Allemands et Français, unis par un enthousiasme pareil, acclamaient le grand chef d'orchestre de l'Opéra de Berlin. [...]

Il me plaît qu'un peu de la vie de Richard Wagner ait été associé à un très ancien bourg de la vieille France, qu'il ait pu apaiser sa flamme dévorante dans une forêt de l'Île-de-France et qu'il se trouve dans sa musique des accents qui, peut-être, avaient été puisés chez nous. Pour moi, qui ai constamment souhaité qu'Allemands et Français soient un jour associés dans la bonne comme dans la mauvaise fortune, je me réjouis de cette cérémonie[37].

*Avec moins de hauteur, mais un succès public plus étendu, les manipulateurs de l'image filmique s'attachent à remplacer sur les écrans français les films anglo-américains par une production italo-allemande, en dosant plus ou moins astucieusement le divertissement et la propagande délibérée. Un responsable du cinéma allemand s'en félicite en 1942 (traduction en français incertain).*

Si des films divertissants tels que *Le Maître de poste, Korra Terry* ou *Opérette* ont déjà connu à Paris ainsi qu'à Bruxelles de grands succès, succès que les films allemands n'avaient jamais pu atteindre avant la révolution nationale-socialiste de 1933, la marche triomphale d'un film aussi nettement politique et idéologique que *Le Juif Süss* doit être considérée comme vraiment sensationnelle. Il est resté pendant des semaines à l'affiche non seulement dans les villes de la France occupée, mais aussi dans la zone non occupée, à Lyon et à Marseille, sur la Côte d'Azur et même à Vichy, où le film a défrayé pendant longtemps toutes les conversations.

Souvent même, il est arrivé que les représentations du *Juif Süss* aient été saluées par des applaudissements pour les acteurs et des invectives contre les Juifs, ce qui déclencha dans plus d'un lieu des manifestations antisémites. [...] *Ohm Krüger* a connu à Paris des résultats records. Il en est de même pour *Wunschkonzert, Mein Leben für Irland* et les grands films militaires. Mais il y a aussi des films vieux depuis plusieurs années et que la censure française n'avait pas autorisés jusqu'à l'armistice; ils ont prouvé maintenant qu'ils correspondent au goût français et qu'ils ont été également compris quant à leur tendance. Il faut remarquer tout particulièrement le succès du film *Weisse Sklaven* qui sous le titre *Le Croiseur Sébastopol* garda l'affiche pendant un temps record dans les salles de premières et continue à être représenté avec le même succès dans les cinémas de quartier. C'est seulement le mois dernier que le film *Hitlerjunge Quex* a été joué à Paris. Bien que ce film ait déjà huit ans, il a attiré de la part du public comme de la presse une attention beaucoup plus grande que nous ne l'attendions nous-mêmes[38].

*La programmation des séances destinées aux familles des travailleurs français en Allemagne joue sans hésiter sur un tel amalgame, comme le précise la revue* Foyer-Travail.

(On remarquera que chaque spectacle comporte,

outre un grand film de qualité, un documentaire allemand sur une ville ou site pittoresque du Reich, qui apprendra aux familles françaises à connaître un peu de ce pays où vit désormais l'un des leurs.)

Lille : *Regain; Paysans hessois.*

Laon : *Le Juif Süss; En longeant le Main.*

Rouen : *Le Mioche; Dresde, ville baroque.*

Orléans : *Pages immortelles; Jeunes bergers, hautes montagnes.*

Nancy : *Angèle; Le Lac de Constance.*

Dijon : *Le Président Krüger;*

Angers : *Ces dames aux chapeaux verts; Bayreuth et Franconie.*

Bordeaux : *La Fugue de M. Petterson; Vienne la gracieuse.*

Lyon : *Si j'étais le patron...; Forêt de Bavière.*

Clermont-Ferrand : *Le Président Krüger; En descendant le Danube.*

Marseille : *Jean de la Lune; Un jour la Nehrung.*

Montpellier : *Le Juif Süss; En longeant le Main.*

Toulouse : *Adémaï aviateur; Dans les Alpes du Tyrol.*

Limoges : *Pages immortelles; Dresde vue en tramway*[39].

LE VOYAGE

*Le signe ultime du rapprochement franco-allemand, et apparemment l'un des plus efficaces, reste le voyage outre-Rhin, et les déclarations plus ou moins solennelles auxquelles il donne lieu.*

*Ceux qui pratiquaient déjà ce pèlerinage avant guerre peuvent donner des leçons aux épigones. Ainsi Marc Augier, ancien rédacteur en chef de la revue des Auberges de la jeunesse laïques en 1936, converti au nazisme par le racisme et le ski de fond, familier des randonnées parmi les sapins de la forêt allemande.*

Ceux qui n'ont pas voyagé dans ce pays pendant les années faciles de l'Europe ne savent pas ce qu'ils ont perdu. Les imbéciles ! On les attendait avec des fleurs, des sourires, du vin de Moselle et du Wagner ; eux répondaient en égrenant le chapelet de la presse juive : Gestapo, camps de concentration, droit et civilisation, liberté, liberté chérie ! Ah ! les imbéciles qui ont tout sali, dressé les barrières de la haine entre deux grandes nations ! Jusqu'à la dernière heure la main de l'homme allemand est restée tendue et l'autre main s'apprêtait à brandir, non pas une mitraillette, mais un bouquet de fleurs[40].

*Édouard Dujardin, wagnérien octogénaire, fondateur en 1885 de la fameuse* Revue wagnérienne, *était quant à lui à Bayreuth dès 1882. Il y est encore en 1943 ; entre-temps il est devenu national-socialiste, raciste et « européen ».*

C'est dans une atmosphère de sérénité que nous avons pu, ma femme et moi, au mois de juillet, passer quelques journées à Bayreuth, puis à Munich, et prendre place au théâtre de Wagner parmi la foule des spectateurs. [...] Cette œuvre si intensément allemande groupe, par le fait d'une communauté d'émotions, des fidèles de toutes les nations dans une sorte d'internationalisme spirituel.

Il y a là comme le modèle d'un internationalisme qui serait, non pas l'unification odieuse de tous les peuples, mais leur union fraternelle, sorte de confédération où chacun conserve ses caractères particuliers, c'est-à-dire son âme propre. C'est là l'idéal vers lequel l'Europe devrait tendre, et c'est celui que Houston S. Chamberlain a posé dans ses *Grundlagen* et, on ne saurait assez le répéter, celui que l'Allemagne contemporaine s'efforce de réaliser[41].

*Le professeur Ernest Fourneau, de l'Académie de médecine et de l'Institut Pasteur, établit de la même façon un lien de nécessité entre avancement de la science et renforcement des contacts franco-allemands.*

Les jeunes chimistes n'allaient pas en Allemagne, sauf quelques exceptions parmi lesquelles je puis citer mon fils et le fils de M. Gabriel Bertrand. Rien cependant ne peut remplacer les contacts directs, le travail en commun dans un laboratoire. C'est certainement grâce à mon long séjour de trois années dans les universités allemandes que j'ai acquis ma connaissance approfondie de l'Allemagne qu'aucun mensonge n'a pu voiler jusqu'ici ; ma confiance, que bien de mes compatriotes ont trouvée naïve, dans la sympathie du peuple allemand pour notre pays et son désir de voir la paix continuelle régner entre nous. [...]

Inspirons-nous du grand exemple de Liebig. Quand il eut compris qu'il ne pouvait progresser dans son pays, il alla demander au pays voisin ce qu'il ne trouvait pas chez lui. De retour dans sa patrie, il mit tout en œuvre pour y développer l'enseignement pratique de la chimie. Il créa un institut de recherches à Giessen, le premier dans son genre, qui servit de modèle non seulement en Allemagne mais dans le monde entier. C'est grâce à Liebig, à tous les élèves qui sont sortis de son laboratoire et, indirectement, grâce à ses maîtres français que l'Allemagne s'est élevée au premier rang de maintes branches de la chimie.

Nous avons intérêt à y envoyer nos jeunes chimistes[42].

*L'acte d'accusation d'un ministre de Laval décrit assez bien l'enchaînement de tels pièges chez un industriel préoccupé par le « social ».*

Depuis 1939, X... appartenait en qualité d'administrateur à la société anonyme constituée en 1920 par son frère Jean-Louis X... et les sieurs S... et M... Cette société avait notamment pour but l'exploitation d'un établissement de constructions en fer et en bois.

Or, il résulte d'une note rédigée par l'inculpé le 18 avril 1946 et reproduite pour partie dans son interrogatoire du 16 mai 1946, qu'en septembre 1941 X..., qui travaillait depuis août 1940 pour la Kriegsmarine et pour la Luftwaffe, s'est trouvé en rapport avec des officiers de marine de la place de la Concorde, notamment avec le capitaine Loenhold. En septembre 1941 cet officier signala à l'inculpé les difficultés que rencontrait le problème de la main-d'œuvre française en Allemagne et la nécessité qu'il y avait d'y apporter une solution aussi rapide que possible. X... étudia le problème et fit dans l'automne de 1941 avec l'Allemand Eckermann un voyage en Allemagne, qui lui permit de parcourir, depuis Mannheim jusqu'à Berlin, un nombre important d'usines et de camps; de voir de nombreux travailleurs français, de prendre contact à Berlin avec le

Front allemand du travail et de revenir en France avec un projet de création d'un service destiné à s'occuper des travailleurs français en Allemagne. X... rendit compte de son voyage à Benoist-Méchin, secrétaire d'État, et le 24 septembre 1941 il adressait aux services compétents du gouvernement de Vichy un rapport confidentiel qui porte comme conclusion « qu'il ne faut pas craindre d'aborder les Allemands qui, rappelons-le, ont, les premiers, tenté d'ouvrir la discussion[43] ».

*La voix de ces travailleurs manuels, sur lesquels se penchait la sollicitude de M. X..., n'est pas absente du concert, bien entendu. Une voix timide et maladroite, qui ouvre des abîmes sur la détresse de certains de ces prolétaires franco-allemands.*

Depuis l'évacuation, je n'avais pu trouver de travail en France, quand, un jour de novembre, mes yeux tombèrent sur une affiche modeste : *Travailleurs de toutes professions trouvent immédiatement du travail en Allemagne.* Je n'avais pas, comme un trop grand nombre de Français, été élevé dans la mentalité de Déroulède. Au contraire, mon instituteur me punissait lorsque je disais « Boche » au lieu d'Allemand. Aussi, n'ayant pas le crâne bourré par la littérature d'avant et de pendant la guerre, je me décidai à partir en Allemagne. [...]

En arrivant dans notre camp, nos chambres sont remplies d'une douce chaleur; les lits sont propres, avec leurs draps de fine toile à carreaux bleus et blancs, et nos couvertures de bonne laine. Ils sont superposés par deux, et la chambre en contient vingt; à côté de chaque lit, il y a un placard où nous rangeons nos affaires modestes : la plupart d'entre nous étaient en chômage. Quel bon feu ! Dans les jours qui suivront, avec ce feu — vrai démon — et nos deux couvertures, nous aurons même trop chaud.

Le lendemain matin nous allons à la cantine boire un bol de café bien chaud, accompagné de pain et de beurre, puis nous sommes conduits à l'Office de placement des travailleurs du Reich. [...]

L'église, moderne, est semblable comme style à celle d'Élisabethville-sur-Seine; elle est conséquente. Nous voyons quelques « Schutzpolizei » qui sont les agents de ce pays : leur air débonnaire me met en mémoire une chanson : *Quels braves gens que les agents !* Leur képi, en forme de shako, a deux visières : une devant et l'autre derrière; sur le devant, une croix gammée entourée de lauriers. L'uniforme est vert tendre[44].

*Chez les créateurs la contribution est tout à la fois plus indirecte et plus simple. Leur seul nom sur un communiqué d'agence est déjà d'un grand poids. Il suffit ensuite qu'un porte-parole dise ce qu'on attend de lui. Qu'il s'agisse alors de culture de haut vol — et Drieu est là pour donner un sens quasi universel à la pérégrination...*

Avec Jouhandeau, Fernandez, Chardonne, Bonnard, Fraigneau, Brasillach (à qui il faudrait ajouter les peintres et sculpteurs qui ont fait un voyage parallèle, parmi lesquels : Derain, Vlaminck, Dunoyer de Segonzac, Friesz et le grand Despiau, et les musiciens qui ont fait un autre voyage), nous avons vu un pays sur la face duquel les égratignures anglaises ne semblent paraître que pour mieux en marquer l'intégrité.

On sent ce peuple profondément assuré dans ses œuvres de paix et de guerre au milieu d'un énorme espace dont les glacis fort allongés aux quatre points cardinaux voient mourir les tentatives qui sont faites avec une si excentrique timidité pour le troubler et le retarder dans la constante croissance de ses moyens[45].

*... ou de divertissement populaire, l'accent étant alors mis selon les cas sur la confraternité professionnelle...*

Dès maintenant s'amorce, comme une conséquence heureuse, l'échange des films français et allemands. À Berlin, le premier film de la production française d'après guerre, *Premier rendez-*

*vous*, vient de paraître à l'écran avec un grand succès. En France le nombre des films allemands représentés s'est élevé à 72 en 1941 contre 33 en 1939, et en Belgique respectivement à 79 contre 39. Des artistes de cinéma allemands se sont déjà rendus à plusieurs reprises à Paris à l'occasion de grandes premières et y ont été fêtés; la principale actrice du film *Premier rendez-vous*, Danielle Darrieux, a été saluée très cordialement par le public allemand lors de la première du film à Berlin à laquelle elle était venue assister personnellement.

Le projet d'occuper des acteurs de cinéma français dans des films allemands a pris corps entre-temps. Nous voyons dans les ateliers Tobis Harry Baur comme premier rôle dans le film de Hans Bertram, *Symphonie des Lebens.* [...]

Avant la conclusion d'une paix franco-allemande, l'élite des vedettes françaises du cinéma avec Danielle Darrieux, Viviane Romance et Albert Préjean en tête a été invitée par le président de la Chambre du cinéma du Reich à une visite de plusieurs jours des centres de production allemands à Berlin, Vienne et Munich. Une fois le voyage terminé, Albert Préjean a déclaré, dans une interview accordée au *Matin* le 2 avril 1942, que ses collègues et lui avaient été vraiment reçus amicalement en Allemagne et qu'ils avaient eu l'impression et même la certitude que le film français était plus que jamais apprécié en Allemagne. Nous sommes heureux d'entendre pareils propos, de même que nous nous réjouissons de l'étonnement de nos hôtes français devant les réalisations et les succès des cinéastes allemands, et nous nous joignons aux paroles avec lesquelles Préjean termine son interview : « On peut envisager entre les acteurs français et allemands une collaboration fraternelle, féconde du point de vue industriel et très intéressante du point de vue de l'art cinématographique[46]. »

*... ou sur la sincérité de l'amitié du peuple allemand à notre égard. À la tête de son orchestre et d'une troupe « Paris Variétés » rassemblant Raymond Souplex et Jane Sourza, Fréhel et Irène de Trébert, Raymond Legrand livre ses impressions à la presse parisienne :*

Nous avons tous été touchés par l'accueil vraiment chaleureux et cordial des autorités et de la population. On sent très bien que l'Allemand veut comprendre et aimer le Français, et les nombreuses marques d'estime que nous avons reçues en sont les meilleures preuves. Une chose m'a frappé dès mon arrivée : c'est la propreté et l'organisation des villes et des villages, ainsi que l'accueil cordial des habitants.

En Allemagne, tout est prévu — et lorsqu'il y a de l'imprévu, tout est mis en œuvre pour remettre les choses en place. [...] Plusieurs fois, notre gourmandise fut excitée à la vue des gâteaux aux devantures des pâtisseries ; après avoir satisfait notre gourmandise, à notre grande surprise, les pâtissiers ne voulurent pas accepter la compensation en espèces sonnantes et trébuchantes ; nous étions français ! Souvent, dans les rues, en toute liberté, nous avons rencontré des prisonniers. Un jour, je vis un soldat français, traînant une petite charrette à bras avec plusieurs enfants allemands ; les plus petits étaient dans la charrette et les autres étaient attelés aux brancards — et tiraient hardiment — en « chahutant » de temps en temps avec le prisonnier.

Voilà, par ces quelques anecdotes vécues, le vrai visage de l'Allemagne.

Nous avons donné là-bas de nombreuses séances pour les prisonniers et les ouvriers français. Il est sans doute inutile de parler de l'accueil enthousiaste de nos compatriotes, mais nous pouvons dire que tout a été fait en Allemagne pour leur rendre la vie agréable et saine. Souhaitons que les Français comprennent, comme nous, au contact de la réalité, ce magnifique état d'esprit de l'Allemagne nouvelle[47].

*Le témoignage le plus saisissant reste peut-être celui de Marc Augier,* J'ai vu l'Allemagne, *rempli, non sans esprit de provocation, d'une admiration zélée pour les moindres aspects de la société allemande. La scène qui le décrit spectateur anonyme de la défaite de son pays sur le grand écran d'une salle berlinoise où se projette* Victoire à l'Ouest *n'est pas l'une des moins étranges.*

Mon devoir d'observateur n'est pas dans la contemplation de l'écran mais dans la salle. Au bout d'une heure, la lourde crainte qui m'étreignait se dissipe enfin. La foule allemande ne manifeste pas. Rien, pas un applaudissement, pas un cri de chauvinisme ou de haine. Les douze cents spectateurs ont une magnifique attitude devant notre défaite. Propagande ? Hé, non ! vous dis-je ! Ils sont là, entre eux. [...] Ils sont loin de pouvoir supposer que le voisin du fauteuil 623 est un Français. Un gros rire enfin dans la salle : des Sénégalais à denture d'anthropophages gambadent sur l'écran. Ce passage est très dur pour nous. Mais c'est tout ! De l'envol des parachutistes sur la Hollande au wagon de l'armistice, la foule se tait et respecte le malheur d'un grand peuple trahi par ses chefs... Quelle aurait été l'attitude d'une salle de Bordeaux, Marseille ou Carpentras devant un film représentant une victoire française et l'entrée des Sénégalais à Berlin ? Pour l'honneur et la dignité de mon pays, je préfère ne pas répondre[48].

# 3

# *Itinéraires*

## PARTIS ET MOUVEMENTS

*Si Vichy a en fait interdit tout mouvement politique en zone sud, les Allemands de zone nord tolèrent sans trop de difficultés à partir de 1941 les organisations, parfois réduites à leur plus simple expression —* douze adhérents et une caisse, *dira Brasillach —, propres à porter la contradiction aux officiels vichyssois et à donner aux politiciens remontés sur Paris l'illusion d'un débat idéologique digne de ce nom.*

*Ces mouvements tolérés n'ont pas tous le caractère hautement fantaisiste du « Feu », lancé un jour de février 1941 par un député du Calvados, Maurice Delaunay, lui-même transformé en « Maître du Feu, François-Henry Prométhée », mais la caricature involontaire ne manque pas de toucher à l'essence même de tous ces discours : le délire totalitaire.*

Le feu.

Est un mouvement conduit par une âme paysanne.

Il va lentement.

Il va sûrement. [...]

Et rien ne lui résiste.

Chaque semaine *Le Feu* crée. Chaque semaine *Le Feu* réalise. Chaque semaine *Le Feu* progresse. Chaque semaine *Le Feu* s'étend.

Il y a quelques semaines seulement Paris et toute la France l'ignoraient encore. Aujourd'hui Paris et toute la France le connaissent. Son nom est apparu à tous. [...]

Ceux qui savent sont des nôtres.

Ceux qui ont vu sont des nôtres.

Ceux qui peuvent ont donné, et *Le Feu* a installé son Administration centrale, sa « Maison du Feu », 12, boulevard Magenta.

De là partent maintenant les inspirations, les indications, les instructions, les ordres du *Feu*. [...]

*Le Feu,* charbon incandescent qui, il y a quelques semaines, brûlait secrètement dans le cœur de son chef, a trouvé, à Paris, des hommes qui l'ont servi[1].

*Pierre Costantini se retrouvera opportunément à la Libération dans une maison de santé. En 1941, il est l'un des « hommes neufs » que la Collaboration reçoit pour candidat dictateur, à la tête de la Ligue française, bientôt associée au Parti populaire français de Doriot.*

Un homme nouveau à la tête d'un mouvement nouveau. Fils du peuple, de pure race corse, notre Chef appartient à une famille nombreuse. Ses ancêtres, grands-pères, oncles, frères, ont servi la France, au cours de son histoire, sous tous les climats. [...] Avant la guerre de 1914, il s'était déjà classé comme aviateur habile et de grande valeur. Vient la guerre de 14. Les citations se succèdent. [...] La guerre finie, officier d'active, il quitte l'armée et démissionne, abandonnant tous les avantages de l'armée, pour faire l'apprentissage des combats de la vie civile.

Il entre à la chaîne des usines Ford. Curieux de la vie et de ses activités, il multiplie les voyages, fait partie de la Croisière jaune, parcourt l'Europe en tous sens et plus particulièrement l'Allemagne. En un mot, il s'instruit, s'informe.

Bien avant la dernière guerre, il préconise partout, avec obstination, une *Alliance avec l'Allemagne.* [...] Dès août 1940, ses deux premières affiches : *Je déclare la guerre à l'Angleterre* et *Assez,* où le Soldat inconnu se dresse de son tombeau pour empoigner le Juif et un franc-maçon, sont devenues célèbres. Elles classent un homme qui a su prendre parti de façon catégorique avant tous les autres, en avant-garde, seul[2].

*Le portrait qu'Hérold-Paquis brossera à la Libération du directeur de l'hebdomadaire de délation* L'Appel *est moins flatté.*

[...] Regardant s'agiter ce bonhomme discrédité mais pas sans crédits je pensais à la terrible phrase de l'Allemand Boemelburg, me disant dans son bureau de la rue des Saussaies à propos de Costantini Pierre qui venait de faire passer sa carte : « Excusez-moi un instant... ce ne sera pas long... c'est son jour de paie[3]. »

*De plus grande stature apparaissent les deux leaders respectivement du jeune R.N.P. et du P.P.F. ressuscité, le professeur Déat, l'ouvrier Doriot.*

*L'évolution intellectuelle du premier (1894-1955) présente plus d'un paradoxe. Ce pur produit de la petite bourgeoisie provinciale et fonctionnaire a dû toute sa promotion sociale aux institutions de la République, de l'École normale supérieure à la Chambre des députés. Laïque, proche de la maçonnerie, député S.F.I.O. : rien de plus étranger à l'univers du fascisme, en apparence. C'était ne pas compter avec l'expérience « virile » de la Grande Guerre, avec la formation sociologique de l'agrégé de philosophie, avec l'orgueil doctrinaire du fort en thème acharné à devenir premier de son parti comme il fut premier de sa classe. L'homme des synthèses nouvelles, persuadé que les formules socialistes traditionnelles ont fait leur temps, érige en certitudes les idées à la mode dans les années 30 sur la marche des sociétés modernes vers l'organisation autoritaire : antiparlementarisme, planisme, corporatisme...*

*Le premier drame de Déat est qu'après avoir sans doute rêvé de devenir le numéro 2, voire le numéro 1 de la S.F.I.O., il ait manqué sa sortie en 1933, échouant à entraîner dans la scission « néo-socialiste » la majorité des élus de la Vieille maison. Cette double frustration, aggravée par un échec électoral en 1936 devant un communiste, ne fait que l'isoler un peu plus, son antimarxisme foncier prenant dans l'immédiat avant-guerre la forme d'un pacifisme ou plutôt d'un antibellicisme radical. Enfermé dans son système, Déat accueillera la victoire allemande comme la confirmation éclatante de sa clairvoyance politique et l'Occupation elle-même comme une* fête dans l'histoire. *À défaut de prendre tout de suite le pouvoir à Vichy ou à Paris, il met la main sur le quotidien de la petite bourgeoisie fonctionnaire,* L'Œuvre, *d'où tomberont désormais chaque jour les dissertations du magister : l'Allemagne ne peut être vaincue, puisque l'intelligence de Déat ne peut être prise en défaut ; la politique de la France se doit d'être pure et dure, puisque c'est en étant pur et dur que Déat a eu raison avant (1933) et contre (1939) tout le monde.*

*Première grande association politique du nouveau Paris, le R.N.P. va être l'expression organique de cette conviction définitive. Après une courte et désastreuse alliance avec Eugène Deloncle et ses « cagoulards » d'extrême droite, Déat peut s'y épanouir tout à loisir, et le ministre de l'Air de l'éphémère cabinet Sarraut de 1936 s'y transforme insensiblement en un leader totalitaire à la parole drue et aux ordres sans réplique, chemise bleue et baudrier noir. La mutation séduit une certaine petite bourgeoisie de nostalgie socialiste et d'aspirations autoritaires — elle retient aussi l'attention d'une extrême droite qui sait reconnaître dans ce nouveau converti un rallié définitif prêt à toutes les surenchères. Lucien Rebatet :*

Déat était un de ceux, assez nombreux peut-être dans la foule, infiniment rares dans le monde officiel, que la défaite accouchait, délivrait. Dans cet air nouveau, parmi les espoirs autorisés, ses idées, certainement ruminées depuis longtemps, trouvaient une force inattendue. Maintes prémisses, désormais bien posées par la victoire de la croix gammée et la chute du Parlement, lui permettaient de pousser ses idées avec une impeccable logique...

Avec sa verve, ses images et ses formules vivantes, Déat nous aidait merveilleusement, dans notre petite bande, à préciser nos pensées et nos désirs. Il moquait avec une ironie succulente, et que le spectacle quotidien rendait vengeresse, la vanité et la malfaisance des vieux conservateurs bourgeois, cléricaux et militaires, qui essayaient de tirer des bénéfices du désastre...

Un petit homme râblé, d'une cinquantaine

d'années, au visage couturé et railleur, d'un calme qui contrastait avec sa faconde et son emportement d'écrivain, fort sûr de lui, connaissant bien son intelligence et son talent, n'ayant conservé de l'Université que le goût de la démonstration, plébéien d'allure, apparemment peu fait pour gagner la popularité[4].

*L'itinéraire de Jacques Doriot (1898-1945) n'est guère plus excentrique, mais le tempérament de l'intéressé en rend les méandres plus difficilement compréhensibles, dans la mesure où la logique en est plus nettement passionnelle.*

*Celui qui se présentera un temps, en 1940, par souci tactique, comme* un homme du Maréchal, *pour être considéré quatre années plus tard comme l'homme de la Waffen-SS, est entré dans la vie politique au lendemain de la Première Guerre mondiale par le biais du bolchevisme le plus rigoureux. Le prolétaire de Saint-Denis devient dès cette époque un permanent de l'agit' prop', fait le voyage de Moscou, siège à l'exécutif du Komintern, ne revient en France que pour y œuvrer dans une semi-clandestinité. Le Doriot de cette époque est en prison quand on l'élit député de Saint-Denis et n'hésite pas à adresser au nom du P.C.F. un vibrant télégramme de soutien au révolté berbère Abd el-Krim. Mais c'est aussi un ambitieux auquel les rapports de force internes au parti et l'usure accélérée des stratégies politiques de la III^e^ Internationale barrent l'accès aux plus hautes fonctions. Voilà qui l'encourage, avec le temps, à se replier sur Saint-Denis comme sur un véritable fief. Comme Déat, Doriot ne se remettra jamais de n'être pas devenu, à guère plus de trente ans, le numéro 1 de son parti.*

*Il est exclu au printemps 1934, moins pour avoir défendu avec six mois d'avance contre Maurice Thorez la stratégie d'union de la gauche que parce que les intérêts de l'organisation et ceux de l'individu sont devenus par trop incompatibles. Dès lors, c'est le grand retournement, et des plus rapides, la furie anticommuniste et nationaliste du kominternien déçu, le refus du rassemblement antifasciste réclamé quelques mois plus tôt, enfin la création, au cœur de la victoire du Front populaire, du P.P.F., sans doute la plus juste approximation française d'un mouvement fasciste de masse, unissant dès l'origine communistes renégats — ils occuperont encore en 1944 la plupart des postes de confiance —, intellectuels fascinés et ligueurs déçus par l'extrême droite classique.*

*À partir de 1940, croyant, après deux échecs, le pouvoir enfin à portée de la main, Doriot va jouer successivement, et sans beaucoup s'embarrasser des transitions, de toutes les cartes de la Collaboration, depuis la soumission apparente à l'ordre maréchaliste jusqu'au pur et simple engagement armé aux côtés de l'Axe, quand il lui est enfin donné de régler son vieux compte avec Moscou. De tous les mentors du nouveau Paris, c'est le seul qui paiera de sa personne sur le front de l'Est, au sein de la L.V.F., que son parti, par la même occasion, essaie de noyauter. Le P.P.F. est assez solide pour ne pas trop pâtir de ces absences répétées, et le mythe du « Grand Jacques » y gagne en épaisseur. Avec sa direction relativement collégiale, son esprit militant et son style « prolétarien », le mouvement doriotiste joue ainsi toute sa chance sur une sorte d'image retournée du parti communiste.*

Où en serions-nous si les meilleurs cadres du parti communiste ne se trouvaient pas dans le Parti populaire français; si nous ne nous étions opposés au communisme par la force; si Doriot n'avait pas arraché plus de 100 000 ouvriers à Moscou pour leur apprendre la France? [...] L'homme de Saint-Denis, l'homme de l'immense espérance ouvrière, l'homme qui est un jour sorti de ce puissant paysage de la banlieue rouge. [...] Il se trouve que Doriot est un ouvrier et que la France a besoin qu'on la remette au travail. Il se trouve donc que, Doriot, c'est le grand ouvrier de la France. [...] Il sait frapper vite et fort. Sa formule est simple : *Vite et tous.*

Voici Doriot. Derrière sa robuste silhouette, nous distinguons la France qui vient du fond des siècles devenus transparents[5].

*Tous ces groupements et quelques autres s'attachent très vite à imiter les rites et les structures des partis fascistes étrangers. Le P.P.F. comme le mouvement « franciste » de Marcel Bucard n'ont qu'à rester fidèles à leur avant-guerre. Les autres mettent les bouchées doubles pour les rejoindre. Le R.N.P., qui recrute à l'origine dans les milieux de centre gauche, a quelque mal à prendre avec naturel le ton viril et martial qui convient. Son organisation de jeunes, les Jeunesses nationales populaires, cherche du moins à l'inculquer aux générations montantes.*

Les militants en sont organisés en sections et en groupes d'action (G.A.), soumis à une hiérarchie et à une discipline strictes et dotés d'un uniforme : chemise bleue, brassard rouge à gamma bleu dans un losange blanc. Le gamma, symbole du signe zodiacal du Bélier, est en effet l'insigne des J.N.P. parce qu'il signifie « Force et Jeunesse » et qu'il fut depuis longtemps l'emblème du Chef.

En toutes circonstances, les J.N.P. s'efforcent de mettre en pratique leurs quatre « commandements » :

Un chef : *Déat.*
Une mystique : *Servir.*
Une doctrine : *Socialisme.*
Une devise : *À temps héroïque, jeunesse héroïque*[6].

*Les programmes proposés n'ont pas tous la probité candide du « Feu »...*

Je veux l'ordre nouveau orienté vers le Beau
Je le veux développant le cœur et le cerveau,

Je veux la Société prodigue et généreuse
Pour que l'Humanité vive confiante et
heureuse

Équilibrer les forces, organiser le Bien,
Bien orienter la vie, c'est le but de demain;
Supprimer les chômeurs et leur donner du
pain,
Supprimer les abus, c'est cela faire le bien.
[...]
La France doit rechercher toute seule la
solution,
Elle doit la trouver seule, innover son action,
Elle ne peut essayer la formule communiste.
Elle doit se préserver de la forme étatiste.
Le vieux nationalisme ne peut pas l'y
conduire. [...]
L'ordre nouveau sera fruit de la volonté.
Des camarades du Feu il sera la fierté[7].

*... mais les organisations ayant pignon sur rue font souvent passer la détermination du ton avant la rigueur de l'analyse. Ainsi le Mouvement social révolutionnaire, fondé par celui qui fut, avant guerre, la vedette du complot dit de la « Cagoule », Eugène Deloncle.*

M.S.R. Ces initiales sont celles d'un grand Mouvement dont la devise est : « Aime et Sers », le « Mouvement social, révolutionnaire pour la révolution nationale ». Ce n'est pas un ancien parti politique né avant guerre, c'est un groupement d'hommes d'action, décidés, parlant peu, dont le passé, souvent fait de sacrifices, est un sûr garant de l'avenir. Sous les ordres d'Eugène Deloncle, ces hommes avaient, depuis plusieurs années, voulu avertir le pays et le sauver, malgré lui, de la défaite qui l'attendait. [...]

Ils veulent que tous les « salopards » en place soient balayés, qu'il n'y ait plus de Juifs ni de francs-maçons en mesure de nuire encore ; ils veulent que chacun puisse vivre et travailler, que cette Révolution soit enfin sociale ; ils veulent que soit réalisée la Collaboration amorcée à Montoire, qu'elle le soit dans la dignité et dans la volonté de relever le pays et de lui permettre de prendre la place qu'il mérite en Europe ; ils veulent que cessent la politique et ses combinaisons, les propagandes néfastes qui divisent et gênent le regroupement des éléments sains et français[8].

*Que la violence du propos vaille brevet de pureté révolutionnaire, c'est ce que pensent certainement les plus petits mouvements, tel l'indestructible et toujours groupusculaire parti franciste, qui donne volontiers dans le populisme.*

*Pas de fils à papa* planqués dans les bureaux techniques des relations paternelles. [...] *Pas de tire-au-flanc* malades imaginaires auxquels des médecins gaullistes délivreront des certificats de complaisance.

*Guerre* aux parasites malfaisants! *Guerre* aux employés de mairie gaullistes! *Guerre* à tous ceux qui sabotent la Relève, sans pitié pour les femmes et les enfants de prisonniers qui attendent le retour de l'absent!

Signalez-nous les passe-droit, les fraudes, les sabotages, toutes les sales combinaisons dont vous pourriez avoir connaissance[9].

*Le collaborationniste moyen est parfois désorienté devant cette abondance de chefs suprêmes et de partis uniques. Le succès des uns et des autres est d'ailleurs localement très inégal. Géo Vallis, qui est parisien, a par contre l'embarras du choix. On devine que sa solution n'est pas celle de tout le monde.*

Novembre. — M.S.R. R.N.P. Je vous vois comme deux frères qui ayant fondé, en pleine brousse, un établissement militaire, à l'abri duquel va refleurir la vie de tout un pays environnant, qui ayant bâti un bordj, avec son rempart, ses casemates, ses locaux divers, son réduit, ses barbelés, entrent en querelle à propos de menues dispositions d'ordre intérieur. Notre politique extérieure (euphémisme, puisqu'elle est toute commandée par notre attitude à l'égard de l'Allemagne) domine de haut notre politique intérieure. Il s'agit de sacrifier l'accessoire à l'essentiel. Symboliquement, je donne mon adhésion aux deux groupements[10].

LES NOUVEAUX CROISÉS

*Quoi qu'on en pense, nous avons affaire là à des avant-gardes. Les appareils idéologiques traditionnels gardent plus de circonspection. Ainsi l'Église catholique se range-t-elle dans sa grande masse derrière le Maréchal. Il est cependant des clercs dont les paternelles exhortations dépassent sensiblement le simple précepte de rendre à César ce qui lui appartient. Quand Maurice Lesaunier, directeur du Séminaire des Carmes, parle de « La conscience catholique en face du devoir civique », sa voix ne passe pas inaperçue de la propagande allemande.*

Aux griefs que j'adressais tout à l'heure à de Gaulle et à ses partisans, s'ajoute celui-ci : vouloir ainsi amener la révolution, c'est faire ce dont parlé Léon XIII : *per viam multitudinis rem ad seditionem vocare est crimen majestatis neque humanae tantum, sed etiam divinae.* [...] Sympathiser avec cette propagande, c'est participer au même crime. [...]

Je tiens à vous faire remarquer que je me suis tenu continuellement sur le terrain de la doctrine catholique. Je n'ai fait appel à aucune des considérations historiques ou politiques qui pourraient m'amener aux mêmes conclusions. [...]

Un *modus vivendi* transitoire a été conclu entre l'Allemagne et la France. De tout cela découle un certain « ordre » que nous devons respecter. *Dans les limites de cet ordre, et pour le maintenir,* les autorités occupantes ont le droit d'édicter des règlements et de prononcer des peines contre les délinquants. Pendant tout le temps que demeurera ce *modus vivendi* — l'*armistice* — ce sera notre devoir non seulement de Français mais aussi de catholiques, de nous soumettre à toute cette réglementation, et de ne rien faire pour troubler l'ordre établi. Je dirai même que, parce que catholiques, nous devons être les premiers à donner le bon exemple. [...] Est-il besoin d'ajouter que la morale catholique — autant sinon plus que les lois de l'honneur — interdit également tout ce qui pourrait favoriser ceux qui sont encore les ennemis de l'Allemagne, ceux avec lesquels elle est encore en guerre[11].

*Quelques prélats vont plus loin, Mgr Duthoit, évêque d'Arras, par exemple, qui glose avec faveur sur le mot* « collaboration », *et surtout le cardinal Baudrillart, directeur de l'Institut catholique, vieil homme obsédé sans doute par le thème de la Croisade, mais qui n'attend pas l'offensive allemande à l'Est, au printemps 1941, pour renchérir au lendemain de Montoire sur l'appel du Maréchal.*

Je le sais, le maréchal Pétain a prononcé de ces mots qui déplaisent à des âmes d'une sensibilité maladive, à des imaginations depuis longtemps intoxiquées par des opinions toutes faites, qui ne sont pas des opinions réfléchies. *Ces mots que le Maréchal a laissé jaillir de sa conscience droite et bien informée, ce sont les mots de « coopération » et de « collaboration ».* [...]

Serrons-nous autour du chef et du père qui incarne aujourd'hui la France ! En somme, que vous demande-t-il, lui, dont nous connaissons l'intelligence, la probité, le patriotisme ? Exactement ceci : tout en vous adonnant vous-mêmes, par vous-mêmes et sur vous-mêmes, à une œuvre de réforme morale, politique et sociale, dont l'événement a prouvé la nécessité, participez à une œuvre générale, *œuvre indispensable à la paix présente et capable d'assurer la paix future,* œuvre où chacun doit mettre du sien... ; qui, évidemment, peut échouer, comme toute entreprise humaine, mais qui, même si elle échoue, ne nous laissera pas dans un état pire que celui dont nous commençons à sortir — cela *sans que vous portiez sur votre conscience et devant le monde l'odieux d'avoir rejeté une tentative qui aurait pu profiter à tous.*

*Donc, suivons notre chef, ses ordres, ses conseils !*

Remercions Dieu de nous l'avoir donné à l'heure où tout semblait perdu, pourvu que nous sachions à temps *choisir, vouloir, obéir*[12] !

*Quand le temps sera venu d'en découdre, il sera au premier rang pour bénir les volontaires français au front russe.*

Comme prêtre et comme Français, j'oserai dire que ces légionnaires se rangent parmi les meilleurs des fils de France. Placée à la pointe du combat décisif, notre Légion est l'illustration agissante de la France du Moyen Âge, de notre France des cathédrales ressuscitée. Et je dis, parce que j'en suis sûr, que ces soldats contribuent à préparer la grande renaissance française.

En vérité, cette Légion constitue, à sa manière, une chevalerie nouvelle. Ces légionnaires sont les croisés du XXe siècle. Que leurs armes soient bénies ! Le tombeau du Christ sera délivré[13] !

*Parmi ceux qui partent alors figure en bonne place un prélat de Sa Sainteté, Jean Mayol de Luppé, aux allures de condottiere, qui passera trois ans plus tard sans drame de conscience de la Légion antibolchevique à la division SS « Charlemagne », comme en fait foi un article paru en janvier 1945 dans la presse collaborationniste émigrée en Allemagne.*

— Et la guerre, monseigneur?

— Mais, mon fils, la guerre, elle est à nous! Jamais je n'ai été si certain de la victoire finale, et c'est normal car, par son héroïsme, l'Allemagne a mérité sa gloire!

— Monseigneur, que pensez-vous de la formation de la division SS « Charlemagne »?

— Dans l'ensemble, cela fait plaisir à tout le monde. Je reste aumônier de la division. Notre vieille Légion conserve son drapeau, qui flottera auprès du pavillon noir. Mais tout cela, mon fils, n'a pas d'importance, ce qui compte surtout, pour moi, c'est que par cette fusion, nous avons donné au chef de l'Allemagne une preuve de notre loyalisme[14]!

*Parmi les activistes de la Collaboration, nombreux seront d'ailleurs ceux qu'une vision conquérante du catholicisme poussera à s'engager jusqu'au bout dans le combat contre l'Antéchrist. Un Alphonse de Châteaubriant, un Robert Vallery-Radot trônent dans les nuées; les obscurs endossent plus aisément l'uniforme, y compris celui de la SS.*

Pendant ma jeunesse j'ai fait mes études complètes au grand séminaire, puis je suis rentré aux « Missions étrangères », avec la pensée de partir comme missionnaire au Tibet. Vivant évidemment dans un cercle très fermé, je n'avais pas d'autre conception de la vie. Pendant la guerre, au milieu de mes camarades j'ai découvert le monde et la vie. J'ai été fait prisonnier le 6 juin 1940, et je suis resté jusqu'en septembre 1943 à l'ombre des barbelés du stalag II A. Pendant mes quatre ans de captivité, j'ai été bouleversé par la lecture des grands philosophes allemands, mais surtout par Nietzsche. J'ai étudié passionnément la doctrine nationale-socialiste et j'ai compris alors qu'avant d'aller catéchiser les sauvages du Tibet, j'avais une grande mission à remplir : mettre ma Vie, ma Force, ma Foi au service de la Révolution nationale-socialiste pour le bonheur de mes frères de race [15].

### LA GAUCHE DE L'EUROPE NOUVELLE

*Symétriquement, les voies qui mènent de la gauche d'avant guerre au collaborationnisme actif ne sont pas si impénétrables qu'il pourrait y paraître à première vue. Chez un petit groupe d'élus municipaux et de responsables syndicaux de formation communiste, le traumatisme du pacte germano-soviétique suffit sans doute à expliquer la double rupture, à première vue contradictoire, de 1939 (contre le Parti et contre Hitler) et de 1941 (contre le Parti et avec Hitler) ; le reniement nourrit le reniement. Mais ils sont désormais marqués, et ceux qui ne tombent pas dans la rue sous les balles de leurs anciens camarades peuvent lancer de pressants « appels aux ouvriers communistes », leur voix déformée reste sans écho.*

Les militants qui ont constitué le Parti ouvrier et paysan français sont connus par les travailleurs des villes aussi bien que par ceux des campagnes. Ils ont tous défendu depuis de nombreuses années la cause des travailleurs et restent fidèles à leur idéal socialiste. Comme beaucoup d'ouvriers français ils ont appartenu longtemps au Parti communiste. Pour la plupart ils en étaient encore membres en septembre 1939, pensant qu'il leur était possible d'être communistes sans cesser d'être de bons Français.

Les conditions dans lesquelles la guerre s'est engagée et s'est déroulée leur ont ouvert les yeux. Pour rester des militants ouvriers français ils ont rompu avec ceux qui ne sont et ne peuvent être que des agents de Staline en France. [...]

La *réalité européenne*, c'est une lutte gigantesque pour établir un statut nouveau de ce continent périodiquement bouleversé par la guerre ; c'est une volonté commune de créer une nouvelle civilisation aussi différente du bolchevisme que du capitalisme libéral ; c'est une volonté d'unification qui se ferait fatalement contre la France si elle devait être poursuivie sans la participation de la France. [...]

Le régime du capitalisme libéral et son expression politique : la démocratie parlementaire, se sont effondrés dans la guerre et la défaite. [...] Nous voulons que la Révolution nationale, à peine ébauchée il y a dix-huit mois, soit populaire et socialiste[16].

*La plupart se retrouvent plus ou moins tôt et comme naturellement aux côtés de Doriot, leur prototype. Hérold-Paquis, P.P.F. venu de l'extrême droite classique, a quelque difficulté à communiquer avec ces militants ouvriéristes.*

Émile Nedellec, rallié au P.P.F. en 1940, était un des plus vieux militants du parti communiste. Aveugle de guerre, cet ouvrier qui fut longtemps vice-président de l'A.R.A.C. (Association républicaine des Anciens Combattants) avait connu la vie illégale, fréquenté Moscou, approché Staline et voyagé souvent hors de France, en Allemagne notamment, pour des missions précises dont la plus dangereuse était sans doute le ravitaillement financier des organisations moscoutaires clandestines... Orateur populaire au langage direct, à l'éloquence vulgaire, il conservait mal le respect que nous entendions marquer vis-à-vis de certaines entités nationales. Il voulait un combat exactement calqué sur celui mené par les communistes en marge de la loi. [...] Méprisant tout ce qui n'était pas la « classe ouvrière », selon sa phraséologie habituelle, il déclarait tout de go qu'une doctrine politique était vouée à l'échec absolu si elle n'avait pas, auparavant, conquis la masse. Un parti, fût-il minoritaire, mais s'appuyant sur des éléments populaires solides, était un parti en marche vers le pouvoir, affirmait Nedellec. [...] Il martelait ses mots, traînait sur les muettes, attaquait ceux qu'il avait servis pendant vingt ans. Et il mettait à prêcher sa nouvelle foi l'ardeur qui avait été la sienne au temps proche où il réclamait le pain, la paix, la liberté[17].

*Adoptant le même vocabulaire, mais sans aucun passé permettant d'en soutenir l'authenticité, l'équipe populiste de* La France au travail *avait de son côté essayé, l'espace d'une année, de donner une assise ouvrière à un éventuel mouvement national-socialiste français, n'hésitant pas à louanger le Parti communiste français quand c'était encore possible — lors de l'étrange premier anniversaire du Pacte, le 24 août 1940, par exemple...*

Le prolétariat français avait d'instinct compris que ce Pacte était une suprême tentative pour barrer la route à la guerre. [...] Et quand le Parti communiste et quelques esprits indépendants se dressèrent pour défendre le Pacte dès sa signature, tous les travailleurs, puis tous les soldats dès la mobilisation, approuvèrent l'attitude de ceux qui devaient pendant dix mois être mis hors la loi.

La fraction parlementaire du Parti communiste, presque entièrement composée d'anciens combattants, fut jetée en prison au régime de droit commun ; ses organisations, ses journaux, ses revues furent interdits et ses militants par milliers traqués. [...]

Tous les travailleurs manuels et intellectuels français, et plus particulièrement ceux de la zone occupée par les armées allemandes, doivent tirer pour la construction de la France de demain les leçons qui sont incluses dans le Pacte d'amitié entre le Reich et l'U.R.S.S.[18].

*... ni à récupérer à son profit les grands rites socialistes, tel le 1er Mai, devenu pour elle « fête du Travail et du Maréchal », sous le double portrait de Pétain et de Jaurès.*

Nous ne ressemblons pas, nous, à ces faux socialistes qui, après avoir passé le plus clair de leur existence à la Bourse et dans les banques, s'offrent un enthousiasme de luxe pour la fête du 1er Mai et consacrent la 365e partie de l'année à penser à la classe ouvrière. Nous pensons au travail et aux travailleurs d'un bout de l'année à l'autre. Le 1er Mai ne nous prend pas au dépourvu. [...]

Les dés sont jetés. Le monde de l'injustice est en train de disparaître. La fête du 1er Mai sera, dès à présent, la fête de la nation tout entière. On n'aura plus à craindre comme autrefois les troubles et les bagarres. L'ère des prolétaires est révolue. Le règne du Travail commence. Plus rien n'arrêtera l'humanité sur la route des conquêtes sociales[19].

*L'opération, après un bon début, échouera, faute d'assises solides. Diverses figures incontestées de l'histoire du mouvement ouvrier français prendront alors le relais, parfois avec une gêne visible, comme le professeur pacifiste Léon Emery, déjà mentionné...*

Personne ne comprendrait que j'élude ici la plus grave des questions que vous soulevez, celle du rôle des Juifs et des francs-maçons dans la décomposition du régime et la marche à la guerre. Rien ne m'a jamais lié aux uns ni aux autres et mon jugement à leur sujet reste entièrement libre. Mon quasi-silence en la matière s'explique donc par la plus simple des raisons, l'ignorance des faits et des textes qui auraient pu me conduire à autre chose qu'à des formules banales et vagues, trop proches de la propagande courante[20].

*... et non sans subir des avanies variées, si l'on en croit le socialiste Claude Jamet, rédacteur en chef en*

*1944 d'un hebdomadaire financé directement par le trust allemand Hibbelen,* Germinal *:*

J'avais amené des amis avec moi, ou d'autres camarades de combat : Challaye, Pierre Hamp, Marcelle Capy, Emery; tous de vrais socialistes, jauressiens, français, à la vieille manière; tous pacifistes purs, convaincus, et connus pour tels... Les attaques, d'ailleurs, ne nous méprisaient pas. Nous étions dévorés dans les *Documents maçonniques,* le *National populaire* nous aboyait aux chausses. Georges Albertini, en effet, avait d'abord tenté de noyauter *Germinal,* d'y introduire des hommes à lui, des « jeunes-turcs » de son parti. Repoussé avec perte et fracas, il prétendait nous faire supprimer[21].

*D'autres auront moins de mal à se mettre au goût du jour. Ludovic Zoretti est le fondateur du syndicalisme enseignant à l'université, l'un des animateurs du mouvement d'éducation ouvrière des années 30, le leader de la tendance ultra-pacifiste de la S.F.I.O.; dans l'avant-propos de son livre* France, Réveille-toi *(1941) il écrit pourtant :*

J'écrivais avant Montoire; j'écrivais avant cette crise dont le 13 décembre a marqué l'explosion, et qui n'est pas encore résolue. On verra que j'étais dès lors un partisan convaincu de la Révolution nationale, pour l'Europe, par la collaboration. Je n'ai eu besoin, pour cela, d'aucune évolution, d'aucun ralliement, car, depuis Versailles, et même depuis 1914, je n'ai jamais eu d'autre conception. Seuls peuvent changer la tactique et les moyens[22].

*Charles Spinasse, lui, est plus connu encore pour avoir été ministre du premier gouvernement de Front populaire, où il a représenté un courant S.F.I.O. de sympathies technocratiques et planistes. Pendant une année, à la tête de l'hebdomadaire* Le Rouge et le bleu *(1941-1942), il tentera la délicate conciliation d'un héritage Front populaire hautement revendiqué et d'un européisme bon teint.*

Les socialistes qui fondent ce journal pourraient se présenter à la mode du jour.

Adversaires du communisme depuis son apparition dans la vie internationale. [...] Convaincus que les traités ne sont pas éternels. [...] Socialistes de tradition française. [...] Démocrates respectueux de la personne humaine, mais assurés que celle-ci ne prend sa pleine originalité qu'au sein d'un ensemble où elle se différencie. [...] Quant au passé d'un parti qu'ils ont servi, pendant plus d'un quart de siècle, avec désintéressement et discipline, ils en répondent sans restriction ni réserve. Les responsabilités qu'ils ont pu encourir, loin de chercher à s'en dégager, ils les assument pleinement. L'aveu des fautes qu'ils ont pu commettre, comme les autres, ne leur coûtera pas. Mais ils restent, qu'on le sache bien, les militants, les députés, les ministres de 1936 et n'en rougissent point.

*En 1936, précisément,* ils n'eurent qu'une pensée : celle de rétablir l'ordre, non pas l'ordre imposé par la force, mais l'ordre qui résulte du libre consentement des hommes résolus à ne plus remettre à la violence le salut des conflits que la raison peut résoudre.

La vérité, la voici, *ajoutera-t-il le 7 février 1942, n'en ayant jamais vraiment fini d'exorciser le grand fantôme du Front populaire,* nous avons misé sur la loyauté communiste, sur le bon sens de la classe ouvrière, sur l'intelligence de la bourgeoisie. Et nous avons perdu sur les trois tableaux... Qu'au moins la leçon ne soit pas perdue ! Car ce problème de l'unité que, seuls dans la France d'avant guerre, nous nous sommes posé, c'est le même qu'affronte la Révolution nationale. La guerre n'en a pas modifié les données. Il s'agit toujours de gagner les communistes à la patrie, de rendre la classe ouvrière consciente de ses devoirs et de faire admettre à la bourgeoisie la notion de l'intérêt général[23].

*Prise de position courageuse, face à un milieu politique chaque jour plus hostile aux ci-devants, mais que Spinasse doit payer d'un profond conformisme lavalien quand entrent en jeu des questions aussi déterminantes que la Relève des prisonniers français par des travailleurs volontaires.*

Son appel ne restera pas, chez nous, sans écho. Car nous sommes de ceux qui, depuis le traité de Versailles, avant et après 1933, avant et après Munich, dans tous nos actes publics d'élus et de militants, au pouvoir comme dans l'opposition, n'avons cessé de souhaiter cette réorganisation, d'en chercher et d'en proposer les moyens. [...] Nous nous réjouissons donc de voir notre gouvernement agir en sorte que la France contribue pour sa part à un ouvrage où il y va du salut de l'Europe. [...] Jeunes gens, il dépend de vous, qui avez eu beaucoup de chance, de vous qui, à l'heure des combats, étiez peut-être affectés spéciaux dans vos usines, de rompre les chaînes que portent encore des centaines de milliers de paysans français. Hésiteriez-vous[24] ?

### L'ESPOIR SÉPARATISTE

*Toute cette agitation partisane peut paraître bien parisienne, même si un Emery ou un Spinasse circulent en permanence entre leurs intérêts de zone sud et leurs convictions de zone nord, même si le recrutement de la Ligue française ou du P.P.F. doit autant à*

*Dijon et à Marseille qu'à la capitale. Ce serait oublier le rôle, secondaire sans doute mais non négligeable, joué dans la stratégie de l'occupant, quelque peu abusé d'ailleurs sur sa force réelle, par la carte séparatiste, qu'elle soit corse, flamande, « lotharingienne » ou bretonne. Oublier aussi la place que, symétriquement, prendra le recours allemand dans les espoirs de tous ces mouvements centrifuges, trompés de leur côté sur les intentions du Reich. Celui-ci, en effet, à partir de Montoire, ne songe plus guère à dépecer l'État français, le cas alsacien-lorrain ayant été réglé sur place par un Anschluss immédiat et sans nuance.*

*Les autonomistes réactionnaires qui, sur ce dernier terrain, ont joué la carte allemande (Joseph Rossé, Marcel Stürmel) se retrouvent ainsi dupés, le centralisme hitlérien laissant loin derrière lui celui de la Troisième République. Il n'est pas jusqu'aux pro-allemands notoires, communistes renégats (Jean-Pierre Mourer, Charles Hüber) ou germanophiles de longue date (Paul Schall, Hermann Bickler, Friedrich Spieser), qui n'aient pu constater alors tout à loisir le peu de place qu'on leur accordait dans l'administration nouvelle. Les deux territoires annexés ne seront reconnus allemands à part entière que lorsqu'il s'agira d'y prélever l'impôt du sang, par l'enrôlement forcé de 160 000 hommes dans les armées du Reich.*

*Même en laissant de côté ce cas limite, la sympathie idéologique et, parfois, l'aide maternelle de l'Allemagne sont indéniables chez les plus radicaux des autonomistes, avant même la défaite française. Mor-*

*drel, animateur de la tendance nationale-socialiste du mouvement breton, peut décerner en 1942 des félicitations rétrospectives à son équipe de la revue* Stur *:*

Les premiers en Bretagne à nous affirmer racistes, antidémocrates, sans parti pris en face du national-socialisme; les premiers à rejeter conjointement le capitalisme et le marxisme, nous avons cherché de toutes nos forces à arracher l'idée bretonne à l'étreinte d'un conservatisme à courte vue, pour la pousser sur la voie d'un socialisme populaire et hiérarchisé, puisant sa sève dans le passé et dans l'âme de notre race celtique. [...] Les événements ont eu lieu. Nos adversaires de carton ont mordu la poussière. [...] Nous sommes absolument tranquilles du côté de la Bretagne. Nous ne l'étions pas en 1918, quand, assistant au défilé des binious écossais, nous n'osions nous permettre le rêve de voir un jour des Bretons en faire autant... Mais dès 1938, le soc était forgé et bien en terre, le champ rigoureusement délimité; il n'y avait plus qu'à pousser[25].

*La débâcle de 1940 est pour tous les séparatistes une défaite française, dont ils n'ont pas l'intention d'endosser les conséquences. Bien au contraire, elle permet chez la plupart l'explosion au grand jour d'une haine longtemps comprimée contre l'autre occupant, multiséculaire.*

Né et élevé dans une région frontière qui fut de tout temps un champ de bataille, mais connaissant de longue date l'Allemagne et la Belgique, je n'ai pour ainsi dire jamais cru au « mythe de l'hexagone ». Bien au contraire, habitué à observer, ayant l'intuition de ce que sont la terre et le sang qui font l'homme, j'ai vivement senti dès ma première enfance l'existence réelle d'une nation intermédiaire entre la France ratatinée et l'Allemagne dynamique.

Je suis lotharingien fervent (et plus que jamais depuis la débâcle, devant le spectacle de l'irrémédiable déliquescence française). Je suis chrétien, social, national et européen[26].

*Les plus modérés des nationalitaires se partagent déjà les dépouilles. Un Occitan l'explique à un Breton.*

Dans le plan d'une Europe nouvelle, votre grand peuple retrouvera son vrai visage et sera le guide des descendants des Celtes. Vous gouvernerez l'Ouest breton et dirigerez la proue de votre navire vers l'Eire et le Nord européen. [...] Ma patrie méridionale aura d'autres objectifs : regrouper tous les Celto-Ligures dans la plus grande Occitanie. En pleine harmonie d'efforts avec les peuples latins, nous reprendrons la maîtrise de la Méditerranée et nous apporterons à nos tâches une ferveur de pionniers africains dispensateurs de justice à nos collaborateurs arabes et à nos sujets noirs[27].

*Pour les plus idéologues cette défaite a la saveur d'un triomphe des valeurs de l'Europe des Invasions, conforme à l'étymologie des races, sur les artifices démocratiques modernes. Sang...*

La Bretagne naguère n'intéressait personne. Elle ne pouvait alimenter Paris ni en hommes d'argent ni en ténors de la Chambre, ni en danseuses nègres. Le temps est venu où elle représente *une valeur inestimable* pour l'Europe et avant tout pour la France. [...] Car nous portons une vérité qui ne s'apprend pas, qui ne se donne pas, mais qui agit *par valeur d'exemple et par voie d'autorité*, celle qui tient *au sang*. [...] D'un côté, il y avait la société nationale, ouverte à tous les croisements, l'homme valant seulement par ses adhésions intellectuelles ou les dons de son esprit; la vie excluant le risque et se limitant à l'idéal du plaisir. De l'autre, la société nationale basée sur la communauté d'origine et se gardant des métissages, l'homme non ramené à une donnée arbitraire, mais complet, valant par sa nature profonde et ses répondances tant avec une tradition qu'avec un entourage, l'homme nécessaire quelque part et irremplaçable, et autour de lui la vie en harmonie avec les forces naturelles dont elle accepte les rigueurs et lois éternelles. [...] Donc, d'abord choc de vérités, la leur et la nôtre. On sait comment l'épée de Dieu a tranché[28].

... *et feu :*

C'est la France qui, sans le vouloir et sans le savoir, se rapproche de nous, s'ouvre à nous, dans la mesure où elle est encore capable de changer, de se renouveler. [...] Dans le haut Moyen Âge, au temps de cette grande communion celto-germanique que furent les Croisades, aucune éthique, aucune foi n'opposaient nos ancêtres à leurs voisins du Maine ou du Perche. [...] La vérité pour la France serait de faire en sens inverse le chemin qu'elle a parcouru, de reniement en reniement, depuis la Renaissance, si elle n'est pas complètement usée, s'il couve encore en elle une étincelle du feu barbare.

Ce *feu barbare* est l'authentique richesse de la Bretagne ; c'est lui qui donne à certains yeux bretons, comme à certains yeux allemands, un regard qui va au-delà des choses définissables[29].

*De telles prémisses ne préparent pas à beaucoup d'indulgence à l'égard du régionalisme timide et de la collaboration restrictive du pouvoir central. Cas extrême de critique anti-vichyste des pro-allemands, les séparatismes n'hésitent pas à s'attaquer au Maréchal lui-même et à affirmer dès le lendemain de Montoire que la France, dans ses profondeurs, ne désire pas sincèrement collaborer. Certains agissent déjà comme si l'entité territoriale française n'existait plus en fait et, à l'instar de l'abbé flamingant Jean-Paul Gantois, se choisissent sans tarder un maître selon leur cœur.*

Führer,

Nous, Flamands de la France du Nord, qui avons pu suivre, de loin seulement, mais avec sympathie, la lutte du Reich allemand pour son unité raciale, nous Flamands de la France du Nord auxquels l'histoire, jusqu'à présent, n'a réservé qu'un destin tragique, qui avons mené, sans détour et sans défaillance, aux avant-postes de la Germanie, une lutte paraissant presque sans issue contre l'emprise française, nous avons depuis longtemps le sentiment et la conviction que vous, Adolphe Hitler, êtes devenu, par votre action et votre combat, en cette période décisive de l'histoire mondiale, le Führer de tous les Germains. [...]

Notre travail appartient à la nouvelle Germanie, notre génération va au peuple allemand, notre confiance et notre amour, à vous, Adolphe Hitler[30].

*On les retrouve évidemment au premier rang de ceux qui poussent à l'engagement militaire à l'Est.*

La Bretagne a toujours été foncièrement hostile au bolchevisme. Les vertus et les traditions qui font sa grandeur et son charme ne sont pas compatibles avec les doctrines de mort des potentats du Kremlin. Il est certain que si un gouvernement breton avait existé à Rennes, il eût été dès le premier jour aux côtés des défenseurs de l'Idéal nouveau et des constructeurs du nouvel ordre européen. Ce gouvernement breton n'aurait pas *attendu neuf jours pour prendre position*[31].

*... et de ceux qui, avec quelque précipitation, saluent dès octobre 1941 la chute de l'Union soviétique. Nous avons toujours eu, affirment-ils...*

la *certitude* que cette lutte, qui se joue pour la libération spirituelle des *peuples du Nord*, ne pouvait pas se terminer par un échec. [...] La guerre se termine à l'Est. Elle se termine par une victoire totale de l'armée allemande. De cette victoire, nous n'avons pas douté un seul instant. [...] La dernière phase de la guerre commencera avec l'écrasement de la Russie soviétique. Elle marquera pour les Celtes, aux côtés des autres peuples nordiques, le début d'une nouvelle ère de leur histoire.

Une ère que les historiens ne leur permettaient plus de prévoir. *L'ère de la construction d'une société celtique*[32].

*Erreur de jugement un peu à l'image de leur propre échec. Le combat des séparatismes restera en effet des plus marginaux, confronté à l'incompréhension de la population dont ils prétendent être les porte-parole conscients et organisés, comme à celle des mouvements collaborationnistes parisiens. Le R.N.P. du jacobin Déat ne peut qu'être mal vu par le P.N.B. (Parti national breton) de Raymond Delaporte.*

La scission s'accentue entre le Nord et le Midi de la France, entre les zones occupée et non occupée. C'est une manifestation de l'hostilité de toujours entre Paris et « la province », de l'opposition entre le pays des brumes et le pays du soleil. Verrons-nous une nouvelle croisade contre les Cathares albigeois? Marcel Déat sera-t-il un nouveau Simon de Montfort?... En Bretagne, il n'y a qu'un seul « Rassemblement national populaire », c'est le Parti national breton. On semble l'ignorer à Paris... Le « Programme d'action » [du R.N.P.] se prononce en faveur d'une « collaboration franco-allemande ». Disons clairement aujourd'hui que la Bretagne a un rôle à jouer, *un rôle essentiel*, dans cette politique de collaboration [...] par sa langue et sa culture celtiques, la Bretagne appartient au monde de la pensée nordique. [...] Il appartient aux « hommes nouveaux » qui se sont rassemblés à Paris de faire preuve de plus d'esprit politique[33].

*Doriot, plus compréhensif, est sans doute salué comme le premier homme politique qui ait demandé publiquement l'amnistie pour les militants bretons condamnés en 1940. Mais...* quel est l'article de son programme qui interdit les mariages entre Français d'une part, Juifs, Arabes, Jaunes et Nègres de l'autre? [...] Le délégué musulman nous fait froid dans le dos, quand il proclame la France un peuple de 100 millions d'habitants. Alors Doriot, qui récuse les Juifs de race blanche (approximative), presse sur son sein les anthropophages du Congo[34]?

*C'est que la solidarité des séparatismes entre eux est des moins évidentes, comme en témoigne ce plan de dépècement de la France proposé par un Lorrain « Oberleutnant sur le front de l'Est ».*

Si l'on veut reconstruire quelque chose de stable, on devra couper [*l'espace français*] en trois parties, germanique, celtique et latine, ce qui veut dire, en ce qui nous concerne, oublier Maurras, Mistral et Cie et regarder vers le Nord... Économiquement d'ailleurs l'Occitanie nous est une charge. Démographiquement, elle se dépeuple. Racialement ses habitants nous sont inférieurs comme travailleurs, comme soldats, comme chefs. Or la République leur réservait ses faveurs, et Vichy continue[35].

*On devine alors le silence gêné qui accueillera la promotion, sur le tard, par la puissance occupante d'un mouvement nationaliste maghrébin.*

*Le leader qu'on lui a donné ne manque pourtant pas de qualités, s'il faut du moins ne croire l'organe des musulmans pro-allemands de la métropole,* Er Rachid *:*

Le chef Mohammed El Maadi, fondateur du Comité musulman de l'Afrique du Nord et du Cercle d'études nord-africaines, chevalier de la Légion d'honneur, médaille militaire, croix de guerre, huit mois et demi de prison dans les geôles françaises Léon Blum *regnante.*

Issu d'une famille d'antique noblesse arabo-berbère, Mohammed El Maadi est né à La Sefia (Constantinois). Officier de l'armée active où il servit durant seize ans et demi, s'il est un jeune chef et un homme neuf, il n'est pas un nouveau venu à la cause nord-africaine. En 1936, Mohammed El Maadi démissionne de l'armée plutôt que de devoir son avancement au gouvernement Blum. Il lutte alors contre le bolchevisme et la juiverie. Il est arrêté en 1937 et emprisonné pour « attentat contre la sûreté de l'État ». Mis en liberté provisoire en juillet 1938 et rappelé à l'activité militaire au début de 1939. Depuis sa démobilisation, Mohammed El Maadi se consacre à la création, puis à la vie de son

Comité musulman de l'Afrique du Nord, qui groupe aujourd'hui près de 10 000 membres sur lesquels son prestige ne cesse de grandir. Il fonde, en outre, parallèlement au Comité musulman, le Cercle d'études nord-africaines où il espère réunir tous les Français enfin intéressés à la cause de l'Afrique du Nord[36].

*Janus franco-algérien, El Maadi fera docilement ce qu'on lui demande, revendiquant l'égalité des droits entre Européens et Musulmans quand l'Allemagne et Vichy s'accrochent encore à Tunis, optant pour l'indépendance quand le dernier Allemand a capitulé.*

Giraud a fait son entrée solennelle en la bonne ville de Tunis. [...] Les Juifs, à qui s'étaient mêlées quelques hystériques excitées par la perspective des viols américains, l'applaudissaient et clamaient sa gloire, lui offrant des fleurs. Dans la Médina, au pied des minarets détruits, l'Islam en détresse priait, puisqu'il n'y avait plus que sa prière. Il priait pour les braves petits feldgraus qui, avec un panache fou, arrosaient de leur sang précieux la vieille terre libyque. [...] Allah est grand, dans son insondable mystère, mais les armées européennes vaincront, elles vaincront parce que forgées par les justes, elles vaincront parce que nettes de tout crime[37].

*Comme il faut bien sacrifier au discours ethniste ambiant, les maadistes, glosant sur le concept d'« Eurafrique », iront jusqu'à écrire :*

Nos idéaux musulmans, confrontés aux idéaux nationaux socialistes de la Nouvelle Europe, se révèlent — fait troublant — identiques. [...] Libyens blonds apparus brusquement sur les monuments égyptiens après la XIXe dynastie, Vandales, Berbères. [...] Ces élans, cet amour un peu romantique des Nord-Africains pour tout ce qui est germain ne seraient-ils pas une sorte de nostalgie subconsciente de la première Patrie perdue dans la nuit des temps[38] ?

*La seule forme concrète de cette Eurafrique sera une vague Légion arabe recrutée dans le lumpenproletariat nord-africain de la capitale, simple auxiliaire de la police allemande.*

## LA GERBE DES FORCES

*La justification ultime de toutes ces prises de position, qu'elles soient nationalitaires ou parisiennes, est en effet tout entière dans l'activisme. Sans doute certains intellectuels assoiffés d'engagement s'agitent-ils plus qu'ils n'agissent. Géo Vallis, au directeur allemand de la librairie « Rive gauche » après un attentat :*

J'ai fait pendant quatre ans le guet au créneau contre vous, parce qu'on m'avait monté le cou (*sic*) et que j'étais jeune (relativement). Mon fils, étudiant à la Sorbonne, m'apprend avec émotion l'attentat dirigé contre votre maison, contre votre œuvre, et contre vous-même. Je vous offre de faire le guet deux fois par semaine à compter du soir jusqu'au dernier métro. (Si j'habitais Paris même, je me mettrais à votre disposition à n'importe quel moment de la nuit[39].)

*Ou encore cet étrange pédagogue morbihannais, Gabriel B...*

Professeur Gabriel B...
Censeur des Études au Lycée
Délégué de la Légion française contre
le Communisme *(sic)*

15 avril 1942.

À son Excellence Monsieur l'Ambassadeur d'Allemagne à Paris.

(...) Ma satisfaction et mon espoir se sont accrus lorsque le Führer de la Grande Allemagne, Adolphe Hitler, permit aux Français de se joindre aux magnifiques troupes allemandes qui combattaient sur le front de l'Est... À mon tour, je me suis engagé malgré mon âge dans la Légion Française — groupe des aviateurs. Mais quelque temps après, j'apprenais que le départ de ce corps n'aurait pas lieu; que d'ailleurs mon âge (cinquante-quatre ans) m'interdisait de souscrire un engagement recevable.

Résolu cependant à participer, dans la mesure de mes moyens, à la réalisation de l'ordre nouveau, et pour obéir aussi au désir de mes fils, imbus du même idéal que moi-même, j'ai décidé de me mettre à la disposition de l'Allemagne, pour aller en Russie, aider à la reconstruction de ce pays, donc de l'Europe, dans ce domaine agricole qui lui est propre et que je connais bien. [...] Dès que cela sera permis, je demanderai à exploiter moi-même avec ma famille, soit en location, soit en location-vente, une ferme de 500 hectares ou plus, qui pourrait être le modèle pour un village ou une région. [...]

Je serai en mesure de partir avec mes fils, un mois au plus tard après l'accord avec les Autorités dirigeantes allemandes.

Ainsi, je pourrai avec ma famille, prêchant d'exemple et d'action, contribuer à créer la force qui demain sera au service de l'Europe; agir en parfait accord avec un peuple et des chefs que je peux aujourd'hui estimer sans réserve; montrer à tous aussi, et en particulier à ceux qui ont tendu la main à mon pays, le vrai visage de la France[40].

*Mais d'autres ont plus de gravité. Les uns, tel Marc Augier, s'engagent dans l'officieuse Légion des volontaires français contre le bolchevisme (L.V.F.).*

Paris, le 29 octobre 1941.
M. A. de Châteaubriant.

Cher Maître et Ami,

Je viens de m'engager dans la Légion des volontaires français pour l'U.R.S.S. (*sic*). Permettez-moi de vous offrir en quelque sorte cette décision qui marque ma volonté définitive de rompre avec tous les bavardages des « collaborateurs ».

*Après avoir révélé qu'en 1939 il avait songé quelque temps à servir sous l'uniforme allemand, le « jeune de l'Europe nouvelle » ajoute sans fard :*

L'automne est revenu. Je puis aujourd'hui, après deux années d'attente, accomplir dans l'honneur le geste que je ne pouvais physiquement réaliser en 1939. [...]

Mon cher Maître, je ne veux pas terminer cette lettre sans vous livrer le fond de ma pensée dans cette affaire : si je consens certains sacrifices en participant à une guerre, alors que je n'aime pas la guerre, c'est parce que j'ai la conviction que le national-socialisme apporte enfin à l'Europe la réalisation du socialisme. Pour cette réalisation, je suis prêt à conclure une alliance avec le diable lui-même[41].

*D'autres, en 1943 et 1944, vont jusqu'à combattre sur le territoire de leur pays, sous l'uniforme de la Milice française. Leur héroïsme est exemplaire et rejaillit sur les confrères. Tel Claude Maubourguet, journaliste à* Je suis partout.

Une brève et douloureuse nouvelle nous parvient de zone sud : Claude Maubourguet vient d'être blessé en combattant... Milicien de la première heure, Claude Maubourguet, qui est à la fois attaché de presse au cabinet de Joseph Darnand et secrétaire de rédaction de *Je suis partout*, aurait pu exciper de ses obligations parisiennes pour rester à l'abri du danger. Il ne l'a pas voulu. C'est comme volontaire, comme simple franc-garde, qu'il est parti, une première fois pour la Haute-Savoie où il participa au nettoyage du plateau des Glières, puis pour les Dombes où de durs combats (dont il s'est fait l'écho ici la semaine dernière) opposent les forces de l'ordre aux bandes judéo-soviétiques...

Des « intellectuels sans muscles », Claude Maubourguet écrivait il y a quelques mois, avant de rejoindre son unité : « De leurs traductions inutiles, de leurs confidences sans objet, de la mise à nu de leur moi profond et de leur sensibilité frémissante, nous nous moquons d'une façon éperdue. Vous comprenez, nous n'avons plus le temps... »

Car le temps est venu de se battre. Et de savoir ceux qui sont des hommes[42].

*Ceux que les demi-mesures exaspèrent auront à partir de l'été 1943 une solution sans équivoque : la Waffen-SS, brigade Frankreich.*

Je suis SS aujourd'hui, parce qu'en 1936 j'étais adjiste*. Je suis prêt à donner ma vie pour la France et l'Europe, parce que ma jeunesse s'est épanouie dans les bois comme une biche, parce qu'ignorant encore *La Gerbe des forces*, j'avais fait mon livre de chevet de *Que ma joie demeure*, et peut-être aussi, parce qu'en son temps je m'étais passionné avec la lecture de *Bagatelles pour un massacre*. Le train s'enfonçait dans la nuit, à travers la campagne allemande... J'aperçois à travers mes cils mi-clos le profil plein de sommeil de Charles Dengrement, mon voisin de lit ; j'entendais les éclats de rire de tous ces gosses de vingt ans dont le cœur était plein de soleil. [...] C'est grâce à la Waffen SS que j'ai pu connaître à Tölz le coude à coude de seize nations.

Car grâce au « Corps noir », j'ai passé au prin-

* Pour *ajiste*, usager des auberges de jeunesse.

temps dernier des journées délicieuses dans un village perdu quelque part en Europe, évacué par ses habitants, que l'on avait réservé à la Jungerschule de langue française[43].

*Toutes les motivations ne sont pas aussi romantiques. La proportion n'est pas mince des repris de justice, des chômeurs qui fuient le S.T.O. (Service du travail obligatoire), des marginaux qui n'ont plus rien à perdre et endossent l'uniforme allemand comme en d'autres temps celui de la Légion étrangère. De Heerte, le 22 février 1943, le jeune D... écrit :*

Je fais un travail qui a fait mettre ma tête à prix, je traque les fainéants et les vauriens qui sont venus ici pour se promener, ils ont juré d'avoir ma peau en France, s'ils réussissent; aucune importance car j'ai fait don de ma carcasse pour la victoire de l'Allemagne et si je dois me faire trouer la peau, je voudrais d'abord voir la victoire du III^e^ Reich et voir la Russie et la perfide Albion à feu et à sang... Je n'ai jamais eu honte de mon uniforme du temps où j'étais dans l'artillerie coloniale, et celui que je vais porter maintenant, j'en suis fier car il n'est pas porté par des poltrons, des fanfarons ou des pleutres; il n'y a que des hommes sans peur, ni reproche. C'est une tenue qui est couverte de gloire, ce n'est pas une tenue de marionnette. Aussi je tiens à te prévenir que je viendrai en permission en uniforme de Waffen[44].

*Joseph Darnand (1897-1945), fondateur successivement du Service d'ordre légionnaire (S.O.L.) puis de la Milice française, est dans une assez large mesure le parangon de toutes ces destinées.*

*L'ouvrier ébéniste devenu patron d'une petite entreprise, le soldat valeureux de 1915, le volontaire des corps francs de 1939, couvert de médailles et de citations, ne saurait transiger sur les valeurs d'ordre. On a parlé à son propos de patriotisme « dévoyé ». Il faudrait plutôt diagnostiquer un anticommunisme viscéral, qui se greffe sur une mentalité de combattant, resté jusqu'au bout attaché aux valeurs hiérarchiques et aux mythologies viriles d'un monde militaire auquel il n'a pourtant appartenu que par intermittences — mais quelles intermittences ! D'où ce goût du militantisme musclé, à l'extrême droite bien sûr, et la constante radicalisation qui le conduira sous la république des Camelots du roi aux Croix-de-Feu du colonel de La Rocque, des Croix-de-Feu au P.P.F., du P.P.F. à la Cagoule clandestine de 1937 ; sous l'occupation allemande de la Légion des combattants au S.O.L., du S.O.L. à la Milice, de la Milice à la SS, le tout justifié par le discours de soldat au garde-à-vous devant le vainqueur de Verdun.*

En 1942, je n'avais jamais passé la ligne de démarcation. Je n'avais jamais vu d'Allemands, encore à cette époque. À ce moment, le gouvernement créait la L.V.F. Il protégeait, soutenait ces combattants et leurs familles, leur donnait des décorations françaises. Des camarades, très rares, mais sans propagande aucune, étaient partis sur le front. Je ne les approuvais pas, car j'étais gêné quand même par le port de l'uniforme allemand. [...] J'étais curieux de savoir ce qui se passait en Allemagne, en zone nord, sur le front de l'Est, et j'ai franchi cette ligne.

Et comme je veux vous répondre simplement, mais avec franchise, en soldat, je ne suis pas de ceux qui vont vous dire :

— Monsieur le premier président, j'ai joué le double jeu.

Je ne comprends rien à toutes ces histoires. Moi, j'ai marché. J'ai marché simplement. Je suis fier de ce que j'ai fait[45].

*Mais la ligne bleue des Vosges devient front de l'Est et le serment militaire, serment de fidélité à Hitler, quand il adhère symboliquement à la SS, le 15 juillet 1943.*

Je trouvais naturel que puisque j'engageais des camarades à partir, je fasse *(sic)* le même geste qu'eux. J'ai prêté ce serment parce que, d'abord, je pensais qu'il m'engageait seulement — c'est la vérité — lorsque je serais au front, c'est-à-dire sur le front de l'Est. [...] J'ai revêtu l'uniforme allemand une fois. Mes camarades, au nombre de dix mille, sont partis dans la division Charlemagne, sur le front de l'Est, où ils ont été décimés, d'ailleurs. Je pensais pouvoir partir avec eux. J'ai fait tout pour partir avec eux[46].

*Son entrée au gouvernement en janvier 1944, les pouvoirs croissants, policiers, judiciaires, administratifs, que la Milice va être amenée à prendre, vont faire tendre le dernier Vichy vers une sorte d'État milicien, régime totalitaire fondé sur la militarisation accélérée des collaborationnistes ultras. Quelques mois plus tard, celui qui aura présidé à cette dernière mutation ne trouvera plus pour justifier son action que les mots du sous-officier.*

J'ai décidé des opérations, mais j'ai décidé des opérations, encore une fois, d'une façon, je dis, légale. Au Conseil des ministres où je figurais au bout de la table, puisque je n'étais que secrétaire général au Maintien de l'ordre et que je ne pouvais être consulté que si on me le demandait, je n'avais pas droit à la parole, j'étais amené à rendre compte de mes activités. On me questionnait. On me demandait où on en était, ce qu'on faisait. Les ministres posaient des questions. Le chef du Gouvernement parlait. Le Maréchal lui-même a parlé. J'ai été félicité, monsieur le premier président, c'est officiel. Cela ne peut pas être contesté[47].

*Ce langage ravit l'intelligentsia. Abel Bonnard au premier rang, qui ennoblit de toute sa rhétorique un chef vrai...*

Darnand est pour moi le type exemplaire du Français qu'il nous faut, parce qu'il est à la fois un homme de solidité et un homme d'ardeur, inébranlable et irrésistible. Ce qui le définit essentiellement, ce n'est pas seulement sa bravoure, c'est *qu'il est un brave qui a compris !* Voilà le grand point, voilà les deux qualités unies, les deux moitiés d'un homme complet, qui constituent aujourd'hui un Français d'élite. Oh, certes, je ne prétends pas faire de mon ami Darnand un de ces spécialistes de la pensée, qui se servent de tout ce qu'ils ont d'esprit pour arriver laborieusement à ne rien comprendre : mais toutes les pensées justes qu'il faut pour éclairer une action forte, je vous garantis que Darnand les a. Ce drame actuel, où tant de pauvres intellectuels s'égarent à force de raisonnements, je vous garantis que Darnand s'y retrouve. Il a ses pensées comme un marin a ses étoiles[48].

*... et une communauté modèle : la Milice.*

Messieurs,

Je veux vous dire d'abord combien je me sens heureux, content, réchauffé d'être ce matin parmi vous. C'est parce que j'espère bien assister et participer ici à la naissance d'une chose saine, virile et vivace. [...] J'ai vu les S.O.L. [*Service d'ordre légionnaire*] cet automne à Marseille. [...] Il y a dans l'allure d'un défilé quelque chose qui ne s'imite et qui ne s'usurpe pas. Celui-là avait un caractère si vif, si décidé, si mordant, une maigreur si nerveuse, que j'en ai gardé une impression profonde. [...] Je reconnaissais avec joie un mouvement que l'argent n'avait pas grossi ni bouffi, qui existait par sa propre énergie, un mouvement que j'aimais ce jour-là parce qu'il avait bien plus d'âme que de corps. Ce que je souhaite aujourd'hui, c'est qu'il ait bientôt autant de corps que d'âme.

*En un mot :*

L'opinion n'est qu'une énorme femelle. Je reconnais et salue en vous l'élément mâle de la nation[49].

*Pour ces avant-gardes, qui essaient de faire passer dans la pratique leur exigence collaborationniste, à l'extérieur comme à l'intérieur, la protection d'un discours justificateur est d'une importance capitale. Des extraits bien choisis d'une lettre de Pétain au commandant militaire de la L.V.F. seront ainsi abondamment diffusés par les médias, y compris sous forme de papillons à la gloire de la Légion.*

Le message de fidélité que vous m'adressez, en votre nom et au nom de vos hommes, avant de monter en ligne, a aussi profondément touché en moi le soldat que le Chef de l'État.

À la veille de vos prochains combats, je suis heureux de savoir que vous n'oubliez pas que vous détenez une part de notre honneur militaire. Il n'est peut-être pas de tâche plus utile à l'heure présente que de rendre au pays confiance dans sa propre vertu.

Mais vous servirez la France d'une manière plus directe encore. En participant à la croisade dont l'Allemagne a pris la tête, acquérant ainsi de justes titres à la reconnaissance du monde, vous contribuez à écarter de nous le péril bolchevique : c'est votre pays que vous protégez ainsi, en sauvant également l'espoir d'une Europe réconciliée[50].

*Sur le tard, le gouvernement français sera d'ailleurs conduit à multiplier les signes d'une reconnaissance officielle. Les plus convaincus de ses ministres s'illustreront ainsi à diverses manifestations de la L.V.F. À celle du Vel' d'Hiv', en 1944, Abel Bonnard salue les légionnaires à l'hitlérienne.*

J'avais complètement oublié cette manifestation ; cependant je ne saurais m'étonner d'avoir été amené à y assister, puisque j'ai toujours été favorable à cette ligue *(sic)* et que c'était d'ailleurs le sentiment du gouvernement, comme le prouve la présence de plusieurs de ses membres à cette cérémonie. Si je m'efforce cependant de faire revivre mes souvenirs dans tout leur détail, je crois me rappeler que je fus un peu agacé et dépité d'avoir à faire ce salut du bras tendu, que je crois bien n'avoir fait que cette fois-là. Mais je ne pouvais pas dénaturer le caractère de ma présence en créant, dans cette manifestation d'unanimité, une discontinuité trop manifeste qui au fond n'aurait pas répondu non plus à mes sentiments. Je fis donc ce salut et je n'y pensai plus[51].

*Les hommes de la collaboration armée auront cependant, dès le début, l'amertume de se découvrir des plus minoritaires au sein de la nation. Qu'il s'agisse de la L.V.F. :*

Qui ne comprend qu'avec une armée de 500 000 volontaires notre pays n'était déjà plus le vaincu de 1940; qu'avec 1 500 000 hommes aux côtés de l'Allemagne, nos états-majors prenaient une part active à la conduite des hostilités, qu'avec 3 millions, la France retrouvait une entière liberté de mouvement, et que les six semaines de batailles malheureuses passaient par les profits et pertes de l'Histoire? Il fallait prendre des risques? D'accord. C'était dur?

Peut-être. Sanglant? Certainement. Mais n'oubliez jamais qu'un peuple qui cesse de prendre des risques et de consentir des sacrifices de sang cesse de vivre en tant que peuple[52].

... *ou de la Milice :*

Je sais quelle fermeté d'âme il faut à beaucoup d'entre vous, dans la ville ou le village où ils sont implantés, pour porter votre propre insigne, parmi l'inintelligence ou la haine de toutes les forces d'hier, malgré les menaces que, pour essayer de vous troubler, on dirige sur votre famille parce qu'on sait que vous-mêmes vous n'avez peur de rien. C'est dans ces épreuves ignorées que se trempe votre valeur. C'est ainsi que parmi tant de Français sans destin, vous vous désignez comme des Français prédestinés[53].

*Les plus orgueilleux y trouveront une raison supplémentaire de se draper dans une attitude toute luciférienne. Marc Augier lance au visage de la bonne conscience pétainiste :*

Depuis 1940, nous autres légionnaires, nous sommes les seuls qui ayons fait acte de virilité. L'histoire ne retiendra que pour mémoire tous ces groupements politiques, ces cercles rapprochants, ces mouvements de jeunesse refoulés,

1

2

PARIS ET VICHY

*1.* Les grands thèmes collaborationnistes, de l'espérance de Montoire à la dénonciation des « complots » vichyssois. Le Français à béret est bien sûr agriculteur, l'Allemand blond, forgeron (*C.H.G.M.*).

*2.* Fernand de Brinon (*à gauche*)-Otto Abetz :
le couple France- Allemagne ramené à son essence officielle (*C.H.G.M.*).

3

4

LES VOIX ILLUSTRES

*3.* Jean Hérold-Paquis en octobre 1943, à un meeting du P.P.F. à la Mutualité (*Lapi-Viollet*).

*4.* Georges Suarez (*à droite*) fête le premier anniversaire de sa prise de possession d'*Aujourd'hui.* « Toute l'élite de Paris est présente », dit la légende extraite de *Toute la vie,* illustré du groupe Luchaire. *Au premier plan, de gauche à droite*: le conseiller Achenbach de l'ambassade d'Allemagne, Jean Luchaire et madame (*C.H.G.M.*).

*5.* Philippe Henriot milicien. Le député conservateur des vignobles bordelais a fait du chemin (*C.H.G.M./Don Pinzuti*).

*6.* Réunion de *Je suis partout* en mai 1942, plus proche de la conférence de bonne compagnie que du meeting. Flambeau de l'intelligentsia fasciste, encore sûr de son infaillibilité, l'hebdomadaire est à l'apogée de son influence (*Lapi-Viollet*).

5

6

8

7

9

10

ÉCHANGES

*7.* Paris, gare de l'Est, 1942. *De gauche à droite*: Suzy Delair, Viviane Romance, Junie Astor et Albert Préjean partent pour l'Allemagne à l'invitation des autorités culturelles allemandes (*Lapi-Viollet*).

*8.* Paris, gare de l'Est, novembre 1941 : retour d'Allemagne. *De gauche à droite*: Drieu la Rochelle, Brasillach, Abel Bonnard (*Lapi-Viollet*).

*9.* La délégation des artistes français en Allemagne reçue chez Arno Brecker, sculpteur attitré du Führer (*au centre*) ; à sa gauche : Paul Landowski (*L'Illustration, coll. part.*).

*10.* Mode française et collaboration à la Foire de Paris, septembre 1941 (*Lapi-Viollet*).

11

12

PARTIS ET MOUVEMENTS

*11.* Jacques Doriot, retour du front de l'Est, apporte à l'optimisme officiel le témoignage d'un combattant : 27 février 1944 (*Bibl. Nat., Paris*).

*12.* 7 mars 1944 : hommage des jeunesses du R.N.P. à leur chef. Deux films (*En rangs serrés* et *À temps héroïques, jeunesse héroïque*) et un ballet ne sont pas de trop (*C.H.G.M./ Don Cuisine*).

13

14

*13.* Paris, novembre 1942 : Pierre Costantini, chef de la Ligue française, grand épurateur « européen ». Au pied de la tribune, un militant nord-africain (*Lapi-Viollet*).

*14.* Août 1942. La dernière génération franciste (*Lapi-Viollet*).

15

16

*15.* « De la légion d'honneur à la croix de fer » : une couverture choc de *Signal*, octobre 1943. Mgr Mayol de Luppé, aumônier de la L.V.F., plus tard de la Waffen SS « Charlemagne », officiant fidèle du Christ et du Führer (*C.H.G.M.*).

*16.* Un uniforme à part dans la panoplie européenne : les sections d'assaut du Parti national breton au congrès de Kerfeunteun, le 10 décembre 1941 (*C.H.G.M.*).

*17.* Stand de propagande pour la Waffen SS « française » à une exposition collaborationniste de Marseille. Au sein du groupe Collaboration, les Jeunes de l'Europe nouvelle prennent tôt l'aspect d'un bureau de recrutement pour la SS (*C.H.G.M./ Don Marcel de Reuzis*).

*18.* À leur siège du carrefour Châteaudun, ancien local du Parti communiste, les miliciens apprennent au tableau noir à avoir raison « contre presque tous ». Au mur, un portrait de Darnand (*Bibl. Nat., Paris*).

17

18

LE CLUB DES INNOCENTS

19

GRÂCE AUX ANGLAIS...
1816
1939/40
NOTRE CHEMIN DE CROIX

20

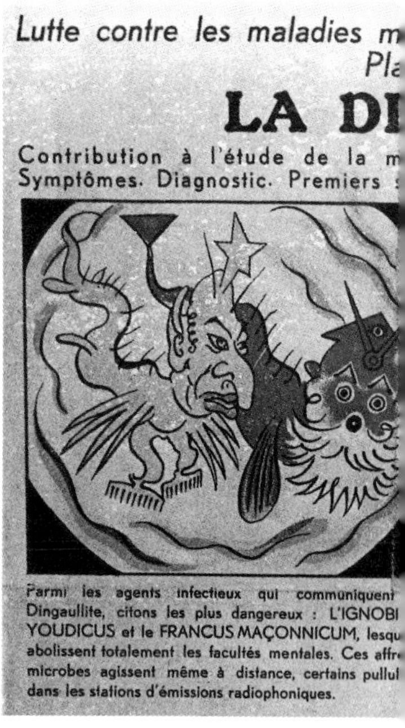
Lutte contre les maladies m
Pla
LA DI
Contribution à l'étude de la m
Symptômes. Diagnostic. Premiers
Parmi les agents infectieux qui communiquent
Dingaullite, citons les plus dangereux : L'IGNOBI
YOUDICUS et le FRANCUS MAÇONNICUM, lesqu
abolissent totalement les facultés mentales. Ces affr
microbes agissent même à distance, certains pullul
dans les stations d'émissions radiophoniques.

22

*19.* Salon des humoristes, février 1942. Le club des coupables. On reconnaît Barthou, Herriot, Sarraut, Paul-Boncour et Auriol (*Lapi-Viollet*).

*20.* Décembre 1940. Le thème anti-anglais bat son plein, nos « martyrs » à la rescousse (*Bibl. Nat., Paris*).

*21.* Brochure antimaçonnique : secrets et crimes rituels (*C.H.G.M.*)

*22.* L'humour antigaulliste (*René Dazy*).

21

ales
e de propagande pour la protection de la santé publique
**GAULLITE (maladie honteuse)**
ie épidémique, connue et signalée sous le nom de dingaullisme. d'urgence avant l'arrivée du médecin aliéniste. Traitement. Prophylaxie.

e nombreux malades sont atteints sans que les agents athogènes aient exercé leur action sur eux. Appelons-es par abréviation, les DINGAUS de naissance. Cas ésespérés qui relèvent du cabanon et de la camisole e force. Les symptômes n'ont pas toujours ce caractère e violence. Dans certains cas le dingau...

... est prostré et gémit durant des heures, la tête dans les mains, devant son coffre-fort : « — Et mon cher pognon que j'ai mis à l'abri (sic) à Londres (ou à New-York) ! » Ce genre de DINGAU ne sera rappelé à la réalité que par la douche qu'il recevra quand l'or cessera de régner en Europe.

23

24

25

*23.* Le gorille négroïde US fait main basse sur les plus hautes expressions du génie occidental (*Snark International*).

*24.* Quand on réédite en 1943 *Bagatelles pour un massacre*, Céline augmente son texte d'une vingtaine de photos légendées à sa façon (*B.D.I.C.*).

*25.* D'un charnier l'autre : le cancer bolchevique (*Bibl. Nat., Paris*).

*26.* « Imprimé en France », entend bien préciser le dépliant. L'Institut d'Études des Questions Juives du capitaine Sézille n'en est pas moins l'une des officines les plus clairement stipendiées par l'Allemagne (*C.H.G.M.*).

*27.* Une Française gifle un prisonnier du « front d'invasion ». Dans quelque temps, un collaborateur remplacera l'Américain (*C.H.G.M.*).

26

27

28

29

BLANC

*28.* Un Français, deux Allemands inaugurant les grands halls des pompeuses « Expositions de l'Europe nouvelle » (*L'Illustration, coll. part.*).

*29.* Scène émouvante sous le regard allemand : les prisonniers français libérés grâce à la Relève viennent remercier les ouvriers qui partent... en beaucoup plus grand nombre (*C.H.G.M.*).

*30.* La fête vichyste (ici, à Melun, en août 1941) tourne, comme chez Arno Brecker, à l'exaltation des virilités laborieuses (*Lapi-Viollet*).

*31.* Le docteur Ley, dirigeant de l'*Arbeitsfront*, cherche à mobiliser les ouvriers d'une usine de la banlieue parisienne, août 1941 (*Lapi-Viollet*).

30

31

32,

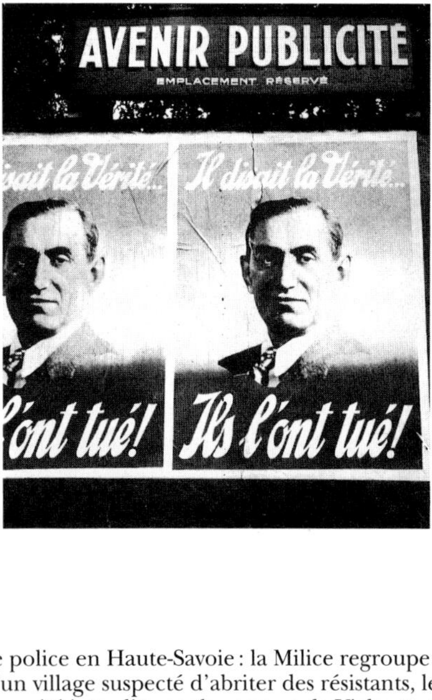


33

# 1944

*32.* Opération de police en Haute-Savoie : la Milice regroupe des otages devant l'église d'un village suspecté d'abriter des résistants, le 24 février 1944. Cette photo a été interdite par la censure de Vichy (*Lapi-Viollet*).

*33.* Juillet 1944, au lendemain de l'assassinat d'Henriot. Mort, le collaborationniste sert encore la propagande allemande (*C.H.G.M.*).

ces patronages insexués qui s'agitent, intriguent, femellisent avec des disputes et des criailleries de vieilles femmes acariâtres. Malgré leurs antagonismes, ils sont solidement liés par leur crainte de la violence et ils sont tous hautement conservateurs car ils répugnent à jouer la seule carte qui puisse donner quelque atout dans la lutte pour une nouvelle hiérarchie des peuples : celle du risque de sa propre vie[54].

*La crainte perce cependant qu'il n'y ait pas de place pour ces nouveaux réprouvés :*

Les hommes qui sortiront triomphants des steppes russes auront des droits absolus et pourront prétendre à ce que les Allemands appellent un « espace de commandement ». Si l'avenir démentait ces espoirs, si les destins du monde étaient encore une fois arrachés des mains des héros, et remis à la discrétion des marchands, il nous faudrait alors désespérer ; il serait hautement moral de périr en accumulant la plus grande somme possible de ruines, enveloppés dans les plis du pavillon noir de l'anarchie[55].

*Inquiétude et orgueil se rejoignent d'ailleurs dans une même pose, que nomme crûment l'épigraphe :*

Ceux qui ont pris parti
avec leur sang

ou le risque de leur sang
se rassemblent
*deo* ou *ratio*
dans le mépris qu'ils lèguent
à ceux
qui n'ont pas pris parti
et qui vivent[56].

*Reste à savoir dans quelle mesure l'éthique du combattant ne se satisfait pas, au plus profond, de cette tension douloureuse et exaltante d'avoir raison contre le plus grand nombre.*

# 4

# *Le noir*

## LA VIOLENCE ORDINAIRE

*L'esprit de mobilisation ambiant, associé à la très large impunité dont bénéficient les Nouveaux-Messieurs, instaure en règle en tous les lieux du discours collaborationniste un type de violence verbale spécifique. Certains hommes, certains organes de presse s'en font même une spécialité, au premier rang desquels* Au Pilori, hebdomadaire de lutte contre la judéo-maçonnerie, *puis* pour la défense des intérêts français.

*La dénonciation* ad hominem *en représente comme le degré zéro. Aucune des formes de l'activité délatrice, soudain tout à la fois plus facile et plus lourde de conséquences, n'échappe à la publicité.* Au Pilori *multiplie ainsi les entrefilets « humoristiques »...*

*Houplin* (Nord). — L'abbé Leroy est un ancien combattant et il avait placé le portrait du

Maréchal dans son église. Malade, il a été remplacé par l'abbé Veron qui, apercevant l'effigie du Maréchal, s'écria : « Celui-ci, sa place n'est pas ici. » L'abbé Veron espère-t-il le remplacer par le buste de Marianne ?

*Lille.* — Le colonel commandant la première légion de gendarmerie utilise un cachet à l'effigie de la République française. Pourquoâ-â-â?

*Limeil-Brévannes.* — Dans chaque sanatorium, on trouve un buste de Marianne, mais aucun portrait du Maréchal. Pourquoâ-â-â?

*Pré-Saint-Gervais.* — Rue Jean-Jaurès, il y a une pharmacie tenue par une « israélite » qui, en 1941, arborait sur sa boutique la pancarte juive réglementaire. La pancarte est partie. Mais la tenancière est toujours là. Pourquôa-â-â[1] ?

*... quand il ne reproduit pas purement et simplement certaines de ces lettres qu'à l'instar des autorités d'occupation il reçoit chaque jour, et qui éclairent d'un jour cru la collaboration ordinaire dans ses profondeurs.*

Châlons-sur-Marne.

Monsieur,

Je vous mets au courant de quelques faits de la vie châlonnaise qui, je le pense, sont susceptibles d'intéresser les lecteurs du *Pilori*, et qui, en même temps, vous édifieront sur la mentalité champenoise.

À Châlons-sur-Marne, 98 % gaulliste, les derniers mois on sollicitait, au nom de la Légion tricolore, d'un professeur de chant bien connu, son concours pour une messe à la mémoire des morts de la Légion.

Réponse : « La Légion ne m'intéresse pas. Impossible. » [...] Cependant cette jeune femme ne craint pas d'exprimer à ses élèves les certitudes qu'elle a de la victoire anglo-saxonne, et fait en même temps une réputation de « Boches de la Gestapo » aux quelques Français qui défendent ici, avec toute leur foi, le Maréchal. Cette intéressante personne cumule les fonctions d'infirmière de la Police et d'organiste à l'église Notre-Dame. C'est tout. Qu'en pensez-vous[2] ?

*Les hommes politiques en vue se réservent généralement un gibier sélectionné. Doriot, dès les premiers mois, clouera à son propre pilori du* Cri du peuple *le socialiste Jean Zyromski, sous le titre :*

ZYROMSKI-ZYROMSKA

Les deux époux étaient fonctionnaires à une préfecture. Il n'y avait aucun scandale lorsque le mari et la femme n'étaient que de petits fonctionnaires à modeste traitement. Mais l'ascension sociale rapide et parallèle du ménage dans la hiérarchie administrative, due autant aux camarades bien placés du socialisme qu'au talent administratif des conjoints, transforma les prolétaires en bourgeois bien rentés. [...]

Dans les années sombres de 1938-1939, il tombait bon an, mal an une centaine de mille francs dans l'escarcelle des Zyromski. Lorsque les gains du ménage Zyromski ont atteint la moitié seulement de cette somme, ce n'eût pas été une injustice de prier Zyromska de garder sa villa de banlieue. Peut-être même de l'inciter aux joies de la famille. La nouvelle de son retour au foyer eût été célébrée avec joie par de nombreux camarades ouvriers en chômage. [...]

Nous ne cherchons pas une chicane personnelle à Zyromski-Zyromska, à qui nous pourrions régler le compte comme Juif, comme franc-maçon, comme belliciste. Nous voulons simplement qu'on en finisse avec les ménages abusifs[3].

*Les hommes de plume accablent d'autres hommes de plume. Ainsi André Castelot, jeune critique dramatique de* La Gerbe, *renouvelle-t-il la thématique du corrupteur de la jeunesse.*

M. Jean-Paul Sartre est professeur de philosophie au lycée Condorcet. En dépit de sa prédilection pour l'abject, inculque-t-il à ses élèves l'amour du Beau, le respect de ce qui est Noble ou Grand? [...] Il est juste que l'État défende ce qui est notre patrimoine. Il serait tout aussi souhaitable qu'un Conseil de l'Ordre des auteurs dramatiques, dont notre éminent collaborateur H.-R. Lenormand a maintes fois défini la tâche ici même [...], puisse interdire, non pour médiocrité, mais pour laideur néfaste, une ordure aussi écœurante que *Huis clos*, ordure de valeur sans doute, ordure dont la moisissure est surtout interne, mais ordure tout de même... n'ayons pas peur des mots[4]!

*Sur cette lancée, il était prévisible qu'un tel discours n'épargnât pas les amis d'hier, soupçonnés d'avoir un instant failli. Quand la parole est rendue à l'équipe de* Je suis partout, *elle s'empresse de la retourner contre ceux qui avaient eu l'audace de prendre sans elle la responsabilité du dernier numéro de l'hebdomadaire avant la débâcle, l'écrivain maurrassien Thierry Maulnier et l'imprimeur Pierre Varillon :*

Par une monstrueuse trahison, Maulnier et son acolyte Varillon désavouaient leurs amis emprisonnés et engagés dans la bataille. [...] Bien plus, ils profitaient du malheur qui frappait ces compagnons pour s'installer en maîtres, sans le moindre mandat, dans un journal qui ne leur appartenait pas, pour y répandre ces grotesques fantaisies stratégiques que *Je suis partout*, seul de la presse française, avait su éviter jusque-là. [...] Leur entreprise devait être brève. La semaine suivante, les troupes allemandes, bien que battues par le stylo de M. Maulnier, entraient à Paris. [...]

Il ne nous appartient pas de savoir pour quelles raisons M. Charles Maurras tolère dans son journal cet individu, non plus que d'en juger. On travaille paraît-il à un statut des journalistes. S'il est enfin créé sur les bases que nous désirons, il est à souhaiter que des figures comme Maulnier se voient impitoyablement chassées de la presse française[5].

*Plus loin encore, d'anciens compagnons de route d'organisations collaborationnistes de 1940 ne vont pas hésiter à se déchirer en public. L'un d'eux, qui signe « F. Montfort », qualifie ainsi l'un de ses anciens adjoints, dans les colonnes du* Pilori *:*

Que dirait le Maréchal s'il savait que celui qui a la prétention de vouloir diriger un mouvement de jeunes, usant de son nom, le dénommé Jean Balestre, ex-secrétaire de Bernard Lecache de la L.I.C.A., écrivait régulièrement dans *Le Droit de vivre*, organe officiel des Juifs? [...] L'on croit rêver quand on apprend que cet ancien valet des youtres avait l'audace de vouloir faire paraître un journal de jeunes. Il faudra qu'il déchante. [...] D'autant plus qu'il ne semble pas avoir perdu les bonnes habitudes contractées dans le monde du « bedide commerce », en orientant toute l'activité du mouvement qu'il dirige vers la création de restaurants de la Jeunesse, dont le Secours national ferait les frais[6].

*L'intéressé, bien entendu, répondra sur le même ton, en affirmant que derrière « F. Montfort » se dissimulait son ancien (et futur) ami Robert Hersant.*

*Cette politique du règlement de comptes ne reste pas cantonnée au journalisme, et l'épais volume des* Décombres *(1942), de Lucien Rebatet, est une sorte de pilori universel et argumenté auquel partisans, adversaires et curieux, solidaires dans un même masochisme, réservent un accueil empressé.*

Cette fielleuse hyène de Mauriac, cet aberrant et lugubre pochard de Bernanos, ce phacochère de Louis Gillet, paillasson cochonné d'encre où tous les youtres de *Pourri-Soir* se sont essuyé les pieds [...] ou bien Henri Bordeaux, chapiteau en sucre d'orge et réglisse, où pendillent les bons dieux de chez Bouasse-Lebel; ou encore parmi les trépassés d'hier, un vénéneux champignon de grimoire, tel que le petit père Georges Goyau[7].

*n'est encore qu'insultant. D'autres envolées qualifient plus précisément la littérature de Rebatet : un constant et multiforme appel au meurtre.*

J'avais voulu revoir le ghetto de Leopoldstadt. Ses longues rues, à leur tour, étaient frappées de désolation. Les rideaux de fer aveuglaient maintenant d'innombrables devantures portant encore des noms baroques, forgés au fond des Karpathes ou de la steppe pour tous les nomades qui avaient campé là. Quelques escouades de « Hitlerjungen » venaient de terminer une petite expédition punitive. Les murs portaient de tous côtés d'énormes barbouillages : « Porc juif » — « Maison juive — Désinfection urgente. » [...] Des Juifs s'efforçaient de gratter ces stigmates. D'autres dissimulaient peureusement leurs profils derrière des fenêtres. Je nageais dans une joie vengeresse. Je humais la revanche de ma race[8].

## DU RÉGIME

*Objet concret sur lequel il est facile d'exciter sa colère — et, pense-t-on, celle des citoyens dans leur grande majorité —, la Troisième République défunte procure à la vindicte nordiste son contingent le plus abondant de « responsables » dûment circonscrits, de Mandel à Reynaud, de Blum à Daladier. Quelques écrivains vont faire carrière dans ce rôle de procureur. En moins de trois ans, le journaliste Paul Allard ne consacre pas moins de huit volumes à la chute du régime honni. Les titres en sont parlants :*

La guerre du mensonge.
Les responsables de la guerre.
La vérité sur l'affaire Corap.
Les journées pathétiques de la guerre.
Les plans secrets du G.Q.G. pendant la guerre.
Les provocateurs à la guerre.
Les favorites de la IIIe République.
Comment l'Angleterre fait la guerre[9].

*Un avocat, Georges Champeaux, cherchera à sommer ces analyses partielles d'une synthèse autorisée,* La Croisade des démocraties, *dont le titre dit bien que tout le travail de ces historiens d'occasion vise à accuser l'ancien régime non d'avoir perdu la guerre par son impréparation, mais bien de l'avoir déclenchée.*

« Tôt ou tard, disent les bellicistes, nous aurions été obligés de nous battre. » [...] À ces affirmations, on pourrait opposer les nombreux discours où Hitler a dit son désir de demeurer en paix avec la France. À quoi les bellicistes et leurs dupes répliqueraient sans doute que Hitler a toujours menti. Il n'est pires sceptiques, en effet, que les gens qui ont fait confiance à Daladier, le truqueur de chiffres, et à Reynaud, le fanfaron du « colmatage ». Mais le moyen de minimiser le discours du 6 octobre 1939 ? Ce jour-là, l'homme dont les armées venaient d'anéantir la Pologne a rappelé ses déclarations antérieures touchant la renonciation du Reich à l'Alsace-Lorraine ; il a assuré qu'il avait toujours exprimé à la France son désir de « brûler » une fois pour toutes la vieille inimitié ; il a déclaré que la continuation de la guerre sur le front Ouest était inconcevable ; enfin il a dit son espoir de recevoir, de la France et de l'Angleterre, des propositions de paix. Ce langage n'est pas celui d'un homme qui a « sa » guerre, qui la tient, et qui entend bien l'exploiter à fond. Ou alors cet homme est tout à la fois le plus odieux des menteurs et le plus fol des imprudents[10].

*Pendant que les archivistes grossissent les dossiers de cette sorte de procès de Paris, version élargie du procès de Riom, les hommes du quotidien passent sans plus attendre à l'exécution de la sentence. Dès le 12 août 1940, Charles Dieudonné :*

C'est à croire qu'il n'y a plus de branches aux arbres, et que toutes les guillotines sont rouillées. On n'a pas encore osé les condamner à mort, les infâmes souteneurs qui ont vendu la France aux Anglais. Pourquoi, je vous prie, la Haute Cour, les chats-fourrés, tout le tremblement ? Pourquoi cette coûteuse mise en scène ? Une bonne exécution suffirait... Il n'y avait qu'un bain de sang qui pût nous débarrasser de cette vermine[11].

*La voix de Robert Brasillach ne manque pas à l'appel :*

La punition exemplaire, la mort des hommes à qui nous devons tant de deuils, tant de destructions et tant de souffrances, tous les Français la demandent. [...] Pas plus que l'exécution officieuse de Marx Dormoy n'a réussi à faire un martyr de ce vieux sadique barbu, l'exécution officielle ou non des coupables français de la guerre ne ferait lever autour d'eux la moindre émotion. Il a pu y avoir, quelque condamnable qu'il ait été, beaucoup de chaleur humaine autour de Jaurès : que voulez-vous qu'il y ait autour de Reynaud ou de Blum ? Qui a jamais eu envie de mourir pour Reynaud ou pour Blum ? On les laissera crever sans sourciller, qu'on se rassure. Mais c'est urgent[12].

*Les héritiers de la gauche pacifiste sont moins violents, mais à leur façon plus radicaux dans leur réquisitoire; l'élargissant dans le temps jusqu'à 1918 et dans l'espace politique jusqu'à la droite classique. Moyennant quoi Henri Jeanson, qui croira, l'espace d'un automne, possible de rouvrir boutique d'esprit parisien — ce sera le quotidien* Aujourd'hui, *première manière —, jouera comme les autres au procureur.*

La guerre de 1939 n'a pas commencé le 2 septembre 1939. Elle a commencé à Versailles en 1918 *(sic)* et elle s'est poursuivie au cours des vingt dernières années sous la haute direction d'un certain nombre de présidents du Conseil et de membres du Conseil supérieur de la guerre. Non : le crime n'a pas été perpétré le 2 septembre 1939. Il a commencé avant. Ça a été un crime de longue haleine. Il ne s'agit pas ici de rejeter les responsabilités de ceux-ci sur ceux-là, et inversement. La justice qui pèche par omission n'est plus la justice.

Qu'on juge Dormoy. Soit.

Mais qu'on juge aussi Weygand. Et Lebrun. Et Jeanneney. Et Herriot. Et Marin. Et Sarraut. Et Dautry. Et... Et... Et...

Et qui? C'est la question que vous pose *Aujourd'hui*. *Aujourd'hui* a l'extrême audace de consulter celui qu'on ne consulte jamais : le peuple français. Et il lui demande de dresser la liste de ceux qu'il tient pour les dix principaux responsables de la guerre. Il attend avec sérénité son verdict. L'audience est ouverte[13].

*À droite, la critique maurrassienne de la démocratie peut se redéployer dans toute son ampleur, à la lumière crue du national-socialisme. Généralisant sans peine de la crise républicaine à une condamnation globale de la démocratie, Georges Suarez, naguère biographe officieux des grandes figures de la Troisième, dénoncera les deux provocations préméditées :*

1° Au moment où Hitler bannissait les Juifs, on faisait de Blum le chef du gouvernement de la France.

2° Au moment où Staline commençait à sentir la puissance de l'Allemagne nouvelle, on introduisait à la Chambre soixante-douze députés communistes.

*Pour mieux diagnostiquer :*

Au point de vue intérieur, la démocratie détruit au profit de l'individu la solidarité nationale, au profit de l'intérêt privé, l'intérêt collectif, au profit des idéologies, le sens de la patrie. « Si la patrie est la fin dernière, écrit quelque part Alain, le doctrinaire du radicalisme, tout le système de la force revient. » Tout le système de la force, c'est-à-dire un État solide, une armée vigilante, une discipline vigoureuse, en un mot tout ce qui a manqué à la France de ces dernières années pour assurer sa sécurité à l'extérieur et imposer silence aux bellicistes de l'intérieur. [...]

La démocratie n'est pas seulement la forme historique de la décadence de l'État. C'est le régime de l'étranger par l'appât qu'elle tend aux influences extérieures. Elle a été successivement et simultanément anglophile, russophile, judéophile, tchécophile, polonophile. On n'a pas le souvenir qu'elle ait été, en vingt ans, simplement francophile.

Si elle rendit finalement impossible tout rapprochement avec l'Allemagne, c'est qu'elle s'opposait par principe au concept germanique de l'ordre, de la tradition et de la discipline[14].

*Dans ses* Derniers jours de la démocratie, *parus aux derniers jours de la Collaboration, Sordet instruira avec système le procès des « Grands Principes », en tête l'idolâtrie de la volonté générale.*

Dans le chapitre du *Contrat social* intitulé : « Des suffrages », il écrit ceci, qui résume sa pensée profonde : « Du calcul des voix se tire la déclaration de la volonté générale. Quand donc l'avis contraire au mien l'emporte, cela ne prouve autre chose sinon que je m'étais trompé. »

Au masochisme de Rousseau abdiquant devant le Nombre, la révolution européenne d'aujourd'hui répond par la bouche de Hitler : « La majorité ne peut jamais remplacer un homme. Elle représente toujours non seulement les sots, mais les lâches[15]. »

*Ce sera pour en tirer la classique moralité du « réalisme » totalitaire, soucieux de l'inégalité naturelle et du droit des Forts, tout en y ajoutant la paradoxale critique de l'intolérance démocratique :*

La démocratie est un système, et elle est aussi un état d'âme. En tant que système, elle désorganise les sociétés humaines, en empêchant la formation des aristocraties nécessaires, des élites*. Si ces dernières parviennent tout de même à naître ou à survivre, elle les prolétarise, les éloigne du pouvoir, les tient à l'écart de l'État, dont les avenues sont réservées aux Puissances usurpatrices : démagogues professionnels, presse d'affaires, partis, sociétés secrètes, puissances, agents de l'Étranger.

Elle est un état d'âme. À côté de la démocratie système politique, il y a en effet la démocratie maladie du sang, prédisposition physiologique au délire... L'esprit démocratique se reconnaît à deux traits : l'intolérance et l'irréalisme[16].

*Obligé de compter avec l'hypothèse d'une victoire finale des Alliés, l'antidémocratisme, poussé dans ses derniers retranchements, se console en affirmant qu'aucun des vainqueurs ne pourra ou ne voudra restaurer le système antérieur, et qu'au bout du compte le vaincu aura contaminé son vainqueur à jamais.*

Nous assistons aux derniers jours de la démo-

* Elites ne veut pas dire élites nobiliaires. Montesquieu dit qu'une aristocratie « doit être peuple autant qu'il est possible ». Il définit ainsi d'avance le national-socialisme. *(N.d.A.)*

cratie, aux dernières convulsions d'une idéologie qui depuis cent cinquante ans règne presque sans partage sur les nations civilisées. [...]

Pour ne pas perdre elle-même une guerre durement disputée, la démocratie est obligée de renoncer à ses propres principes. Bientôt, elle devra renoncer également à la publicité par laquelle elle entretenait dans les masses les illusions électorales. Les orateurs des grandes démocraties parlent de moins en moins des loisirs, des profits, de la liberté, de l'abondance. Chacun commence à comprendre que le monde entier connaîtra pendant des décades la poigne, les restrictions, la mise en sommeil des libertés. La démocratie n'est déjà plus qu'un souvenir, si tant est qu'elle ait été jamais une réalité [...] [17].

Depuis quelques décades, l'échec visible de la démocratie devant la vie a suscité en Europe des doctrinaires et des hommes d'action qui, les uns ont fait son procès, les autres proposé ou imposé des solutions nouvelles. L'une de ces solutions est le bolchevisme. L'autre, le fascisme. L'une et l'autre sont la négation de la démocratie. L'une et l'autre font en ce moment la démonstration éclatante de leur vitalité. [...]

Mais admettons que cette loi de l'Histoire ne s'applique pas au cas présent, supposons un instant que la puissance matérielle considérable des démocraties retarde de quelques décades l'accomplissement des lois historiques, et que l'Europe devienne américaine et démocratique. Le serait-elle longtemps?

Non. Car voici le cortège des lois économiques et implacables. Et pendant qu'il s'avance, le glas de la démocratie retentit[18].

## DU MAÇON

*La même tradition réactionnaire rend compte de l'image de la maçonnerie, armée secrète au service de la démocratie. Des organes spécialisés comme les* Documents maçonniques, *des « experts » comme Bernard Faÿ se contentent ainsi d'amplifier un argumentaire qui n'a pas varié dans son essence depuis l'abbé Barruel.*

Il faut bel et bien remonter à la Renaissance et à la rupture de la tradition philosophique du Moyen Âge pour trouver l'origine de la crise philosophique du XVIII$^{e}$ siècle. Du scepticisme on passe au doute et après Spinoza et l'école anglaise à la négation pure et simple qui est le caractère essentiel de cette philosophie utopique et destructive qui se donne des allures constructives avec des théories qui ne tiennent compte ni de la réalité humaine ni des lois de la nature dont elle fait pourtant sa seule base.

Cette philosophie nous vient en droite ligne de cette Angleterre enjuivée depuis Cromwell et d'un cartésianisme revu par un Juif : Spinoza. [...]

Or cette idéologie, la maçonnerie la substituera aux aspirations légitimes du pays et du gouvernement vers des réformes qui n'auraient été que l'accélération d'une évolution vers le mieux, qui était une des qualités dominantes de la monarchie capétienne[19].

*Dès lors toutes les obsessions personnelles peuvent s'exprimer à haute voix. Un Flahaut dénonce dans les maçons les « fossoyeurs du premier Empire », un Russe blanc des plus suspects les accuse du meurtre de Raspoutine et du massacre d'Ekaterinbourg; un journaliste apparemment mal informé, réinterprétant à son tour l'histoire de la Troisième République comme celle d'un long complot des Loges, y fera même une place de choix au policier Bonny qui, dans le même temps, mettait ses compétences au service de la rue Lauriston, avec l'efficacité que l'on sait.*

Quand éclate le scandale Stavisky, qui le F∴ Hennett charge-t-il de l'enquête ? L'inspecteur F∴ Bonny ! [...] Bonny est un homme à tout faire. Il exécute les ordres de la franc-maçonnerie parce qu'il en est, parce qu'il connaît sa puissance. Il exécute les consignes des ministres francs-maçons, sachant qu'en les servant il prend hypocritement sur eux et se sert lui-même. Si le F∴ ministre veut faire de son cabinet une banque, il doit laisser le F∴ policier-gangster libre de convertir en coupe-gorge son bureau[20].

*L'originalité de cet antimaçonnisme est cependant ailleurs. Lui est « révolutionnaire » et n'entend pas se cantonner dans l'énumération des preuves historiques. Certains, jeunes-turcs de l'extrême droite se présentant comme les exécuteurs testamentaires d'Édouard Drumont, essaient de fonder une interprétation « scientifique » de la maçonnerie comme chancre social, sur les schémas antisémites nouveau style* (Bulletin d'informations antimaçonniques *d'Henry Coston,* Au Pilori, *etc.*). *D'autres, maçons renégats, déploient les vastes perspectives propres aux nouveaux convertis. Jean Mamy dit Paul Riche, ancien du Grand Orient, et Jean Marquès-Rivière, venu de la Grande Loge, s'associent ainsi en 1943 pour réaliser le moyen métrage* Forces occultes, *la plus ambitieuse entreprise cinématographique de la Collaboration, traitement maladroit d'un scénario mélodramatique qui prétend tout dire sur le rôle décisif de la maçonnerie internationale dans la déclaration de guerre de 1939. Dans sa présentation au public le soir de la première, Marquès-Rivière donne le ton :*

La Révolution nationale est trahie du haut en bas, à supposer même qu'elle ait pu avoir un commencement d'exécution. Cette Révolution nationale avait une politique qui a été sabotée : elle se définissait par une politique de collaboration sur le plan extérieur, par une politique d'épuration et de renouvellement profond des cœurs et des esprits sur le plan intérieur.

On n'a pas voulu de sang et de rancœur, paraît-il. [...] La consigne a été d'attendre, de jouer le jeu de la collaboration et de ne rien changer ; les fonctionnaires qui ont cru à une révolution des mœurs ont été brimés ou déplacés ; ils ont dû s'incliner devant le pouvoir supérieur qui, depuis deux cents ans, au-dessus des guerres, des rois, des républiques et des révolutions, domine la France, véritable dictature occulte qui a nom la Franc-Maçonnerie. [...]

Qui, derrière les guichets des administrations publiques, attaque le gouvernement en créant une atmosphère de défiance et de haine ?

LE MAÇON.

Qui fausse les répartitions du ravitaillement, stocke stupidement les denrées périssables, affame les milieux ouvriers et favorise le marché noir ?

LE MAÇON. [...]

Qui est au premier rang des organisations gaullistes et giraudistes, qui fait la liaison avec les centres communistes, qui a préparé la livraison pitoyable de notre Empire, qui complote contre tous les redressements possibles de la

France, qui forme les centres actifs et virulents des trahisons et des défections futures?

LE MAÇON, ENCORE LE MAÇON, TOUJOURS LE MAÇON[21].

DE L'ANGLO-SAXON

*Mère tout à la fois de la démocratie parlementaire et de la franc-maçonnerie, Babylone de la ploutocratie, l'Angleterre est dès l'origine, entre Dunkerque et Mers el-Kébir, l'ennemie nationale avec laquelle doit être enfin réglé le plus vieux compte historique. Hanté de prosopopées à la Rostand, Jean de La Hire n'a pas de mal à recruter les fantômes...*

Un jour viendra peut-être où, comme les Irlandais de 1920, les Français de 1942 feront la grève de la faim devant l'injustice haineuse de leurs geôliers. Alors des formes humaines leur apparaîtront. Elles seront trois qui se tiendront par la main : un homme, une femme, un enfant.

— Mort aux Anglais!... criera l'homme. J'étais en Syrie en 1919 : j'y fus blessé, beaucoup de mes camarades y furent tués par les émeutiers que payait et qu'excitait l'Intelligence Service de notre alliée l'Angleterre. Un de mes fils était à Dunkerque, en juin 1940. [...] Mon frère, officier de la coloniale, a été tué à Dakar. Le second de mes fils a été tué à Mers el-Kébir. [...]

— Mort aux Anglais ! clamera la femme à son côté. Comme moi, comme l'enfant qui pleure auprès de moi, des enfants et des femmes sont morts assassinés par les Anglais, à Saint-Nazaire, au Havre, à Rouen, à Paris et dans sa banlieue, à Dieppe, à Blois ! [...] Mon mari et mon frère, de Concarneau, pêchaient le thon près des côtes de France : des avions mitrailleurs anglais les ont tués. Mon fils et sa femme travaillaient la terre normande aux champs : ils ont été tués aux mancherons de leur charrue. [...]

Mais l'homme reprendra, farouche :

— Depuis que l'Angleterre existe, l'Angleterre a toujours été en guerre avec la France ! Des neiges du Canada aux sables brûlés de l'Afrique, l'Anglais a toujours été l'ennemi du Français... Ah ! qu'enfin le crime incessant soit puni, et que périsse l'Angleterre !...

Les trois fantômes disparaîtront dans le fracas et la fumée des bombes. Mais une immense clameur montera au-dessus de toute la terre, clameur jetée par tous les Français répandus dans le monde : « Mort aux Anglais ! Vive la France[22] !... »

*... pendant que le P.P.F., lui, cherche à mobiliser les vivants.*

L'Angleterre est en guerre contre la France ! Après tous les crimes anglais. Après le martyre de Rouen. Après la nouvelle agression de Madagascar, PEUPLE DE PARIS ! ALLONS-NOUS RIPOSTER ?

N'oublie pas que Jacques Doriot a dit « que les bateaux anglais passent à portée de nos canons et que des colonies anglaises sont à portée de notre main ». VIENS EXIGER DES REPRÉSAILLES IMMÉDIATES[23] !

*Il n'est cependant pas nécessaire de lire cette animosité entre les lignes pour y découvrir un certain hommage de la vertu européenne aux vices anglais. L'Angleterre appartient, en dernière instance, à un Occident également menacé par ces étrangers par excellence que lui demeureront toujours le judaïsme et le bolchevisme. Châteaubriant ne l'envoie pas dire à Churchill.*

À Monsieur Churchill.

[...] Vous êtes le diable, Monsieur Churchill !

Acte du diable : vous avez appelé à vous le bolchevisme universel, le bolchevisme qui n'est pas seulement une marchandise contenue avec tous ses accessoires extérieurs dans les forges de Staline, mais est une appétence de plus qui nourrit son germe dans la conscience de tout homme de ce malheureux temps !

Dans les consciences, l'étoupe ; dans l'approche de Staline, le feu !

Vous êtes un égaré, Monsieur Churchill ! [...] Européen, vieil Européen, si l'Allemagne ne vous sauve, et elle seule maintenant peut vous sauver, vous éviter le sort de la vieille Europe !... Il n'est donc pour vous, logiquement, excusez-moi, vraiment, monsieur Churchill, que de vous appuyer sur elle ! [...]

Monsieur Churchill, vous aussi, l'Angleterre, vous, autant que nous, la France, vous ne pouvez plus être et vivre dans le monde, né il y a mille ans, sans l'actuelle victoire, nette et décisive, de l'Allemagne[24].

*Point de cette rhétorique par contre avec le Yankee. Ce géant au cerveau de diplodocus, pourri par toutes les tares judéo-anglaises, est condamné par l'histoire. Pierre-Antoine Cousteau, de* Je suis partout, *fort d'un séjour américain déjà ancien, peut prophétiser, dans son* Amérique juive *:*

Brutalement, d'un seul coup, le Japon brise l'étreinte anglo-saxonne. Alors se révèle l'infériorité congénitale du colosse américain. En quelques heures la flotte du Pacifique est mise hors de combat, en quelques semaines les Yankees sont chassés de leurs possessions d'Extrême-Orient. On s'aperçoit — mais nous, nous le savions depuis longtemps — que les États-Unis sont une nation pourrie, affreusement impuissante, incapable de prévoir, de s'organiser, de vaincre, qu'ils sont, en un mot une démocratie, une vraie démocratie. [...]

Les Yankees s'apercevront — trop tard sans doute — du mal que les Juifs leur ont fait. [...] Alors ce jour-là, lorsque les Américains comprendront vraiment, il y aura un assez joli pogrom à l'ombre des gratte-ciel[25].

*L'européocentrisme commun à toutes les idéologies du temps se cumule alors avec l'aveuglement politique particulier de la Collaboration pour faire de l'enfant américain un vulgaire bâtard de l'Europe, auquel il ne saurait être question de reconnaître ni force véritable ni réelle autonomie, en tous les cas un jeune barbare privé des quartiers de noblesse que les mêmes hommes découvrent dans le même temps dans l'histoire wisigothique.*

[...] l'Américain manque du blason qui vient aux peuples, aux hommes et aux choses, du monde romain et latin, tout comme le bâtard dont la généalogie se résume toute dans le mot *plebs* (plèbe, terre, boue)...

Il n'existe aucune musique américaine : cherchez un Monteverdi ou un Verdi, un Bach ou un Mozart américains et vous perdrez votre temps. Cherchez un Berlioz, un Tchaïkovski ou un Chopin américain. Cherchez même un musicien populaire américain. Vous trouverez les relents de la musique des nègres, le jazz, les

« spirituals ». Symptômes de la fragilité morale des bâtards, qui sont facilement dominés par les produits des races inférieures.

Il n'existe pas non plus de peinture américaine. [...] Et il n'existe pas de sculpture. [...] La poésie américaine est absente, elle aussi. [...] Il n'existe pas plus d'architecture américaine. [...] Il n'existe pas de philosophie américaine. [...] L'Amérique n'a pas non plus inventé de règle sociale. [...] Quant à la science américaine, elle n'existe même pas parmi les plus modernes et les plus mécaniques au nom desquelles la race bâtarde d'Amérique puisse revendiquer son principe. Il n'existe pas une machine d'invention américaine. [...] Les Américains sont condamnés à la stérilité. [...]

Comment ne pas voir dans leurs exploits de barbares une sorte de sadique vengeance d'un peuple qui n'a rien su créer ni inventer, contre ceux à qui le monde doit sa lumière et son art[26] !

DU RÉSISTANT

*La même incompréhension des enjeux et des rapports de force se retrouve dans le jugement porté sur les hommes de la Résistance qui, pour être compatriotes, n'en appartiennent pas moins, eux aussi, à un autre monde, peuplé d'ailleurs moins de monstres que de galopins sanglants.*

*Au-delà des exécrations classiques (le « dissident », le « terroriste » prisonnier et fourrier de la judéo-maçonnerie), l'un des arguments les plus typiques vise à discréditer la Résistance comme arrière-garde de la ploutocratie.*

On est gaulliste comme on se faisait blanchir à Londres, comme on aimait à se parer de tissus anglais — venus d'Elbeuf. Très rares et isolés sont les cas de véritable myopie patriotique et de bonne foi. L'erreur gaulliste de la France n'est pas comme on pourrait le croire dictée par le patriotisme d'un peuple froissé dans son amour de l'indépendance, elle est tout bonnement l'expression de l'amertume bourgeoise — sentant sa rapacité en péril.

De nouveau c'est le problème social qui est posé. Dans toute son ampleur. Et M. de Gaulle, marionnette dans les mains des ploutocrates judéo-britanniques, n'est que la mauvaise excuse, la mauvaise conscience d'une bourgeoisie décadente qui pressent dans l'ordre nouveau l'heure de sa disparition[27].

*Avec le temps, quand la Résistance intérieure sera devenue une réalité tangible, la preuve par la bourgeoisie trouvera un avatar à succès dans le thème du suicide social, constante des homélies de Philippe Henriot. Un journaliste de l'hebdomadaire de la Milice conclut de même une étude sur la grande flambée anarchiste des années 1890 :*

L'histoire tragique des années 1892 à 1894, avec ses origines et ses conséquences, éclaire d'un jour révélateur les menées terroristes des bandes à la solde de Moscou. L'on trouve, pour préparer par son incompréhension, sa faiblesse ou sa lâcheté, les meurtres les plus odieux, le même type d'hommes à la fin du siècle dernier qu'aujourd'hui. Bourgeois gobeurs ou timides, intellectuels sans caractère ou dilettantes de l'action, snobs de la Révolution, pantouflards excités. Ils se rejoignent et se tendent la main par-dessus cinquante ans d'histoire. Ils ne comprennent pas ce qui les menace et font des actes de grâce à ceux qui les tuent ou vont les tuer. Ils se promènent au bord de leur tombeau sans le voir[28].

*Le nombre et la pugnacité des maquis ne pouvant bientôt plus faire de doute, l'argumentation ordinaire va chercher à établir l'équivalence Résistance = banditisme organisé. Témoin ce court métrage réalisé dans les derniers mois de l'Occupation.*

*Résistance*, tel est le titre d'un film présenté à la presse, le 10 janvier, et qui constitue un documentaire de court métrage appelé au plus grand succès, surtout dans les provinces affligées par le terrorisme.

Un garçon qui ne s'entend pas avec son père,

un autre qui est requis acceptent les propositions d'un gredin qui leur offre de les « planquer ». Ils déchantent vite. [....] Ils parviennent à éviter les rafales de mitraillette dont leur chef et leurs compagnons les régalent et vont prévenir une gendarmerie. Mais les gendarmes arrivent trop tard. Le déraillement a eu lieu. Cadavres et blessés gisent sur la voie. Les deux garçons rentrent chez eux guéris[29].

*Quand la confrontation aura quitté la fiction pour la réalité charnelle des affrontements maquis-Milice, quand la crainte d'une victoire finale du Rouge et du Ploutocrate associés aura pris corps, alors fleurira une autre équivalence : les vrais patriotes d'en face, Kerenski en puissance, sont des fascistes qui s'ignorent (opinion chère, en particulier, à Drieu le divisé) ; le choix d'un camp tient donc à peu de chose — on sait que ce thème est promis à une certaine fortune. Henry Charbonneau, tout à la fois journaliste et milicien actif, arpège sereinement sur lui, en avril 1944, en Savoie.*

Nous les avons vus et interrogés les prisonniers ! Nous nous attendions quand même à voir quelques types de beaux soldats, nous nous attendions à devoir saluer quand même quelques uniformes et quelques fanions respectables. Nous aussi, nous croyions un peu à la légende ! [...]

Quoi donc, ce sont des soldats, ces pauvres diables déguenillés, sales, hirsutes, qui tremblent maintenant, tant on leur a rabâché notre prétendue cruauté ! Dès qu'on leur parle, leur premier réflexe est pour se défendre. Ils nous donnent plus l'impression de penser seulement à sauver leur pauvre tête dont nous n'avons que faire ! [...] Sous le premier soleil radieux de printemps, ces héros d'hier d'une légende épuisée ne forment plus qu'une triste mascarade. Oh ! je sais, un cortège de prisonniers n'a jamais fière allure ! Mais pourtant quel contraste avec nos hommes ! [...]

Nous voyons là devant nous des jeunes gens qui aiment leur pays comme nous l'aimons, qui ont risqué et souffert souvent en servant une mauvaise cause, mais avec foi et bonne volonté, et nous pensons qu'il a seulement fallu une erreur d'aiguillage pour que ces forces n'aient été mises au service de notre révolution. [...] Cette troupe de jeunes Français, à l'uniforme net, aux regards francs, à l'allure décidée, qui a fait du culte du courage et de l'honneur son apanage, n'était-ce pas plutôt celle qu'ils étaient venus chercher ici ?

Nous avons senti la sincérité de quelques repentirs.

Ceux de bonne volonté s'étaient trompés de camp. Ils nous l'avouaient simplement. Certains demandaient même à être des nôtres[30].

DU BOLCHEVIQUE

*Ruse des uns, ingénuité (coupable) des autres : tous ces adversaires immédiats ne sont que les instruments de l'Ennemi suprême, couple ou Janus...*

Quels sont en ce moment, dans la confusion qui nous entoure, les groupes d'hommes qui comptent? Je ne parle pas de nos pauvres gaullistes, nos anglophobes ou américanophobes [...]. Il y a les Juifs, prêts à détruire le monde, dans la rage et le dépit de sentir qu'il leur échappe. Il y a les communistes, qui savent très bien ce qu'ils veulent. Il y a nous, qui le savons aussi[31].

*La rapidité et l'ampleur des réactions au coup de théâtre du 22 juin 1941, qui vit les troupes allemandes s'ébranler sur les pas de Napoléon en direction de Moscou, témoigne de l'importance reconnue à l'enjeu. Comme l'anticommunisme avait avant guerre donné un semblant d'homogénéité à la convergence munichoise, de même il opère le ralliement définitif de personnalités jusque-là dans l'expectative.*

*Le ton s'échelonne de l'enthousiasme mystique, telle, pendant la période ascendante, cette envolée de Châteaubriant...*

Le Grand Œuvre s'approfondit. Après avoir mis, à l'Ouest, la germanité aux prises avec le capitalisme et ses exploitations inhumaines, il complète ses desseins en la dirigeant vers l'Est, contre la monstrueuse organisation russo-asiatique, triomphe de la déshumanisation sans espoir. Serait aveugle qui ne verrait ici le rôle confié à l'Allemagne par le Destin. Serait déchue et maudite toute nation d'Europe qui ne se rallierait pas à l'éclair de cette épée. La marche du genre humain a mis le genre humain dans le cas de ne plus pouvoir se passer pour vivre — et pour mériter de vivre — d'une épuration totale[32].

*... jusqu'au lyrisme déplorateur, comme, au lendemain de Stalingrad, cette métaphore étonnante filée par l'un des collaborateurs obscurs de* La Gerbe *:*

La victoire communiste nous menace. La seule impitoyable. La seule contraire à notre destin. Elle porte une fois de plus le visage d'Attila aux pommettes asiatiques. Là où son tank à chenilles passera, l'herbe ne repoussera plus. Le fameux rouleau compresseur russe, à la manière d'un rouleau à pâtisserie, laminera la pâte européenne, et particulièrement cette pâte latine, si tendre, dont tu es, dont je suis, une des mille feuilles. Bonne pâte, depuis deux mille ans levée, et dont tu te plaindrais injustement de n'être pas un grumeau indélayable. Tu es dans le pétrin. Laisse-toi brasser par les boulangers du destin[33].

*Quand la menace semble se préciser, la méthode la plus percutante de propagande antibolchevique devient l'anticipation catastrophiste, qu'elle parle en langage économique, à destination de l'ouvrier...*

LES SOVIETS PARTOUT

Les Soviets partout
C'est ton usine contrôlée par le parti.
Les Soviets partout
C'est ton travail jugé par des arrivistes politiques.
Les Soviets partout
C'est la délation à toute heure de la nuit.
Les Soviets partout
C'est le mouchardage à toute heure de la journée.
Les Soviets partout
C'est la fin de l'ouvrage bien fait.
Les Soviets partout
C'est l'irresponsabilité à tous les échelons du travail.
Les Soviets partout
C'est la déportation en masse des ouvriers d'un chantier à un autre[34].

*... ou joue avec le culturel, en direction des âmes sensibles et des intellects raffinés.*

LA FRANCE EST MORTE

La France, qui est devenue une province soviétique, va connaître un destin tout semblable à ce que fut le destin de l'U.R.S.S.

D'abord, une période révolutionnaire, d'autant plus catastrophique que la France est un organisme compliqué, civilisé à l'extrême. Exécutions, famines, épidémies vont décimer la population pendant quatre ans (1917 à 1921 en U.R.S.S.). Ensuite une période d'adaptation de sept ans (en U.R.S.S. la N.E.P. 1921-1928).

Enfin, une période de collectivisation totale (en U.R.S.S. la dictature stalinienne 1928-1943) qui va achever de la transformer en une vaste usine où tous les prolétaires sont mobilisés et travaillent comme des robots en vue de la conquête mondiale. Des enfants, rendus orphelins par les « liquidations » et les « épurations », ou abandonnés par leurs familles dispersées, vont prendre la route par milliers et vivre d'aumônes et de pillages avant d'être « liquidés » eux-mêmes quand ils deviendront un danger social. La femme sera l'égale de l'homme. L'« idée de la ménagère » aura complètement disparu des esprits. La femme aura sa place marquée au kolkhoze ou à l'usine. La pensée française sera morte, broyée par l'organisation marxiste qui ne tolère pas une pensée libre, qui ne peut la tolérer. Toute vie religieuse sera abolie. Nos villages, découronnés de leurs clochers, seront devenus des centres communautaires où toute caractéristique provinciale ou locale, où toute originalité aura disparu...

LA FRANCE EST MORTE ! et pas même une croix sur sa tombe[35] !

*Le bolchevisme, idéologie d'essence asiate, devient ainsi, tout naturellement, épiphanie suprême du nihilisme ou, pour parler comme Châteaubriant, confiant en janvier 1942 à ses* Cahiers *intimes le fond de sa pensée :*

Manifestement une œuvre des *Temps de la fin.* [...]

Le bolchevisme n'est pas une théorie dont le goût s'empare ou qu'il repousse. Il est l'imperium « négatif » des temps, [...] et c'est en cela surtout, dans ce rongement profond qui peu à peu oblitère les consciences et désagrège les antiques noblesses, et tout l'antique honneur, que consiste sa vraie victoire, permanente et de tous les instants. [...]

Ainsi le bolchevisme n'est pas un fait exclusivement attribuable à l'âme moderne. Il a sévi à

Rome du temps de Marius, où, sans l'intervention de César qui se dressa sur le chemin de cette rage publique, les destinées de Rome s'en fussent trouvées modifiées à jamais. [...]

Quand, en vertu des usures ou de quelque grande catastrophe de nature cosmique, les équilibres sont anéantis au sein des chimismes humains, les dynamismes spirituels qui dépendaient de ces équilibres et maintenaient l'architecture de la conscience sont rompus. Apparaît alors la terrible volonté de puissance élémentaire du fond de l'homme, de son fond le plus animal, qui est là, baignant dans une redoutable lueur d'intellect à son premier degré, volonté de puissance analogue au feu qui privé de toute discipline s'empare des derniers vestiges de l'antique idéologie, et, s'appuyant sur eux, s'en fait une effroyable justice pour inonder de ses torrents de lave ce qui reste de l'homme.

C'est alors que le bolchevisme prend son véritable nom, qui est le volcanisme. [...]

Staline lui-même ne sait rien de ce qu'en personne il représente, pas plus que le mal ne sait rien du mal dont il est le mal[36].

## DU JUIF

*Ce mal absolu a besoin cependant d'une expression plus charnelle encore. Tout le monde n'est pas accessible à la double thématique du barbare asiate et du terroriste partageur, surtout si l'on entend conserver l'accent populiste qui est de mise. La parole ultime, l'ultime argument se doit donc de plonger au plus profond des peurs de l'espèce pour en extraire, par-delà les intérêts de classe, la hantise toute physiologique du corps étranger, du cancer rongeur : le Juif. De tous les ennemis, le seul que l'on puisse discerner du premier coup d'œil, si l'on en croit l'Exposition antisémite du palais Berlitz, à l'hiver 1941-1942, et son portrait-robot (guide officiel de l'Exposition) :*

Première salle. Apprendre à discerner les Juifs...

De la matière, le sculpteur René Péron a fait jaillir le Juif, rendant vivant ce personnage à l'allure biblique : camouflé dans un ample manteau, traînant les routes aidé de son bâton. [...]

Mendès France, Litvinoff, Basil Zaharoff, Max Reinhardt, Hore Belisha — Français, Russe, Grec, Allemand, Anglais ? Non, Juifs.

Des oreilles, des nez, des caractéristiques de visage nous montrent leurs marques raciales.

Cette tête géante en a toutes les tares et peut nous servir de guide.

Regardez la tête de Léon Blum. Les empreintes profondes qu'il n'a jamais pu maquiller. [...] Combien douces et reposantes à nos yeux ces images de nos paysans, ces bustes de nos grands hommes. Ils ont la face ouverte et franche de ceux de chez nous[37].

*Comme le précisera en effet* La France au travail *:*

Heureusement, pour effacer la pénible impression de dégoût qui peut se dégager de ces constatations, le Comité a eu soin d'essaimer çà et là quelques types caractéristiques de la race française, parmi lesquels, en bonne place, à l'entrée d'honneur, le portrait du maréchal Pétain et celui de l'amiral Darlan[38].

*Gisant au cœur même du nihilisme universel, le Juif concentre en dernière instance toute la négativité dont l'Anglo-Saxon (Rothschild), le maçon (Louis Louis-Dreyfus), le communiste (Karl Marx) n'avaient que quelques parcelles. Les titres des panneaux de l'Exposition, extraits du guide officiel, énumèrent son palmarès :*

Quarante rois en mille ans firent la France; en cent cinquante ans les Juifs l'ont détruite en nous éliminant.
Les titres à sensation dominent dans la presse.
Mainmise sur les ressources nationales.
Abrutissement des masses par la radio.
Protecteurs du crime.
Détrousseurs de l'épargne.
Perversion du goût et de l'esprit français.
Charlatanisme.
Décomposition.

Scandales.
Démence[39].

*Par-delà les siècles, l'œuvre de corruption juive se reconnaît de la même façon sans difficulté, depuis le début de la chaîne repérée par Dominique Sordet : l'idéologie des Grands Principes...*

En relisant l'autre jour le *Contrat social* et le *Discours sur l'inégalité,* je retrouvais dans le style, mais surtout dans le mécanisme du raisonnement, une curieuse similitude de démarche entre l'esprit de Rousseau et celui de Léon Blum.

Dans le *Discours sur l'inégalité* et dans le *Contrat social,* Rousseau est un raisonneur intarissable. Il ergote sur la nature, sur l'homme, sur les diverses formes de gouvernement; il émet des conjectures à perte de vue sur ce qui serait arrivé ou arriverait si...; il remue des abstractions : l'Homme, l'État, le Souverain, le Peuple, les Représentants, la Volonté générale, la Loi. Dans le discours sur l'*Origine de l'inégalité,* il consacre une page à démontrer que l'homme est un bipède, et à réfuter l'opinion contraire. Ce pilpoul est bien juif[40].

*... jusqu'aux mises en condition les plus contemporaines.*

Des films 100 % juifs, où, avec sadisme, ils interprétaient des rôles de bandits ou de prêtres, d'apôtres ou de soldats colonisateurs, leur permettaient de détruire les bons sentiments de notre race en substituant les leurs. Le cinéma français était écrasé dans ce mélange, mais il renaît déjà : Raimu, Préjean, Larquey et d'autres encore pourront faire valoir leur grand talent d'acteurs. Ils pourront, dans des rôles sains et moraux, être gais, tristes ou charmants pour notre grand plaisir et la sauvegarde de notre civilisation[41].

*Face à l'antisémitisme d'essence nationale et religieuse des premiers responsables vichystes du Commissariat général aux questions juives, d'ailleurs bientôt dépassés par leurs troupes comme par les exigences allemandes, la Collaboration parisienne cherchera toujours à présenter ses obsessions comme le résultat d'une analyse scientifique et globalisante, « raciologique » en un mot. Les grands portraits d'un panthéon antisémite jusque-là marginal s'étalent dès lors à la une de ses journaux, l'accent étant mis selon les locuteurs sur le caractère « social » (le fouriériste Toussenel, l'antiversaillais Drumont...) ou « scientifique » (Gobineau, Vacher de Lapouge...) de leurs théories, en correspondance avec les deux constantes de cette idéologie : le populisme et le totalitarisme.*

*Dernier maillon de cette généalogie intellec-*

*tuelle, le docteur Vacher de Lapouge, disparu à la veille du conflit, recevra ainsi d'un confrère allemand un brevet d'orthodoxie nationale-socialiste, rédigé dans le style* ad hoc *:*

Par race, Gobineau entend encore surtout au sens vieux-français du mot, l'origine, la lignée... Gobineau rejette particulièrement le processus de sélection naturelle d'un Darwin par suite de sa conception antimatérialiste. [...] C'est sur ce point que réside le grand progrès et il est vrai le progrès scientifique de Lapouge. Il n'a pas séparé le corps et l'âme. Pour lui, la base de science naturelle, respectivement de science exacte, est devenue le terrain sur lequel reposent ses théories philosophiques et politico-sociologiques, en un mot, son anthropo-sociologie. [...]

C'est en premier lieu l'unité du corps et de l'âme, de l'esprit et de la nature qui a permis à Lapouge de surmonter le fatalisme racial de Gobineau par la continuation de la sélection sociale jusqu'à une sélection systématique de régénération consciente dans le sens d'une eugénique préparatoire et d'une politique d'un rendement social de haute qualité. Si, par suite, Lapouge, que son extérieur pouvait à peine faire passer pour un homme purement nordique, mais bien au contraire pour un Français typique, est parvenu comme Gobineau à la notion de l'Aryen, respectivement de l'homme nordique et de sa position dominante en Europe, cette connaissance a chez lui une tout autre force convaincante que chez celui-là... C'est par lui seulement que l'inégalité des races humaines est exposée irréfutablement. C'est seulement par ses arguments que la juiverie, la démocratie, la ploutocratie et le faux-semblant de l'Église ont été objectivement dévoilés, que la race la plus différenciée a été pourvue des armes nécessaires pour surmonter l'humanité inférieure. Exactement comme Gobineau, Lapouge est un ennemi d'une croyance utopique au progrès, mais il est d'avis que contrairement à la Grèce antique, la civilisation nordique doit sans aucun doute défendre ses positions. Autrement, ce serait la victoire des brachycéphales russes qui par leur énorme masse imposeraient au monde un bureaucratisme socialiste niveleur. [...]

Et il semble que l'on entend un appel à l'adresse du futur guide de la race nordique dans sa mission culturelle européenne lorsqu'il s'écrie : « La clef qui ouvre les portes de l'avenir est jetée dans le champ clos. Qui saura s'en emparer[42] ?... »

*Aboutissement provisoire de cette lignée, Georges Montandon, ethnographe de quelque renom, inspirateur direct des pamphlets de Céline, en systématise les conclusions en les agrémentant d'un style qu'on pourra qualifier à tout le moins de plus soutenu.*

Pourquoi l'ethnie française, qui s'est révélée, au Canada, l'ethnie blanche la plus prolifique, a-t-elle couru en France à l'effondrement démographique, prélude de l'effondrement militaire ?

C'est qu'en sus de ses fautes à elle, la nation française avait été empoisonnée par l'esprit de l'ethnie putain. Ce qui, en effet, caractérise psychologiquement la communauté ethnique juive et légitime l'appellation scientifique sous laquelle nous la désignons, c'est non seulement sa luxure (sur laquelle nous ne pouvons nous étendre ici), mais avant tout le fait que cette communauté, au lieu de servir une patrie, un pays, se met, comme une fille publique, au service de tous les pays, tout en ayant refusé pendant deux mille ans de se fondre dans la population de ces pays.

C'est l'esprit de l'ethnie putain qui, s'imposant aux Français :

*a*) Faisant bêler à la paix ;

*b*) Sabotait l'armement ;

*c*) Et surtout dégoûtait la femme, depuis des décades, de la maternité, grâce à sa presse en particulier, dont l'ancien *Paris-Soir*, dit Pourrissoir, avec ses rubriques quasi pornographiques, dirigées par des putains juives dont nous savons le nom, était le modèle accompli[43].

*L'État français, en la personne d'Abel Bonnard, créera pour Montandon (sur le papier) et pour un ancien député conservateur de Bordeaux, Henri Labroue, deux chaires d'études juives en Sorbonne.*

*M. le président :* Vous avez été amené à favoriser la création d'une chaire de judaïsme à la Sorbonne en 1942. Dans cette affaire, à qui en revient l'initiative et quelle était votre pensée ?

*M. Abel Bonnard :* Je peux vous dire, avec la même franchise et en répétant ce que j'ai dit à l'instruction : c'est M. Cathala* qui m'a demandé de créer cette chaire pour un professeur que je n'ai jamais vu, qui s'appelait M. Labroue et qui avait tous les titres universitaires pour occuper cette chaire. Ce M. Labroue avait fait des livres, et en particulier un livre sur *Voltaire antisémite*, livre qu'il n'avait pas eu de peine à faire puisque toute l'œuvre de Voltaire déborde d'injures pour les israélites. M. Cathala m'a donc demandé de créer cette chaire, d'y nommer M. Labroue. Je vous avoue que là aussi, je retrouve mes sentiments : la chose m'a paru être une espèce de plaisanterie, mais après tout, on peut bien étudier les Juifs comme on étudie toutes les races du monde[44].

*Reste aux esprits préoccupés moins de ces hautes spé-*

* Ministre des Finances de Laval de 1942 à 1944.

*culations que d'exercices pratiques à débattre de la « solution finale » la plus adaptée. Plus que celui d'un nom illustre, le phantasme d'un homme du rang, littérateur obscur passé au service du groupuscule costantiniste, éclaire, à travers la politique-fiction d'un « drame historique en neuf tableaux »,* La Victoire de l'Aigle, *l'aspiration ultime du collaborationniste.*

Premier tableau. Le Juif, pour parvenir à la domination universelle, puise dans la dispersion du peuple juif à travers les nations une véritable force. Il invente la Franc-Maçonnerie. [...]

Sixième tableau. Une grande guerre mondiale est déclenchée par le judéo-maçonnisme universel. Après quatre années de lutte derrière le camouflage de la « guerre pour le Droit et la Liberté », elle se termine par la victoire d'Israël.

La haute finance juive met au jour le bolchevisme, aboutissement logique de la démocratie marxiste. Le vaste empire des tsars devient un dominion juif. [...] Un super-Parlement judéo-maçonnique est créé sous le nom de Société des Nations. [...]

Septième tableau. Le plan de la conjuration mondiale est découvert. Israël et ses complices n'hésitent pas à déchaîner une nouvelle guerre. Mais, à la voix d'un puissant chef aryen, les peuples, les uns après les autres, se dressent contre l'impérialisme judéo-anglo-saxon. [...]

Un conflit mondial est déchaîné. Le peuple du Soleil levant, élevé dans le culte de sa race, étonne le monde par sa magnifique bravoure. [...]

Huitième tableau. Les judéo-maçonneries anglaises et américaines s'écroulent. Les États-Unis deviennent un immonde pourrissoir. Le grand capital est anéanti. Le pur et vrai socialisme est instauré de l'Oural à Gibraltar. [...] À tout jamais Israël est mis dans l'impossibilité de perpétrer ses crimes : *tous les Juifs sont stérilisés.*

Neuvième tableau. [...] Toutes les nations sont fraternellement réconciliées sous le signe de la croix gammée, [...] triomphe de l'aigle sur le serpent, symbole millénaire du judaïsme[45].

*L'interprétation raciste radicale ne cessera de gagner du terrain. En première page des* Nouveaux Temps, *quotidien qui « pense », Guy Crouzet, intellectuel attitré de l'équipe Luchaire, n'hésite pas à justifier l'eugénisme le plus radical.*

« Seuls les individus sains de corps et d'esprit peuvent avoir une descendance; les faibles d'esprit et certains malades sont mis dans l'impossibilité totale de procréer », dit la législation raciale allemande, que le professeur Otmar von Verschuer, de l'Université de Francfort, est venu nous enseigner.

Depuis plus de six mille ans qu'il y a des

hommes, et qui pensent, il est bien regrettable qu'il ait fallu une défaite et une occupation pour nous mettre au fait de ce qui devrait être une des lois premières des sociétés humaines. [...]

En France, après l'ignorance et l'indifférence, le libéralisme et un respect mal compris de la personne humaine se sont ligués pour nous interdire de telles mesures; faut-il rappeler aussi qu'elles heurtent certains scrupules religieux?

Nous n'en souhaitons pas moins que s'instaure chez nous cet aspect du progrès humain [46].

*Et les nationalitaires à leur tour seront tentés d'élaborer pour leur propre compte une théorie qui exclue le Francien abâtardi de la grande Table-ronde des races dominatrices.*

Il n'est pas question d'interdire à tous les étrangers l'accès du territoire breton, mais il est nécessaire de leur inculquer à leur arrivée le respect de la race dont ils sont les hôtes. [...]

Avec quelles autres races accepterions-nous les unions de Bretons et de Bretonnes? Pour qui connaît et comprend la question bretonne, la réponse vient naturellement : avec les autres peuples nordiques. [...] Sur ce point, les dirigeants de la « Révolution nationale » diffèrent-ils tant que cela de leurs sinistres prédécesseurs? Certaines déclarations sur l'« unité impériale française » justifient toutes les craintes. En aucune manière nous ne pouvons adopter l'idée de l'unité raciale des Bretons, des Toulousains, des Berbères et des Congolais[47].

# 5

# *Le blanc*

*Le passé récent, comme on l'a vu, excite particulièrement l'agressivité masochiste des collaborateurs, qu'elle jaillisse sous la plume d'un Laubreaux, au souvenir, à la veille du Débarquement, de la défaite de mai 40...*

Je suppose un exercice annuel de mémoire à l'usage du peuple amnésique. [...] Pourquoi ne pas organiser officiellement, tous les ans, à cette même époque, des éphémérides publiques où l'on remettrait le nez des gens sur les événements et les choses dont ils nient la réalité parce qu'ils ne s'en souviennent pas[1] ?

*... ou sous celle, qui se veut de toute objectivité, d'un De Lesdain :*

Plus nous approfondissons les objections que notre peuple soulève contre l'entente nécessaire entre le Reich et nous, et plus nous constatons qu'elles sont toutes inspirées par deux faits ; le premier, que nous avons perdu la guerre et que nous voudrions non seulement l'oublier, mais encore ne pas éprouver de répercussion de notre défaite ; le second, qu'une propagande habile attribue toujours aux occupants les situations pénibles, les conséquences douloureuses et les mesures de rigueur dont nos anciens gouvernants ont pour une si grande part la responsabilité[2].

*Il n'épuise pas cependant les vertus politiques reconnues à l'histoire, qui se trouve chargée de donner à la Collaboration les lettres de noblesse que les continuités vichyste ou gaulliste ne manquent pas, chacune à leur façon, de lui nier.*

*À certains héros tutélaires n'est demandé que de figurer avec complaisance dans leur pose accoutumée. En ce cas le choix est proche de celui de Vichy, l'accent étant plus particulièrement mis sur les ancêtres bien français des luttes armées du nouvel Ordre européen, de Marchand à Jeanne d'Arc.*

1412 : Jeanne naît à Domremy.

1429 : Jeanne défait les Anglais à Orléans.

1430 : Jeanne est faite prisonnière à Compiègne.

1431 : Jeanne est brûlée vive à Rouen, PAR LES ANGLAIS.

1939 : La France est entraînée dans la guerre PAR LES ANGLAIS.

1940 : La France est trahie à Dunkerque, Mers el-Kébir, PAR LES ANGLAIS.

1942 : La France est dépouillée de ses colonies PAR LES ANGLAIS.

1943 : Les villes de France sont chaque jour bombardées PAR LES ANGLAIS.

Hier comme aujourd'hui, UN SEUL ENNEMI : l'Anglais ! ! !

Pour que la France vive, il faut comme Jeanne d'Arc bouter les Anglais hors d'Europe.

13 mai 1944 : La France entière fête Jeanne d'Arc, héroïne nationale[3].

*Mais l'Europe continentale en gestation a besoin d'autres grands exemples propres à conforter les énergies de ceux qu'intimide encore le saut dans l'inconnu. Après le déclenchement de l'offensive allemande en territoire soviétique, des voix allemandes se joindront aux De Brinon et autres Châteaubriant pour s'annexer le vainqueur de la Moskova, plutôt que de laisser le vaincu de Borodino servir à la propagande adverse. Flatter le mythe napoléonien des Français tout en en critiquant l'inachèvement, telle est la tactique d'un Werner Daitz, ministre plénipotentiaire, Reichsamtsleiter, convié par le groupe Collaboration à traiter à Paris en mars 1944 de* La Politique continentale de Napoléon, anticipation de la politique européenne du Reich.

En voulant donner une nouvelle organisation à l'Europe, il partait donc de la notion d'« État », et non point du contenu biologique constitué par les diverses ethnies nationales. Il ne connaissait pas encore le droit à l'« ethnie nationale » proclamé par Adolf Hitler. [...]

Avant son avance en Russie, le conseil fut donné à Napoléon de ne pas s'en remettre uniquement, comme il l'avait fait jusqu'alors pendant ses campagnes de l'Ouest, à son génie militaire incomparable et à la supériorité de sa « Grande Armée », mais d'aborder en même temps cet espace et ces hommes qui, constituant la partie féminine de la famille des peuples européens, étaient soumis à d'autres lois, avec une offensive politique, et de déchaîner la révolution nationale européenne contre le tsarisme. Le conseil était bon, puisque les idées ne peuvent être vaincues que par les idées. [...]

C'est ainsi que Napoléon, alors que le temps n'était pas encore mûr pour une séparation complète des deux Amériques, à plus forte raison pour une renaissance totale de l'Europe, dut s'arrêter, tel un précurseur, un prophète qui ne dispose pas encore des lumières décisives ni des moyens définitifs. C'est ainsi que la politique continentale européenne de Napoléon ne peut pas, comme on ne cesse de le prétendre, être mise en parallèle avec la politique européenne d'Adolf Hitler, mais qu'elle en fut l'indispensable première étape.

La France de Napoléon et l'Allemagne d'Adolf Hitler sont donc, au fond, obligées par le destin à une politique européenne commune[4].

*Plus haut perché dans l'histoire, le Moyen Âge, où se noient dans la chrétienté ambiante les inimitiés nationales des temps modernes, favorise de plus amples conciliations encore. Mais, au-delà des poncifs prévisibles sur la virilité chevaleresque et l'esprit des cathédrales, il faut avoir le regard cosmique de Châteaubriant pour consacrer le 24 août 1943 toute la première page de* La Gerbe *au 1100e anniversaire du traité de Verdun, date originelle de tous nos maux, qui permet d'exalter par contraste la tentative de synthèse de l'Empire carolingien, sous le double signe de...*

l'aigle noir et la fleur de lys : ce qui vole le plus haut dans le germanisme et ce qui demeure le plus pur dans la romanité ! [...]

On ne sait pas ce que feront demain les nations. [...] Mais l'on sait du moins ce que fut l'Empire de Charlemagne ! Une fondation franque-germanique originale. Une magnifique puissance qui, sous le nom de GRAND ROYAUME DES FRANCS, rassembla dans ses frontières l'essentiel de ce qui constituait déjà l'unité européenne occidentale. Réalisation politique incomparable. Les territoires étaient solidement agrégés autour du noyau franc primitif, le pouvoir du Prince rendu indiscutable. Une idée religieuse supérieure faisait que le règlement de toutes choses s'accomplissait en fonction d'un principe unique universel. L'idéal d'un gouvernement!...

Retournons ici à la leçon du passé!

*Il faut de même avoir l'ardeur du néophyte Marc Augier, tout à la découverte des reconstitutions aventurées d'Alfred Rosenberg, pour réinterpréter en quelques lignes sur de nouvelles données, raciales et aristocratiques, l'histoire des origines de notre Occident. La leçon s'intitule* Les Dieux en chemises noires *et prend pour thème, ironie du sort, la résistible offensive italienne de 1940 contre la Grèce.*

Après le xe siècle de nouvelles tribus doriennes mirent les races vaincues en esclavage et brisèrent la domination du légendaire roi Minos, Phénicien sémite. Guerriers brutaux, les Hellènes balayèrent les formes de vie facile et décadente du négoce levantin. Avec les bras des vaincus leur esprit créateur éleva ces légendes de pierre que sont leurs temples. Grâce aux loisirs acquis par cette domination, ils composèrent les poèmes héroïques de la grande époque (*Iliade, Odyssée...*). Une constitution purement aristocratique empêchait le mélange du sang nordique avec le sang sémite et levantin. [...] Les Doriens, puis les Macédoniens, protégèrent le blond sang créateur. [...]

L'heure est venue de dire qu'Apollon et Pallas Athéné sont les images de l'homme et de la femme nordiques, affirmation hier impossible, au temps de la conspiration juive. [...]

Quand vous disiez devant l'Apollon : « Comme il est beau, comme il est fort, comme il est noble ! » avouez que c'était avec le regret confus de ce que vous aviez été, de ce que vous pourriez redevenir peut-être dans vos enfants, dans les petits de vos enfants. Et devant Pallas Athéné, mademoiselle, n'aviez-vous pas le même réflexe que devant ces grandes et fortes Suédoises qui en sont encore les images vivantes ? [...]

La mode des cheveux décolorés ? Non ! Le désir de paraître appartenir aux races supérieures ! [...]

Le combat mené par la civilisation nationale-socialiste et fasciste n'est que la reprise de l'antique lutte pour la suprématie des races nordiques. Hitler et Rosenberg ont donné à la jeunesse qui se forge actuellement en Allemagne une inspiration et une attitude devant la vie qui étaient celles des Hellènes : confiance dans un dieu ami... *Gott mit uns,* pureté, droiture, haut idéalisme, amour du chant et de l'art, nécessité de la lutte perpétuelle contre les monstres (en soi et hors de soi). [...]

En instaurant chez lui le racisme, Mussolini a voulu marquer un coup d'arrêt contre le métissage et le voilà maintenant parti porter l'interdit dans tout le bassin méditerranéen. Nous qui avons failli périr par une folle politique raciale et qui venons à peine de nous ressaisir, nous lui faisons confiance, conscients de notre solidarité au sein de l'humanité blanche. Ceux qui seraient tentés de sourire à l'idée de cette mission de l'homme blanc ne sont pas dignes de refaire la France ni de participer à la nouvelle politique de colonisation qui sortira de cette guerre[5].

*Nombreux sont, à vrai dire, les collaborationnistes qui s'essoufflent à suivre ces pionniers dans leurs échappées diachroniques. Encore conservent-ils un silence prudent sur ces extrapolations. Certains retrouvent par contre la parole quand, abandonnant pour un temps les roboratives équipées supranationales, le débat historiographique porte sur les moments clefs de l'histoire politique française. Ainsi en est-il, au premier chef, de la Révolution française, test inévitable pour une idéologie qui se réclame d'une nécessité révolutionnaire. Ici l'ambiguïté confine à l'équivoque, et ceux qui, tel le jeune André Castelot, privilégient la silhouette d'un Louis XVI en marquant d'une pierre noire dans* La Gerbe *son exécution...*

Ce jour ouvrit dans l'histoire une nouvelle période : pendant plus de vingt ans, toute l'Europe allait se liguer contre la France.

On voulut, par cet acte d'égarement, en se servant du couteau, rompre avec le passé ; mais, de cette façon sanglante et sommaire, on ne rompt pas avec le passé, quand on est fait de ce passé, sans rompre avec l'avenir[6].

*... affectent généralement d'ignorer le culte que certains de leurs amis politiques portent aux figures jacobines, au premier rang desquelles l'archange Saint-Just. Le R.N.P. ou l'équipe Spinasse n'ont pas l'exclusivité de telles annexions. L'organe de la Milice,* Combats, *rend de la même façon hommage à la* Force de la jeunesse dans la Révolution *:*

Saint-Just fut amené à préparer un projet de loi pour lutter contre ceux qui faisaient en France le jeu de l'ennemi anglais. Nous rêvons en relisant ces mesures et avec joie nous retrouvons celles déjà prises par le gouvernement. [...]

Saint-Just, ayant trouvé l'éthique du révolutionnaire intégral, puis la base de l'État populaire, national et social, se montre le défenseur de l'unité française contre la trahison sociale ou nationale. Il est pour tous l'exemple du révolutionnaire français[7].

*Un tel débat ouvre une éclaircie sur l'hétérogénéité*

*culturelle de la Collaboration. Il souligne la nécessité dans laquelle se trouve cette synthèse, en plaçant son point de convergence au-delà des débats français classiques, de ne trouver un langage commun que sur des mots d'ordre et des références spécifiquement étrangers.*

## NOUVELLE EUROPE

*Le thème de l'Europe nouvelle est évidemment au centre de l'argumentation collaborationniste, en même temps que de ses contradictions les plus fondamentales : nationalisme et européisme, prétention à élaborer une doctrine authentiquement française et reconnaissance plus ou moins explicite d'une hégémonie allemande.*

*À résoudre la première, droite et gauche s'associent étroitement. Déat...*

L'univers n'est pas peuplé de « personnes humaines » raisonnables et libres, comme la Cité des Fins à laquelle se référait la morale kantienne. Et l'homme n'est pas nécessairement bon par une grâce omniprésente de la Nature. Ces principes, plus ou moins revus et corrigés par les roueries diplomatiques, nous ont valu la Société des Nations et ses irrémédiables faiblesses. Il serait peut-être temps de donner de l'Europe une définition moins juridique, de la considérer économiquement comme un grand espace vital commun, où s'ordonnent les solidarités inévitables, et, sentimentalement, comme la patrie des patries[8].

*... comme Suarez :*

Chaque peuple a une conception particulière de la paix, formée à la fois par sa psychologie, les leçons de l'histoire et le dessin de ses frontières. Pour la France qui a depuis longtemps réalisé son unité, la paix a la signification d'un universel sacrifice à un code, à un contrat. Elle implique une position statique, une sorte d'immobilité où risquent de demeurer figés, à la longue, la vie, les besoins et les aspirations des peuples. Le mot correspondant en allemand est *Friede*, qui aide à composer *zufrieden*, c'est-à-dire satisfait, content. Cette confrontation des vocables aide à comprendre la formule de l'« espace vital » qui est la condition de la paix allemande[9].

*Face au problème de l'européisme, il devient nécessaire de poser en principe la profonde inégalité des conditions nationales. Jean de La Hire, à son habitude, est des plus clairs :*

Il est indéniable que l'état de la culture générale des différents peuples est fort différent et que, en l'espèce, le développement de la culture prend fin, dans la direction de l'Est, après les frontières du Reich. Nous, Français, nous sommes fiers du développement de notre culture, et le Führer a proclamé à différentes reprises qu'il admirait nos réalisations dans le passé, que de plus il considérait qu'elles devaient se prolonger normalement dans l'avenir de l'Europe nouvelle. [...] Vers l'Est, par la Pologne, l'Allemagne a le devoir d'étendre la culture civilisatrice moderne, afin de protéger l'Europe rénovée contre la barbarie bolchevique, barbarie que le Reich et tous ses alliés — et même la France, par sa Légion de volontaires — combattent par la force en attendant de pouvoir l'anéantir par l'esprit. De là cette légitimité de la tutelle que l'Allemagne exerce et exercera, vers l'Est, sur les peuples non encore évolués selon l'idéal qui, de plus en plus, vivifiera la nouvelle Europe[10].

*Ces vérités une fois assenées, d'autres sont là pour expliquer les avantages variés que la France retirerait d'une Europe dans l'édification de laquelle elle s'engagerait sans arrière-pensées : l'agrarien Marcel Braibant, naguère sympathisant du Front populaire...*

Le grand marché qui nous manquait, à nous et à nos colonies, où le trouver ? Ce n'est pas en Amérique, où il y a pléthore de produits agricoles, ni en Asie où la consommation est différente et assurée par la production indigène, ni en Afrique où la population est clairsemée.

Notre marché, notre espace vital, nous l'avons à nos portes, c'est l'Europe.

De même que la France moderne ne peut vivre sans l'Europe, l'Europe moderne, et c'est notre fierté, et c'est notre salut, ne peut pas vivre sans la France, entendons la France de Pétain, la France paysanne[11].

... *aussi bien que le rédacteur en chef de* L'Illustration, *qui prétend s'adresser à la bourgeoisie d'affaires :*

Le travailleur français, habitué à une vie sédentaire, n'imaginait pas la possibilité de transporter au loin le capital que représentaient ses bras afin de les faire produire là où le travail s'offrait à ceux qui le voulaient réellement découvrir. [...] Nos compatriotes se résignaient sur place à un chômage répugnant et leur principale réaction consistait à se rendre à des meetings publics et à se remplir le cerveau de phraséologies et d'idéologies sans conséquences pratiques, tandis que leurs familles les attendaient devant une table nue.

Il ne devra plus en être de même désormais. L'homme apprendra à changer d'horizon, à offrir son labeur à ceux qui peuvent largement le rémunérer. [...] On parlera de l'Allemagne ou du Danemark comme on parle de la Flandre ou de la Bourgogne[12].

*Le même Jacques de Lesdain se fait volontiers donneur de leçons quand le travailleur ou l'industriel français paraissent rechigner devant les exigences nouvelles de l'Allemagne telles qu'elles sont relayées par les habiletés du gouvernement Laval : la « Relève » des prisonniers français par des ouvriers qualifiés volontaires à partir de juin 1942, le Service du travail obligatoire à partir de l'automne :*

S'opposer aux mesures envisagées sous prétexte qu'elles rompent en visière avec des habitudes et des apathies revient à vouloir contrecarrer la nouvelle organisation du travail, qui doit nous conduire à la stabilité des emplois et à la prospérité des foyers. Pire encore, cela signifie que nous nous refusons délibérément à prendre en considération les dangers que court la France menacée, en tant qu'européenne, par le communisme. [...]

Est-ce de gaieté de cœur que nous nous refuserions à prendre rang, nous aussi, au côté de l'Allemagne dans sa bataille gigantesque et que nous abandonnerions à notre voisine latine tous les fruits d'une victoire à laquelle nous aurions refusé de nous associer à un autre titre que celui de spectateur ? Ce serait une attitude d'autant moins concevable de notre part qu'il nous suffit de mettre en marche un renfort de main-d'œuvre, alors que d'autres, en plus de cette aide première, offrent leurs poitrines et donnent leur sang. [...]

Mais, me dira-t-on, vous oubliez le cas de la défaite de l'Axe? Non, je ne l'oublie pas; mais je le néglige parce que j'ai des yeux pour lire l'histoire qui s'inscrit sur les cartes et des oreilles pour entendre les échos du monde répercuter les craquements de l'ancien ordre de choses[13].

*La chute du fascisme italien, à l'été 1943, est même l'occasion pour les ultras d'inclure décidément la sœur latine dans le chapitre des nations abâtardies. Ainsi Maurice Yvan Sicard :*

Mussolini est arrivé trop tard dans un courant historique juste, mais qui se perdait, qui était noyé dans le courant de l'opinion de peuplades ayant définitivement perdu, depuis la Renaissance, l'originalité ethnique du vieux sang romain.

La tâche qu'il a accomplie cependant est surhumaine, non seulement parce qu'elle reste celle d'un pionnier des temps nouveaux, mais surtout parce qu'elle fut menée dans des conditions extrêmement difficiles, rendue presque irréalisable par l'affaiblissement racique et la dégénérescence d'un peuple arrivé au dernier stade du chaos ethnique. [...]

Pour sauver définitivement un peuple tombé aussi bas que le peuple italien, il fallait deux siècles au moins de Fascisme, de vrai Fascisme, comme l'entendait Farinacci, de doctrine pure, appliquée avec intransigeance, sans que les puissances judéo-ploutocratiques pussent secourir les éléments de même et de pire nature que le Fascisme n'avait pas pu, ou pas su, extirper en Italie. Or, c'est le contraire en réalité qui s'est produit[14].

*Mais la France ne mériterait-elle pas de lui tenir compagnie ? Ici, comme en tous lieux où il est question d'Europe, Pierre Drieu la Rochelle (1893-1945) a son mot à dire. Depuis* Mesure de la France *(1924) ou* Genève ou Moscou *(1928), il s'est construit comme une spécialité de la méditation, alternativement fiévreuse ou désabusée, sur l'Occident contemporain et ce qu'il y distingue comme germes de décadence et comme promesses de renaissance. Le destin particulier de Drieu est dans ce balancement perpétuel entre le ralliement fébrile à une aventure intellectuelle ambitieuse et une visible difficulté à poursuivre longtemps un projet clairement défini. Une expérience contradictoire de la guerre n'a rien simplifié, Charleroi le séduit, mais Verdum le révulse; toute virilité conquérante l'attire un temps, mais l'image du suicide — personnel et collectif — ne cesse jamais de le hanter.*

*Qu'on n'exagère cependant pas ce deuxième terme par rapport au premier, comme y encouragent les textes à forte tonalité autobiographique qu'il va multiplier dans les derniers mois de son existence — ceux-là même qu'il achèvera par le gardénal et le gaz conjugués, en mars 1945 : à partir de l'émeute du 6 février 1934, en effet, l'itinéraire politique de Drieu ne s'écarte plus pour l'essentiel de la logique du* Socialisme fasciste *(1934). Et qu'il n'ait jamais fini de régler ses comptes à sa bourgeoisie originelle ne signifie pas qu'il ait à un quelconque moment choisi le camp de l'internationalisme prolétarien. Celui qui, dans les semaines ultimes, s'abandonnera à chanter les louanges de Staline, est encore l'intellectuel fasciné par un Guide vainqueur,* L'Homme à cheval *(1943) plein de mépris pour une classe non pas oppressive mais dévirilisée.*

*On ne s'étonne plus dès lors que les quatre années de l'Occupation aient reproduit dans les grandes lignes l'évolution de son époque antérieure (1936-1940); même enthousiasme pour la parole — et le corps — d'une collectivité incarnée dans un Chef (Doriot et le P.P.F.; Hitler et l'Allemagne nazie), même astreinte aux besognes de l'engagement, jusque dans l'adoption d'un style « peuple » et « politique »* (Avec Doriot, *1937;* Notes pour comprendre le siècle, *1941;* Chronique politique, *1943*), *même désillusion progressive, mêmes contradictions finales (rupture avec Doriot en 1938, sabordage de* La Nouvelle Revue française *en 1943).*

*Mais en 1942 Drieu croit encore en lui, en la France, en l'Europe allemande. Pour éviter le sort des nations condamnées par l'histoire, il suffit donc à notre pays de prendre conscience de son appartenance à la communauté nordique :*

En France, Georges Dumézil a beaucoup fait dans ces dernières années pour nous permettre de prendre une conscience beaucoup plus large et beaucoup plus précise de ces antiques harmonies qui relient l'Inde des Védas, la Rome des premiers siècles, la Gaule des Druides, la Germanie et la Scandinavie, l'ancienne Slavie. Sur de telles bases historiques peut se fonder une solide et exaltante conception de l'Europe de demain. [...]

Les chansons de geste, les cathédrales, les premières philosophies chrétiennes, si libres, si pénétrantes, si audacieuses sous leur enveloppe orthodoxe, la société en perpétuelle évolution de la féodalité et des communes, le vaste mouvement des croisades et des premières hérésies, tout cela atteste la magnificence du génie nordique qui s'est épanoui entre la Meuse et la mer, autour des vallées de la Seine et de la Loire. [...]

En dépit des vagues d'influence méditerranéenne qui dès ce temps-là se succédaient sans arrêt et qui ont fini par avoir de plus en plus d'effet, ce fond nordique n'a jamais été tout à fait caché, il a réapparu au XIX^e siècle.

Les influences anglaises et allemandes ont

alors repris de plus belle et à ciel ouvert et il en est résulté de grandes choses. Dans l'ordre spirituel, on ne peut mettre en doute que le lyrisme réveillé dans la poésie française et le goût de la couleur plus vif que jamais dans la peinture française n'aient été dus au réveil du comportement nordique dans l'âme française.

Il est à remarquer que tous les grands poètes du romantisme et du symbolisme sont du nord de la Loire, de même les meilleurs peintres romantiques et impressionnistes[15].

*Qu'elle ne se berce pas pour autant de la vaine espérance de retrouver jamais position de leader.* Dans toute fédération, il y a hégémonie, *énonce Drieu, qui précise, à l'intention des autruches :*

Seule l'Allemagne peut assumer l'hégémonie en Europe. Elle est au centre de l'Europe, sa population est double de celle de n'importe quelle autre nation européenne, homogène, elle détient et peut garder des points stratégiques de toute importance, mais surtout elle possède les plus grandes ressources d'organisation matérielle et spirituelle qu'il y ait au monde réunies dans les mêmes mains. Et c'est le plus grand prolétariat d'Europe qui détient la plus souple et la plus efficace doctrine socialiste modérée, à mi-chemin entre le capitalisme et le socialisme, c'est la solution d'aujourd'hui et de demain...

Le système économique, social et politique du fascisme, du national-socialisme est la grande invention du siècle. Elle durera et prospérera au moins autant que l'invention de la démocratie libérale et parlementaire... Le rayonnement de la méthode, voilà ce qui fait finalement la plus grande force de l'Allemagne. C'est le fait le plus fort qui nous oblige à l'allégeance. [...]

Nous ne sommes pas hypocrites, nous sommes cyniques, mais nous connaissons aussi les limites de tout cynisme. Nous savons que la force est à l'origine du droit, mais nous savons aussi que la force ne dure qu'en s'établissant en droit... Ce n'est pas un pays qui est à la merci de l'Allemagne, ce sont dix ou quinze pays. Cela fait toute la différence. Un pays, isolément vaincu par un autre pays, peut être entièrement écrasé, minutieusement réduit, anéanti, parcelle par parcelle. Et encore ! Car plus l'abus est grand, plus la résistance se fait forte... Vingt pays demanderaient, pour être tout à fait maltraités, une force qui ne se peut trouver nulle part, qui ne s'est jamais trouvée chez aucun vainqueur. [...]

Non, l'Allemagne s'est dressée seulement comme la plus criante et la plus forte victime de l'ébauche incomplète et manquée de Versailles, comme une grande nation brimée par de petites nations qui ne méritaient pas leur soudaine élévation, comme le plus nombreux prolétariat qui agonisait sous le système de mauvaise répartition entretenu par les Anglo-Saxons. [...] Victime il y a vingt ans d'une mauvaise organisation, elle ne peut qu'espérer organiser mieux.

Or, qui dit organisation dit ordre. L'ordre se fait de liberté et d'autorité sagement et savamment dosées. Cela signifie pour l'Europe de demain à la fois fédération et hiérarchie.

La fédération pure et simple faite d'une impossible égalité théorique, cela ne signifie rien. Une fédération cache toujours une hégémonie. Mais une hégémonie n'est pas un despotisme. L'hégémonie d'une nation dans une fédération de nations se tempère en se transfigurant dans la hiérarchie de ces nations, dans la gradation des obligations et des charges[16].

*Le « socialiste » Zoretti traduit en langage clair ce qu'il faut entendre par cette dernière phrase :*

L'Allemagne désire se mêler le moins possible de nos affaires intérieures; elle nous laisse parfaitement libres de choisir pour notre statut la forme qui nous convient le mieux. [...] Ce qu'elle n'accepterait pas certainement, ce serait de collaborer avec un gouvernement d'hommes de paille, les véritables chefs restant dans la coulisse, insaisissables. Elle n'accepterait pas davantage de collaborer avec un gouvernement assez faible pour ne pouvoir ni prendre des décisions ni les faire respecter. Mais à cela près, nous sommes libres, parfaitement libres. Espérons que la France ne donnera pas le spectacle d'une Nation incapable de se gouverner. Dans ce cas, le pire serait à redouter, et le pire ce serait que — la France étant indispensable au fonctionnement de l'Europe — le reste de l'Europe, c'est-à-dire, pratiquement, l'Allemagne, serait obligé d'y rétablir l'ordre, ne pouvant pas accepter que se perpétuassent l'anarchie et le gâchis d'antan[17].

*Un bon croquis valant mieux qu'un long discours, De Lesdain s'imposera, non sans contestation, on l'a vu, comme le maître d'œuvre des deux grandes expositions dites de* La France européenne *qui, en 1941 et 1942, serviront de point de ralliement aux principales manifestations publiques de la Collaboration parisienne. Le jour de la première inauguration De Brinon en expose le propos :*

L'avenir, c'est l'ordre nouveau que le Führer et Chancelier du Reich a invité le maréchal Pétain à concevoir. Telle est l'origine de cette entreprise conduite par M. Jacques de Lesdain avec une foi, une persévérance et une obstination dignes de son talent d'écrivain net, probe et courageux. Lui-même a conté récemment comment il lui a semblé qu'une leçon de choses rendue aussi attrayante que possible expliquerait mieux que n'importe quel article ce que le monde attend de nous et ce que nous pouvons lui donner. Ainsi l'Exposition de la France européenne est un acte de foi et un acte d'énergie.

Nous entendons prouver que la France est prête à fournir volontairement sa contribution au monde qui s'édifie, et nous mettons simplement sous les yeux le principal de son apport. Par une ordonnance schématique, nous engageons le visiteur à réfléchir et nous lui proposons des conclusions, certains qu'il n'en existe pas d'autres que la participation complète et loyale à la construction de l'édifice futur. [...]

En bref, messieurs, voici une réduction parlante de la France. Voici la France avec ses champs, ses pâturages, ses troupeaux, ses vergers, les fruits de sa terre et ceux de ses arbres. Voici les richesses du sol et les ressources des eaux. Voici le soleil méditerranéen et la lumière océane, l'attrait du tourisme et le prestige du luxe, l'œuvre du paysan et celle de l'ouvrier. Voici enfin une représentation de la France dans l'Europe de demain[18].

*Le lyrisme du haut fonctionnaire manque de chaleur. De dévoués porte-parole viendront à la rescousse pour trouver la formule qui frappera les esprits, comme la rédaction de* France-Europe, *étrange hebdomadaire lavalien, rédigé pour une large part par des journalistes et politiciens corses...*

N'oublions pas que le roi de Rome était le fils d'un Corse et d'une Allemande[19].

*... ou l'amplification mystique qui exhaussera le sens ultime de la Collaboration. Robert Vallery-Radot, naguère confident de Bernanos, est devenu celui de Châteaubriant, et sa fidèle caricature :*

Voici l'heure de la IIIe Europe qui s'annonce, l'Europe communautaire qui ne niera pas les patries comme l'Internationale juive, mais les accueillera toutes à la table du Graal avec leurs noms, leur vocation personnelle, leur héritage historique. [...]

Jusque-là, profanes qui se croient initiés, ils resteront sur le seuil, captifs du nombre 2, le « binaire de Méphistophélès, le contradicteur qui toujours nie », le nombre de la dualité des contraires qui se déchirent et se dévorent entre eux, le nombre de l'homme sans Dieu. [...]

Dans son refus même d'apporter aux hommes le message de lumière que son nom manifeste, Lucifer, devenu l'ange des ténèbres, accomplit sa mission contre lui-même et c'est son désespoir d'éprouver sans fin que les ombres dont il s'enveloppe dans sa haine du jour engendrent, quoi qu'il ourdisse et conçoive, la rédemption du monde. Le 2 engendrera le 3[20].

*Et il n'y a guère que les plus ingénus qui posent explicitement la question centrale des intentions non de l'Allemagne mais du Führer lui-même à l'égard de la France. Pour y répondre par un acte de foi, bien sûr, à l'instar du prosélyte Georges Claude.*

Persuadé qu'aux sommets où il a accédé, cet homme ne peut plus être touché, s'il l'a jamais été, par un surcroît de gloire militaire; mais pensant, au contraire, qu'il est une autre gloire et que cette gloire-là, que n'a pu atteindre Napoléon terrassé par Albion : celle de bienfaiteur des peuples, ce peut être la sienne, celle que, peut-être, il ambitionne, maintenant qu'il a atteint ses buts, je rêve d'un geste de lui.

Je le vois, préoccupé du rôle que cette France qui ne lui est pas indifférente, on l'a vu, pourrait jouer dans son œuvre, mais que, toute troublée par des miasmes mortels, *elle va peut-être manquer*, je le vois faire le geste qui, d'un coup, abattrait nos méfiances et dissiperait ces miasmes...

Mais je m'arrête, effrayé de ma propre pensée[21]...

NOUVEL ÉTAT

*Naïfs ou calculateurs, ci-devant convertis ou fascistes de longue date, les politiques de la Zone nord ne se satisfont pas longtemps des demi-mesures coiffées du vocable ambigu de « Révolution nationale ». Dès les premiers jours la crainte que le régime en gestation retombe dans les ornières légalistes du précédent suscite les protestations vigoureuses des pionniers parisiens, inspirés directement par un Abetz encore méfiant à l'égard de Laval :*

Une Constitution ? Bien sûr. Mais plus tard. Et pas faite par eux ! [...] Il faut que des hommes nouveaux s'affirment. [...] Ces conditions ne sont pas immédiatement réalisables ? J'en tombe d'accord. Mais qui nous presse de décider ? Et ne peut-on se passer de Constitution ? L'Allemagne en a-t-elle une ? Non ! Elle attend encore. Ses dirigeants estiment que la période d'évolution n'est pas terminée : la phase de cristallisation est encore loin... Quand Richelieu dirigeait la France — et la France faisait alors la loi au Continent — il n'y avait pas, chez nous, de Constitution !

Alors, voudra-t-on comprendre, à Vichy et ailleurs, qu'il ne faudrait pas continuer à se f... du peuple et que notre patience a des limites[22] ?

*Si le classique débat république-monarchie figure lui aussi, en règle générale, au rayon des vieilles lunes, la gauche collaborationniste, toujours soucieuse de damer le pion aux héritiers de Maurras, ne manque par contre aucune occasion d'affirmer sur ce point symbolique son originalité. Quand Mussolini, libéré par*

*Skorzeny, prend à Vérone la tête d'une République sociale italienne, Déat croira apercevoir derrière cette dernière équipée une signification des plus profondes.*

C'est ainsi que l'Italie devient une République fasciste. Nous saluons cette alliance de mots, non pas comme une nouveauté, mais comme la consécration solennelle d'une évidence depuis longtemps proclamée par nous. [...] Un chef à la fois élu et coopté, issu du parti et agréé par le peuple, sans solution de continuité ni crises de succession. Des représentants exprimant les intérêts vrais des provinces et des métiers. Un parti fortement hiérarchisé, mais se renouvelant constamment par les apports populaires, enraciné dans la race et dans le sol, mais tendu vers les hauteurs. Des émulations multiples et fort nécessaires, mais n'allant jamais jusqu'aux rivalités sauvages, donnant de l'élasticité à l'édifice sans jamais l'ébranler. Voilà un ordre vivant. Fasciste si l'on veut et républicain tout autant. Je suis prêt à saluer cette République française[23].

*L'essentiel, chacun le sait, est cependant ailleurs. Dans le parti unique, d'abord. Là encore, Déat s'illustre, et dans* L'Œuvre *ne consacre pas moins de quarante articles pour le seul été 1942 à ce sujet :*

On nous dira : « Vous voulez créer un

Ordre ? » Ma foi, le mot ne nous fait pas peur. Si du moins on l'entend comme l'acceptation volontaire d'une règle stricte, pour une grande tâche à laquelle on est résolu à se dévouer. [...] Le défrichement social et juridique, en cette jungle que nous a faite le libéralisme, est comparable à celui qu'opérèrent à grand effort les moines du Moyen Âge. Et c'est pourquoi, d'une manière inattendue et pittoresque, mais nullement paradoxale, Georges Albertini a trouvé le moyen de faire applaudir par les délégués du R.N.P. la mémoire de saint Bernard[24].

*Il n'est pas de groupuscule trop petit ni de mouvement trop périphérique pour ne pas s'essayer, avec plus ou moins d'adresse, à cette rhétorique. Un ultra du séparatisme breton proposera ainsi aux « sturiens » (sympathisants de la revue* Stur*) le code de leur chevalerie future :*

Avez-vous mauvaise presse ? Avant de vous condamner, je veux savoir ce qu'on vous reproche. Ce sont peut-être vos plus fortes qualités. [...]

Si, ayant le cœur solide, vous reculez par lâcheté devant un bain froid, si vous ne vous rasez pas par paresse, vous n'êtes pas un sturien. [...]

Si vous mangez ce qui convient à votre organisme, en évitant les nourritures qui usent ou surchargent, les boissons qui créent des accidents ou sont susceptibles de nuire aux enfants que vous ferez, vous êtes, en cela, sturien. [...]

Je veux savoir, en outre, comment vous vous amusez. Votre jeu, en lui, m'indiffère. Ce qui compte : en sortez-vous détendu, heureux, plus apte à l'effort? [...]

Je ne dénombrerai pas vos relations féminines, je regarderai seulement si vous êtes au pouvoir d'une femme ou à la merci des femmes, car alors vous n'êtes pas sturien. [...]

Soyez « l'homme de belle venue, celui qui est taillé en plein bois, en bois dur, de fibre délicate et parfumée » dont Nietzsche disait qu'il lui faisait du bien au cœur. [...]

Je vous demande de vivre difficilement[25].

*Quand le vieux wagnérien Dujardin, parachevant son évolution tétralogique, fait paraître son* Essai sur la formation et le développement des sociétés et l'exercice du commandement, De l'ancêtre mythique au chef moderne, *Déat pourra y puiser la justification historique qui lui permette de replacer sa vision du monde dans une continuité française réconciliant les deux anciens régimes.*

Le pouvoir du mythe est absolu et ne tolère pas de dissidence, ne supporte pas d'impensables hérésies, parce qu'il traduit la nécessité totale de la vie commune. Le chef, par conséquent, qui est l'expression vivante de cette autorité, laquelle est une nécessité de nature, dispose d'un pouvoir total. Tout pouvoir est total, en ce qu'il exprime le besoin d'être ensemble, le besoin de durer, qui est de l'essence du groupe.

M. Dujardin n'hésite pas à dire que *la fonction du Parti unique* a toujours été remplie, d'une manière ou d'une autre, soit par telle catégorie sociale ou telle caste, soit par l'armée, soit par la hiérarchie sacerdotale. C'est ainsi, affirme-t-il, que l'Église, au Moyen Âge, a bel et bien joué dans la Chrétienté le rôle du Parti... Il ne serait pas difficile de cataloguer les tentatives plus ou moins conscientes auxquelles l'histoire a procédé aux diverses époques, qu'il s'agisse des trois états et des corps constitués de l'ancienne monarchie française, de l'armée et de l'administration napoléonienne, des Jacobins pendant la Révolution, de la bourgeoisie organisée dans la Garde nationale sous Louis-Philippe, et dans une certaine mesure des partis politiques gouvernementaux sous la troisième République, étayés par l'École pour l'idéologie, voire par la Franc-maçonnerie[26].

*Luchaire, peu idéologue, a, pour arriver aux mêmes conclusions, des arguments plus brutaux :*

Depuis le 29 avril 1943, notre pays est devenu

l'associé des puissances de l'Axe. Il importe donc, selon l'avertissement lancé le 30 avril, que sa Révolution nationale, tout en respectant autant que possible les manières françaises de vivre, de sentir et de penser, se développe en conformité avec les caractéristiques fondamentales communes aux régimes totalitaires divers des puissances européennes composant cet Axe.

Quelles sont ces caractéristiques fondamentales ? La première, c'est — le mot ne peut qu'être répété — le totalitarisme politique. En Allemagne et en Espagne, il n'existe qu'un seul parti. [...] À dater de maintenant, la certitude nous est donnée que la politique extérieure de M. Pierre Laval ne sera pas couronnée d'un succès suffisant tant que, sur le plan intérieur, une formule totalitaire de parti unique n'aura pas été trouvée et appliquée. Que cela se réalise sous la forme « parti » ou sous la forme « milice » est chose secondaire. [...] Qu'on ne se fasse aucune illusion à ce sujet : l'heure approche où il y aura deux catégories de Français : ceux qui feront partie de l'unité gouvernementale, et qui seront les seuls citoyens de demain — et ceux qui auront voulu demeurer à l'écart de cette unité, pour quelque motif que ce soit, et qui seront en quelque sorte des « hors-la-loi » dans leur propre pays, des émigrés demeurés sur leur sol natal[27].

*Pour les plus lucides le parti unique ne pourrait s'assurer des bases solides qu'en s'articulant résolument sur une jeunesse elle aussi unique, et militarisée, vivier de la société autoritaire et hiérarchisée des temps à venir. Chantre de la jeunesse, Brasillach ne manque pas d'insister sur ce point :*

S'il y a un devoir important pour l'État, c'est d'arracher aux familles les enfants pervertis. [...] La surveillance des familles dépasse assurément le cadre des institutions actuelles, elle est pourtant l'essentiel dans un régime nouveau. Ni le fascisme italien, ni le national-socialisme allemand n'ont beaucoup compté sur la conversion des générations pourries, hormis naturellement les plus honorables exceptions. Ils ont pris l'enfant à dix ans, et ils lui ont donné une âme et un corps. Nous réclamons une âme et un corps pour la jeunesse française[28].

*C'est en revanche avec une certaine surprise qu'on trouve sous la signature de l'ex-démocrate Zoretti l'exaltation de l'élément complémentaire qui donne en fait à tout l'édifice sa cohérence, le* Führer-prinzip *:*

Le mécanisme indiqué par Hitler semble bien le plus rationnel, le plus idoine. Le peuple est d'accord, ou il n'est pas d'accord, et il doit avoir la possibilité de le dire. Mais ce n'est pas le peuple qui peut diriger, qui peut entrer dans les détails d'application, prendre des initiatives, et ce ne sont pas davantage des représentants de ce peuple nommés à cette fin. Peut-être finira-t-on par comprendre que le principe allemand appliqué dans le national-socialisme n'est pas ce que de vieilles habitudes d'esprit nous y font voir : il n'est pas la dictature brutale ni d'un homme, ni d'un groupe d'hommes sans contact avec le peuple, subis par celui-ci. [...] Le principe du Führer tient en ceci que le peuple a besoin d'être guidé et qu'il lui faut des guides sûrs qu'il pourra suivre avec confiance, avec fidélité, jamais aveuglément. Ce principe est plus profondément démocratique que le truquage parlementaire qui annihile pendant quatre ans la volonté de l'électeur en permettant à l'élu de se livrer à toutes les facéties qu'il lui plaira.

Telle est selon nous la base principielle sur laquelle devra s'établir le nouveau régime du pays[29].

*Reste à qualifier un tel régime. Les mussoliniens de longue date, maurrassiens ou francistes restent longtemps fidèles au terme original de « fascisme ». Ceux d'entre eux qui passent avec armes et bagages de la vieille solidarité latine à la fière croisade nordique, et tous les autres, qui n'ont pas de ces attachements sentimentaux, choisissent sans trop d'hésitation le vocable « national-socialisme ». Aucun, par contre, ne récuse l'épithète de « totalitaire ». Saisissant le mot au vol, le philosophe Déat est là encore une fois pour jouer avec lui et se l'apprivoiser.*

Un régime totalitaire est un régime qui remet ensemble ce qui était séparé. Qui ne tolère plus que l'économie échappe aux prises de l'État. Qui n'accepte plus que le social soit traité comme un passe-temps charitable. [...]

C'est vrai pour la communauté, c'est vrai pour l'individu. Que devient-il, cet individu sur lequel nos penseurs attardés se penchent avec une tendresse douloureuse ? Il devient une personne. Le mot dit bien ce qu'il veut dire, et toutes les réflexions qu'ont faites là-dessus les jeunes promoteurs du « personnalisme » n'ont nullement été vaines ni à contretemps. [...]

En régime libéral il fallait être révolté et quelque peu anarchiste pour atteindre à la personne. Et cela ne réussissait qu'à une faible minorité. En régime totalitaire la voie est ouverte à tous. Par un renversement singulier, c'est l'État autoritaire, c'est le socialisme corporatif, c'est l'économie dirigée qui émancipent la masse et lui désapprennent d'être un troupeau. Alors que tous les discours, autrefois, étaient une exhortation à l'individu, mais sans aucun effet, ces pauvres atomes étant brassés comme grains de sable, les très gros évitant seuls le passage à travers le crible démocratique. J'ai dit, et

je reprends ma formule, que le régime totalitaire était la civilisation de l'« homme total ».
[...]

C'est pourquoi la civilisation totalitaire, qui sera demain celle de l'Europe, signifiera un nouvel Humanisme, non pas abstrait cette fois, mais solidement appuyé sur le sol des patries[30].

NOUVEAU SOCIALISME

*La définition du nouveau régime comme socialiste n'est pas moins acrobatique. L'extrême droite parisienne s'y convertit tout aussi résolument que celle de Vichy, déjà embarrassée d'une « Révolution nationale » mal assimilée, s'y déclare opposée. Mais chacun voit le socialisme à sa porte. Les mystiques, avec Châteaubriant, siègent à l'empyrée :*

Si la construction de la nouvelle Europe ne doit tenir compte que de la réalité des faits économiques et être édifiée sur une *collaboration* pour le bien-être de tous, il est cependant possible d'établir, entre hommes qui vivent les problèmes, un plan qui, en cinq ans, réalisera un ensemble de progrès techniques et sociaux infiniment plus *considérables* que ceux réalisés depuis cent ans de capitalisme...

Il ne s'agit plus, dans la société à la création de laquelle nous sommes invités à collaborer, de procéder à la grande distribution du bonheur. Nous savons ce qu'en vaut l'aune, de cette distribution ! Mais de régler les *disciplines du bonheur*[31].

*Les faiseurs de système en profitent au contraire pour y couler leurs plans technocratiques sans cesse médités. L'industriel Eugène Schueller voit ainsi* Le Bonheur du peuple *:*

La révolution morale commencera par une révolution matérielle.

Vivre, c'est quatre choses : se nourrir, se loger, se vêtir, se distraire.

Cela représente :

— 3 000 calories de nourriture par jour ;
— 20 mètres carrés de bon logement par an ;
— 20 mètres de bonne étoffe ;
— 3 paires de chaussures ;
— 1 tonne de charbon ;
— 250 kilos de grosse mécanique ;
— 10 kilos de petite mécanique.

Multiplié par 42 millions, voilà le programme national. Au taux de 1939, cela représente 36 000 francs par Français. *Le bonheur, c'est donc de tripler les salaires* à la condition de commencer par tripler la production. [...]

IL FAUT DES CHEFS.

*Un élu est toujours un flagorneur.*

*Un choisi est toujours un conformiste.*

Il faut que le monde économique soit organisé pour que les vrais chefs parviennent tout seuls au commandement des entreprises comme un coureur à pied arrive tout seul, le premier. Mais il faut exiger que chacun fasse passer l'intérêt général avant l'intérêt particulier.

Nous ne cherchons pas à construire un monde égalitaire, au contraire. L'égoïsme humain restera encore pendant des siècles le facteur essentiel du progrès. Mais nous voulons simplement que l'égoïsme ne puisse s'étaler qu'après avoir servi le bien commun. [...]

*Vivre c'est lutter.*

Dès qu'un organisme vivant cesse de lutter, il cesse de vivre. Il faut donc deux choses : d'une part, des familles de quatre enfants où le père travaille, soit obligé de lutter et soit un exemple pour la famille. Il faut en plus qu'un certain nombre d'hommes, renonçant pour eux-mêmes à la vie douce, acceptent une vie dure. Il faut qu'il se forme en France une sorte d'ordre analogue aux ordres religieux d'autrefois, une véritable chevalerie d'hommes, de renonceurs, de gens faisant une sorte de vœu de pauvreté pour eux-mêmes, se donnant pour mission le culte de l'idéal et le maintien de sa prédominance dans la masse des hommes heureux[32].

*Les enfants de Maurras se rallient en fait à une sorte de populisme, justificateur d'une sévère économie dirigée :*

Si la France ne s'impose pas les plus dures disciplines pour reconstituer sur des bases rentables son industrie désormais anachronique par rapport aux industries perfectionnées des grandes puissances belligérantes, elle sera totalement ruinée. [...] L'économie dirigée implique des disciplines rigoureuses, des gouvernements de dictature. Les nations qui prétendraient conserver le luxe de la démagogie seraient immédiatement plongées dans des crises inextricables et mises aussitôt à la raison et à l'alignement par les peuples forts qui feront la police du monde[33].

*Spartiate, féodal : au bout du compte un tel socialisme, comme dans le cas des métaphores militaires de* La France au travail, *apparaît à beaucoup comme une simple modernisation des recettes autoritaires les mieux éprouvées. Ainsi François Gaucher voit-il dans* Combats *le* socialisme milicien.

Nous devons rester fidèles à notre jeunesse, car l'essence du socialisme reste valable et jamais l'urgence de sa réalisation n'a été aussi éclatante. Nous devons condamner avec la même force le désordre entraîné par le libéralisme économique, l'injustice engendrée par la propriété capitaliste des instruments de production... Mais nous savons que pour atteindre ces objectifs, il faut un État autoritaire appuyé sur un rassemblement d'hommes animés par le besoin de se dévouer. Nous savons qu'il faut une hiérarchie de chefs...

En un mot, nous savons qu'il faut un État, des chefs et des hommes comme en veut la Milice[34].

*Sans doute existe-t-il un argumentaire plus structuré, qui s'attache à démontrer que le socialisme futur s'abreuvera aux sources les plus authentiquement françaises :*

Deux grands courants d'idées fausses ont parcouru le monde et, bien que différents, se sont rejoints dans une forme d'obsessions mentales, préjudiciables au grand équilibre d'Occident. L'un fut la lutte de classes de Marx, à la fois moyen et objectif braqué au cœur de la société ; l'autre, la libido de Freud, qui prétendait ramener la vie entière, consciente et subconsciente, au problème du sexe. [...]

C'est cette ombre profonde, toute peuplée du cauchemar hébraïque, c'est la résonance pathétiquement évoquée à tout propos et hors de propos du jardin des Oliviers, c'est la spéculation savante et talmudique de l'émotivité qui ont porté si faussement, si massivement sur le socialisme et qui furent la raison profonde de ses échecs successifs...

C'est Richard Wagner qui eut raison. C'est la métaphysique occidentale qui devait l'emporter sur la maladive psychopathie hébraïque. [...]

Saint-Simon, Fourier et son phalanstère idéaliste, Proudhon corrigeant les épreuves dans le trou noir de l'imprimerie qui le faisait vivre, usant ses yeux de chercheur sur les manuscrits et les livres poussiéreux et préparant les voies d'affranchissement de l'avenir ; Adrien Toussenel, Georges Sorel, décomposant la machinerie marxiste et montrant au prolétariat les vrais postulats de ses droits et de ses devoirs, élaborant les bases d'un syndicalisme puissant et rénovateur ; Lucien Deslinière, élevé au milieu de la vaillante population ouvrière de Montluçon, pourquoi faut-il que les travailleurs français vous aient abandonné[35] ?...

*Mais de telles prémisses n'aboutissent généralement qu'à l'exaltation d'un* socialisme aryen *de coloration singulièrement germanique, comme dans cette brochure illustrée anonyme :*

LEQUEL CHOISISSEZ-VOUS ?

— Le XIX^e^ siècle, siècle de l'industrialisation à outrance de l'Occident européen, a apporté avec lui (cheminées d'usines)

— un cortège de REVENDICATIONS sociales légitimées par l'état de misère où le capitalisme maintenait les travailleurs (ouvrier à sa machine).

— De cette époque date le SOCIALISME FRANÇAIS. Des philosophes, des théoriciens comme Proudhon, Saint-Simon, Sorel, Fourier, Blanqui, Cabet, Jaurès, venus de tous les points de l'horizon politique, nationalistes et libéraux, comprenaient les contradictions que renfermait en lui le régime capitaliste et envisageaient les solutions qui pouvaient être apportées aux problèmes nouveaux (six portraits : Saint-Simon, Louis Blanc, Auguste Blanqui, Proudhon, Georges Sorel, Jean Jaurès).

— Le Mouvement socialiste et national prolongé et répercuté en Allemagne, en Italie, en Espagne... et dans tous les pays de la révolution du XX$^{e}$ siècle (atelier dans une usine allemande)

— est donc essentiellement français à l'origine — et essentiellement ARYEN (logements pimpants et joyeuse famille « aryenne »)

— mais, si le socialisme est ARYEN, le bolchevisme, lui, est essentiellement JUIF,

— cauchemar malsain du bourgeois juif Karl Marx (portrait dudit)

— porté à travers le monde contemporain par des JUIFS (portraits de Trotski, Béla Kun, Ilya Ehrenburg, Karl Radek, Léon Blum).

— Sous couvert de démocratie et de socialisme scientifique, le bolchevisme a pris le caractère odieux d'une tentative universelle d'hégémonie de la race juive (un ghetto ; un charnier).

— La victoire des armées européennes signifiera la VICTOIRE DU SOCIALISME contre le bolchevisme et contre l'exploitation capitaliste (gerbe de basketteurs « aryens », poitrine nue)[36].

*Ou encore sous la plume d'un Marquès-Rivière, selon lequel l'ouvrier allemand* sait que le National-Socialisme ne la trahira [la classe ouvrière] ni ne la décevra jamais comme l'ont fait les successeurs de Bebel en 1918. [...] Cette participation intime à la vie de la Nation allemande des masses ouvrières se traduit par des faits qui donnent toute confiance aux travailleurs. Il n'y a pas d'opposition de classes, il n'y a pas de postes réservés aux enfants riches qui ont pu suivre de coûteuses études comme cela se voit normalement dans les pays dits démocratiques. Des ouvriers participent à la vie publique du IIIe Reich, ils la dirigent même. [...]

Voilà la vraie participation de la classe ouvrière dans l'activité générale d'une nation ; ce ne sont plus des mots mais des faits. Quel était, chez nous, le préfet ou même le sous-préfet qui fût un ouvrier d'usine ?... Les hommes n'étaient pas jugés selon leur valeur ou leur dynamisme social, mais selon lcur mémoire et la bonne répétition des leçons apprises dans le cours de l'année. Tout cela maintenait, et maintient encore, un esprit de classe détestable qui arrête toute possibilité de compréhension et de collaboration.

*Zoretti résume à son accoutumée la philosophie d'une histoire qui prend maintenant son sens :*

Il a fallu la révolution de 33 et le triomphe du national-socialisme pour que tout changeât d'aspect. Le caractère de ce mouvement a été méconnu chez nous. [...]

Il est bien clair aujourd'hui que, financé par les forces capitalistes, ce mouvement a rompu tout contact avec le capitalisme et qu'il se dresse pour l'Europe comme la seule force anticapitaliste authentique. Si cette explication est exacte — et je crois bien qu'elle l'est — notre devoir est tout tracé ; il est clair et il est simple. Le national-socialisme est d'abord un ciment européen, et c'est ensuite un levier révolutionnaire. Il nous est dès lors loisible d'inscrire la France dans le grand tourbillon. Pas un révolutionnaire ne boudera à cette tâche... Alors tout paraît clair et notre synthèse devient plus facile. La guerre de 39-40 aura été la deuxième étape de la révolution mondiale commencée le 2 août 1914. Les deux guerres auront été deux spasmes particulièrement violents entre lesquels s'intercalent un certain nombre de spasmes secondaires. Toutes ces idées ne sont pas pour nous effrayer, encore moins pour nous désoler. L'important est de les asseoir solidement sur les faits et non pas seulement sur des approximations ou sur de simples désirs[38].

## NOUVELLE ÉTHIQUE

*Le thème de la réforme de l'État était l'un des plus convenus de l'avant-guerre; celui du socialisme national révèle déjà quelques flottements; plus rares et franchement lacunaires sont les exposés conscients qui s'essaient à définir les grandes valeurs fondatrices de ce monde nouveau.*

*Maurice Gaït, jeune intellectuel de sympathies fascistes qui sera le dernier commissaire général à la Jeunesse de Vichy, en affirmant en 1941 que* La révolution n'est pas faite, *interprète à sa façon la dialectique de l'économique et du culturel.*

L'époque actuelle est dominée par deux traits irrécusables : l'extension indéfinie du machinisme, dans l'ordre matériel, le prestige croissant du mythe dans l'ordre intellectuel et sentimental. Ce sont là des faits qu'il serait vain de vouloir négliger, encore plus abolir.

Invoquer les prétendus ravages de la machine pour souhaiter le retour à un Moyen Âge de chromo est une double ineptie... Quant à la sensibilité des foules, il n'est pas douteux que des représentations obscures l'agitent aujourd'hui — et d'autant plus puissantes qu'elles sont plus obscures — leur fièvre parfois tragique appelle un interprète et, s'il se peut, un guide — qui sache comprendre leurs intuitions mieux qu'elles ne font elles-mêmes, formuler des sentiments plutôt que les créer, amener au niveau de la conscience des tendances quasi organiques inhabiles à s'exprimer.

De ce double élément qu'apportent l'ordre industriel et la psychologie populaire, devra s'inspirer toute philosophie des temps nouveaux[39].

*En fait de mythe, la référence au Moyen Âge, jeunesse de l'Occident, joue, on l'a pressenti, un rôle unificateur essentiel, en particulier chez Drieu ou ses épigones :*

L'épanouissement total du Moyen Âge, tant dans les arts que dans la pensée, tient à ce que cette époque toute vibrante de jeunesse, et partant débordante de force physique, fut une époque de plein équilibre entre l'âme et le corps. [...] C'est la Renaissance qui porte les premiers coups; et le mal se développera tout seul jusqu'aux dérèglements complets du XIXe siècle. [...]

C'est alors qu'un mouvement qui allait bientôt ébranler le monde consentit à se faire sentir, dirigé par les jeunes générations du XX^e^ siècle. [...] Une synthèse s'opéra parmi les innombrables doctrines, l'âme et le corps se rejoignaient, et, par leur double restauration, le XX^e^ siècle s'annonce comme un nouvel épanouissement de la pensée humaine, comme un nouveau Moyen Âge. [...] La révolution fasciste du XX^e^ siècle, brisant les anciennes notions comme des coquilles de noix, a fait de leurs systèmes étriqués et mesquins de grands principes et de grandes choses, car elle s'inscrit dans les faits. L'homme du XX^e^ siècle ne veut plus de mots, d'idées, ni de doctrines ; il lui faut des faits, il lui faut des réalisations[40].

*Un Moyen Âge où, cependant, le christianisme ne serait plus moteur mais moyen au service des nouvelles exigences, européennes et totalitaires. L'agnostique Rebatet l'énonce avec vigueur :*

Il n'est pas de conducteur de peuples, en Occident, qui puisse rejeter du premier mouvement l'immense force, frein et moteur, que fut le christianisme, qui ne songe à canaliser cette force, à la faire servir civiquement.

Mais si les Églises persistent à trahir la société, il est fatal que les États se substituent de plus en plus largement à elles, et qu'ils prêtent leur assistance à un réformateur[41].

*C'est que la morale à venir ne peut, au bout du compte, qu'évacuer les* a priori *des religions de salut, pour retrouver cette réalité vitale, incarnée, chère à Drieu :*

Le mal est dans l'oubli du corps. Oui, en France, l'homme a lentement oublié son corps. La civilisation française a cessé d'être fondée sur le sens du corps. [...] Quand on pense à Baudelaire et Zola sans chemise, on trouve soudain à l'horrible notion chrétienne du péché sa raison d'être (à supposer qu'on ne lui en ait pas déjà trouvé d'autres plus profondes). Ces libidineux exaspérés et toussoteurs, c'étaient les enfants exaspérés du rationalisme, de l'intellectualisme. [...] Les écrivains du XIX^e^ siècle ont décrit un type d'homme monstrueux, atrocement coupé de l'animalité, de la nature, tarissant donc les sources ou les appuis de l'âme. [...]

Les historiens nous recommencent cinquante fois l'histoire de Napoléon, mais ne songent jamais à nous écrire une histoire des Mœurs, par exemple une histoire de la naissance des Jeux et des Exercices du XIX^e^ siècle[42].

*Un vitalisme qui fonde à son tour, et c'est là l'essentiel, l'inégalité des individus... — Drieu :*

L'égalité ne fut jamais de ce monde, mais la

vie sort de l'inégalité. L'intelligence du plus fort est la seule justice connue.

Le plus fort a choisi d'être fort, le plus faible a choisi d'être faible. Celui-ci peut aussi établir la justice, la justesse de l'intelligence en produisant les vertus de la faiblesse, les vertus qui sont appelées dans le plus faible par la justice du plus fort[43].

*... et qu'il est aisé d'étendre aux collectivités — Augier :*

Qu'est-ce que la Grèce ? Rien ! Un petit morceau de terre stérile, auquel s'accroche une conception sociale qui a vécu. [...] Que l'Italie veuille se servir de la Grèce pour un nouveau bond en avant vers les positions impériales britanniques, c'est aussi évident. Mais au-dessus de ces raisons immédiates apparaît la poigne terrible des temps prodigieux que nous allons vivre.

La Grèce n'a plus aucun droit à l'existence, parce qu'elle a placé toutes ses raisons de vivre dans l'intérêt individuel, dans le temps où le monde s'oriente vers la dictature de l'intérêt collectif. Il était donc normal qu'elle subordonnât sa politique à celle du représentant le plus qualifié du capitalisme et du profit individuel : l'Angleterre. [...]

La Grèce sera donc balayée de la carte parce

qu'il n'y a plus de place sur la carte pour des États qui ne représentent qu'une petite coalition d'intérêts privés [...][44].

*Quelques chevau-légers caracolent encore un peu plus loin. Un jeune fasciste qui, dans les derniers jours de la guerre, ira chercher la mort en Allemagne sous l'uniforme des troupes françaises de Leclerc, Jean Turlais, fait sonner bien haut en 1942 l'imprescriptible droit des forts :*

La liberté sous ses formes les plus hautes ne peut être, par nature, que réservée aux individus les plus forts et les plus sensibles, marqués pour elle dès leur naissance à la vie. C'est une investiture; elle oblige à l'éminence. Valable pour les seigneurs, elle écrase les faibles et les rend fous.

Certes il existe pour les petits et les faibles des vacances* à leur mesure. Leurs liens peuvent être desserrés sur tel ou tel point sans dommage. Seule, la liberté totale doit rester le privilège de quelques-uns. La liberté partielle échelonne ses degrés parallèlement à ceux de la force. À chacun sa liberté, plus ou moins grande. L'erreur et le crime furent de croire qu'Antigone et la dernière de ses filles de cui-

* Pour Turlais liberté = repos; repos = « le silence enfin des obligations et des règles ».

sine ont besoin et peuvent profiter des mêmes vacances...

Ce n'est pas le mot de liberté qu'il faut condamner, c'est son accouplement avec le mot obscène d'égalité[45].

*Tout aussi rhétorique mais moins ingénu, un Abel Bonnard peut multiplier sans fin, dans ses* Pensées dans l'action, *les variations sur la notion qui rend compte en dernière instance de toutes les autres, l'Ordre :*

Ce que nous appelons l'Ordre, c'est, avant tout, la rentrée du peuple dans la société. Le monde bourgeois avait remplacé les rapports par des distances; nous remplacerons les distances par des rapports. Nous remplacerons la société de l'anonymat par celle de la présence, et les potentats abstraits des conseils d'administration par des chefs à la fois supérieurs et proches, visibles à tous ceux qu'ils commanderont. Nous vivrons dans une organisation de hiérarchie, animés par un esprit de fraternité. [...] Le loisir prendra tout son éclat dans un monde qui sera celui du travail. Les démagogues ne proposaient à leurs partisans qu'un bonheur pourri, qu'un paradis de la fainéantise, irréalisable d'ailleurs, et qui, s'il eût pu exister, aurait dégoûté des hommes de cœur[46].

*Cette conclusion prosaïque renvoie aux traumatismes du Front populaire; elle illustre assez bien l'irrésistible mouvement qui conduit les réformateurs nordistes, saisis de préoccupations morales, à régler d'abord un certain nombre de vieux comptes avec les institutions culturelles de l'ancien régime. L'école, pour l'autodidacte Doriot...*

La France est en proie à une véritable crise de l'élite, parce qu'elle ne sait pas recruter, ni former ses élites.

Les universités ne recrutent pas leurs élèves parmi les plus doués, les plus courageux, les plus méritants.

Pas plus que leurs éducateurs, d'ailleurs.

Au lieu de rechercher les hommes de caractère et de mérite, la courtisanerie politique a été la grande pourvoyeuse de chaires universitaires et des cadres de l'instruction secondaire et primaire.

Au lieu de trouver les sujets d'élite dans les grandes écoles, c'est la situation des parents qui a été déterminante pour désigner les élèves. [...]

Il est symbolique qu'aucun des maîtres actuels de l'Europe ne soit le produit de cette éducation.

Par contre, presque tous nos politiques en étaient imprégnés...

Et la résistance actuelle d'une partie du corps enseignant et d'une fraction de leurs élèves n'est que le symbole d'un régime agonisant qui ne veut pas disparaître. [...]

Pour mettre fin à la crise de l'élite, il faut :

Épurer les cadres;

Rééduquer la grande masse des éducateurs;

Sélectionner les élèves selon d'autres principes que ceux actuellement en vigueur;

Refondre notre enseignement[47].

... *l'idéologie progressiste que l'institution scolaire a jusqu'alors véhiculée, pour l'écrivain Robert Francis :*

1° Réaliser au plus vite l'opération révolutionnaire de simple police qui consiste à déceler les agents principaux de la franc-maçonnerie et à les mettre hors d'état de nuire. [...]

2° Porter l'effort principal immédiat sur la réforme de l'enseignement en déclarant d'abord hors la loi, comme contraire au développement légitime de l'intelligence humaine, tout enseignement qui s'inscrit directement contre elle en prétendant qu'une « phase supérieure de la société » peut être atteinte, non par un effort personnel de tout l'être, mais par la simple soumission à cette *force sociale inconnue qui est au fond des choses.* Poursuivre ensuite cette réforme de l'enseignement en supprimant toutes les conditions favorables au développement de la libre pensée : simplifier les programmes, réduire la part des sciences mathématiques et expérimentales dans l'enseignement général, augmenter celle de toutes les disciplines qui font appel au jugement personnel des enfants.

3° Faire appel d'une part aux familles spirituelles — religions, traditions, qui donnent aux esprits le sens d'une grandeur qui les dépasse et qui réclame cependant leurs efforts et leurs œuvres —, d'autre part, restituer aux individus le secours efficace de leurs appuis naturels qui leur donnent, plus puissamment peut-être que l'*instruction* proprement dite, le sens de la vie : familles, métiers, nation[48]...

*Au stade de la famille, justement, la femme émancipée est de la même façon vouée aux gémonies, si l'on se réfère du moins à Mme Gabriële Castelot, inspiratrice de Châteaubriant, qui ne consacrera pas moins de neuf conférences à* l'éducation sociale et familiale de la nouvelle Allemagne. *Elle évoque* les volontés directrices de la Ligue des femmes national-socialistes *:*

Première ordonnance : la femme sera belle, saine, forte, harmonieuse, énergique. [...] Elle sera le plus admirable possible. Elle représentera dans sa maternité, pour chacun, la vision du plus grand, du plus rayonnant avenir qu'il se peut !

Deuxième ordonnance : développer chez la

femme ses qualités de dévouement, d'oubli de soi, qui sont souvent naturelles chez elle.

La femme allemande veut être avant tout la mère — et celle de nombreux enfants[49].

*Augier, visiteur émerveillé de cette même Allemagne, ajouterait sans hésiter à la liste l'amour à la française.*

Nous avons nos qualités de finesse et de mesure, nos joies sont des essences précieuses qui brûlent dans une atmosphère raffinée. Nous prenons avec la femme des détours, des sentiers fleuris, que l'homme allemand ne sait pas tracer sur sa propre carte du Tendre. Nous sommes insidieux, compliqués et, en définitive, beaucoup plus durs, impitoyables dans les choses de l'amour.

Ce qui se passe dans ce cabaret de Leipzig est tout différent. [...] Cependant la joie de mes voisins, leur absence de retenue ne sont que l'expression d'une franchise, d'une attitude peu compliquée de gens qui abordent la vie tout de go et ne savent pas tricher avec elle. Ces flirts communautaires, ces embrassades en série rappellent ces beaux fruits luisants et sains qu'aucun ver n'a rongés. Oui, ils ont une belle attitude devant la vie, les innombrables voitures d'enfant qui roulent sur les trottoirs des grandes villes en témoignent.

Nul ne donnera jamais la preuve du mal que

l'hypocrisie bourgeoise complétée par le flirt anglo-saxon ont fait à notre pays[50].

*Comme il faut bien quelques idéologues de profession pour mettre toutes ces aspirations plus ou moins confuses en perspective, comme Châteaubriant est trop mystique, Brasillach trop politique, Drieu trop incertain de soi-même, c'est un disciple de ce dernier, ancien antifasciste converti, Armand Petitjean, qui martèle en termes définitifs les treize « principes d'un ordre occidental » dans les colonnes de la revue* Idées.

1° Nous croyons en l'Homme, en l'Occidental, au Français.

2° Les hommes de l'Occident portent en eux-mêmes la source de leur perte comme de leur salut.

3° En Occident, l'homme mène à la fois une vie intérieure et une vie publique, qui se nourrissent l'une de l'autre.

4° Dans la vie intérieure, l'Occident tend à Dieu à travers son moi — et dans sa vie publique il tend au genre humain à travers son peuple.

5° Les peuples, comme les hommes d'Occident, vivant à la fois par eux-mêmes et dans le monde, présentent un double aspect social et national.

6° Tous les peuples d'Occident ont un génie et un âge spécifiques; cependant ils sont apparentés.

7° Le génie d'un peuple dépend de son sol, de son sang et de sa structure sociale.

8° L'âge d'un peuple est la moyenne des âges de ses composantes raciales et de ses classes sociales.

9° L'âge des peuples d'Occident, les forces d'inertie qui les accablent et leur puissance de recréation augmentent d'est en ouest.

10° Il y a révolution d'Occident à chaque rupture d'équilibre entre la puissance et la conscience des hommes et des peuples.

11° Les données de la révolution du XXe siècle se présentent de façon sensiblement analogue aux peuples d'Occident.

12° L'hitlérisme, le fascisme et le phalangisme représentent les premiers essais du socialisme national européen.

13° La révolution socialiste nationale se poursuivra en Occident et fera l'Europe, ou l'Europe succombera sous l'esclavage étranger et dans sa propre anarchie[51].

## NOUVELLE ESTHÉTIQUE

*Les formes d'art que devra se donner cet Occident socialiste et national restent plus obscures encore. On comptera pour peu les textes qui se contentent d'européaniser la création sans paraître en remettre en cause les fondements traditionnels, surtout quand cette volonté d'ajuster jusque dans ses moindres détails une culture aux rapports de force internationaux conduit le responsable d'une maison de disques à écrire :*

Dans une France européenne renaissante, le disque assumera un rôle collaborationniste capital : puissant agent d'échanges artistiques, il devra faire connaître à nos compatriotes, sous son aspect le plus rayonnant, le Génie des grandes civilisations voisines. Il est plus efficace pour le bonheur de l'humanité et sa quiétude qu'un paysan français siffle, en labourant, la *Chevauchée des Walkyries*, tandis qu'un ouvrier allemand fredonne le *Boléro* de Ravel, que d'exhorter chaque individu à la justice internationale[52].

*... ou un mélomane à réclamer que sur les notes anciennes de notre hymne national la France nouvelle mette sans plus tarder des pensées nouvelles :*

Les paroles qui sont un de ses éléments essentiels limitent et restreignent le sens qui s'y attache. Chargé d'une vie intense, il a, de la vie, la puissance entraînante mais aussi l'éphémère durée. C'est l'idée de la Patrie qui l'inspire, oui sans doute, mais de la Patrie considérée sous un certain angle et à un certain moment de la durée. [...]

Du reste, avouons-le, nées sous le souffle ardent d'un patriotisme exaspéré, lorsque la

France faisait front contre les nations coalisées, les strophes de Rouget de Lisle sonnaient faux en période de relative tranquillité. Elles auraient même ressemblé à une provocation continuellement renouvelée, si l'on avait eu la naïveté ou le mauvais goût de les prendre au pied de la lettre. [...]

La musique de *La Marseillaise* est, en soi, un chef-d'œuvre dont il ne saurait être question de nous priver. Mais les paroles anachroniques de ses couplets vont exactement à l'encontre de la concorde européenne que nous cherchons à créer. Ne serait-il pas possible de changer ces paroles? Manquons-nous de poètes susceptibles de composer les deux ou trois strophes qui répondraient à nos sentiments[53]?

*Ceux qui, plus ambitieux, tenteront de passer à une définition du contenu se contentent il est vrai, pour la plupart, de chanter sans restriction les louanges de l'esthétique officielle d'outre-Rhin. D'où quelques longues théories de généralités, comme dans ce panorama de l'architecture nationale-socialiste, brossé par un journaliste de* La Gerbe *:*

Tant vaut l'architecture, tant vaut la société. Cette fois, les architectes allemands allaient être privilégiés : le Führer possède, en effet, par vocation, le goût de l'architecture. [...] Nous sommes au seuil d'une époque où les collectivités deviennent une force unanime, et cette architecture le prouve sans contredit : les grandes époques ont toujours été celles qui élevèrent des monuments mis au service de la communauté. [...]

L'Acropole, le Panthéon furent des ensembles d'édifices montrant le lien, le rapport, de l'architecture avec le peuple d'alors. Adolf Hitler mit tous ses soins à la réalisation de projets similaires, des plus grandioses. [...] Nous sommes ici devant une architecture basée sur tout un cycle d'idées fondamentales intéressant la vie profonde du peuple ; cette architecture s'adresse au peuple tout entier. En effet, elle ne s'inspire pas d'une esthétique qui serait réservée à une élite, mais elle est l'expression même de toute une race, elle demeure en harmonie avec le paysage, en harmonie avec le but de l'édifice et en relations étroites avec les chemins de la tradition et de l'ethnie[54].

*La qualité du poncif ne s'élève que pour les grandes occasions, confrontations publiques de l'art nouveau et des sensibilités énervées de notre culture décadente. Au printemps 1942 l'exposition parisienne du sculpteur officiel du Reich, l'ancien « montparno » Arno Breker, est ainsi prétexte aux hommages professionnels signés Maillol ou Despiau, en même temps qu'aux envolées lyriques des officiels sur le thème de l'art et de l'artiste héroïques et mobilisateurs qu'exige l'Europe nouvelle. Abel Bonnard, ministre de l'Éducation nationale :*

Monsieur Arno Breker, vous êtes le sculpteur des héros... Le drame où nous sommes réclame partout des héros, mais qu'est-ce qui constitue l'héroïsme ? Le don absolu de soi-même n'y suffit pas. Le héros est l'homme révélé non seulement dans sa supériorité, mais dans sa plénitude. Vous dégagez l'effort de ceux qui travaillent et de ceux qui luttent. Vous donnez aux villes ces sublimes habitants de chair. Car pendant que ceux-ci vont et viennent comme les passagers sur le pont d'un navire, les hautes statues ressemblent à la vigie debout dans la mâture et contemplant un horizon de siècles, tandis que les hommes n'existent que dans un horizon de jours[55].

*Jacques Benoist-Méchin, secrétaire d'État :*

Il va sans dire que la guerre a considérablement fécondé la puissance créatrice de Breker. De nouveaux symboles sont nés, exprimant l'attitude héroïque en face de la vie, l'esprit de camaraderie et de dévouement. Symboles dans lesquels le peuple allemand voit magnifiées ses vertus de fidélité et d'abnégation. Tous les Allemands se tiennent les mains dans cette lutte à mort, et c'est pourquoi, à côté des symboles d'héroïsme viril, nous voyons des figures de femmes, de la femme allemande qui, dans cette guerre, consacre toutes ses forces à sa patrie...

L'art de l'avenir immédiat aura de nouveau un style, puisque notre conception de la vie et du monde en a déjà acquis un.

À l'Est, et sur plusieurs points du globe, fait rage encore la lutte acharnée pour le droit à la vie de l'Allemagne nouvelle et des peuples régénérés. Et voici que déjà le maître est en train de préparer les œuvres de paix, les œuvres de culture[56].

*Ce concert aryen ne saurait plus être troublé par les dissonances judéo-bolcheviques d'un Schönberg, d'un Tzara ou d'un Picasso; quant aux classiques de ce bord-là, qu'on les mette à l'épreuve quelque temps, concède Rebatet, mais attention :*

Les Juifs, essentiellement imitateurs, ont été sans conteste de remarquables interprètes dans tous les arts, sauf le chant. Je ne verrais aucun inconvénient, pour ma part, à ce qu'un grand virtuose musical du ghetto fût autorisé à venir jouer parmi les Aryens pour leur divertissement, comme les esclaves exotiques dans la vieille Rome. Mais si ce devait être le prétexte d'un empiétement, si minime fût-il, de cette abominable espèce sur nous, je fracasserais moi-même le premier les disques de Chopin et de Mozart par les merveilleux Horowitz et Menuhin[57].

*Entre l'exécration furibonde de la culture dégénérée et l'admiration sans réserve des formes néo-germaniques, exigu est l'espace exploré par ceux qui cherchent, sans qu'on le leur demande, à donner plus de corps aux quelques aspirations vagues que chaque collaborationniste bien intentionné peut extraire des* Sept Couleurs *ou de* La Gerbe des forces. *Dans ce qu'il voudrait être une « Introduction à l'histoire de la littérature fasciste », Turlais, à la recherche de nobles racines, salue, non sans esprit de provocation, les trois écrivains les plus typiquement fascistes : Plutarque, Corneille et Stendhal.*

Rodrigue et Fabrice del Dongo marchent au-devant de la vie et de la mort avec le même enthousiasme, la même fierté neuve, la même hauteur d'âme. Ils possèdent l'un et l'autre cette grâce qui nimbe tous les héros fascistes : la jeunesse. Par eux, nous pénétrons dans le domaine merveilleux auquel le fascisme doit la plus grande part de ses philtres et de ses charmes. Nous y retrouvons côte à côte le jeune hitlérien Quex, avec sa gravité, son sourire, le timbre inoubliable de sa voix, et ces garçons avec lesquels Jules Verne nous entraînait jadis dans les fabuleuses vacances sans fin des îles désertes et des aventureux voyages.

Nous n'avons pas honte d'avouer qu'à notre goût de la révolution, le fait qu'elle ressemble beaucoup aux vacances de jadis n'est pas tout à fait étranger. [...]

Il faudrait encore parler du goût des individualités supérieures selon les *Pléiades* de Gobineau, de la *ressaisie de l'homme comme animal et comme primitif* selon D.H. Lawrence, de l'appel de la race et du sens de l'honneur national selon Péguy et Bernanos, de la virilité selon Montherlant, de la notion d'Ordre selon Maurras ; il faudrait parler de Kipling et de Machiavel, de Barrès et de Lénine, et de cent autres. Certes, notre *histoire de la littérature fasciste* serait singulièrement incohérente si nous en poursuivions le dessein. Mais c'est parce que nous croyons que le fascisme, étant de l'ordre des sentiments, n'a rien à faire avec la logique.

Il est multiple comme la vie même, et fou comme notre siècle, auquel nous ne nous serions jamais consolés de ne point naître[58].

*Ce ton ne plaît pas à tous. L'ancien secrétaire de Gide, Lucien Combelle, autre jeune fasciste mais plus directement engagé dans le combat au jour le jour comme rédacteur en chef de* La Révolution nationale, *mouchera sans aménité ces petits grimauds du national-socialisme, « révolutionnaires en velin supérieur » :*

Si les jeunes thuriféraires d'un fascisme intellectuel, si les polissons qui veulent lui donner des parrainages littéraires cherchaient à mieux connaître les réalités sociales de notre temps ; si, au lieu de relire Nietzsche en compagnie d'un Fabrice del Dongo, ils prenaient contact avec la peau et la sueur d'un ouvrier, s'ils allaient renifler l'odeur de certains taudis et de leurs eaux sales, s'ils acceptaient de mieux regarder les mains calleuses des travailleurs, s'ils cessaient une bonne fois de faire de la littérature pour se jeter dans la vie... cette synthèse qu'ils recherchent dans les tragédies de Corneille et les romans de Stendhal s'imposerait sans tarder.

Car le fascisme n'a jamais été pour nous le fruit invertébré de quelques esprits supérieurs[59].

# 6

# *Les beaux draps*

AVATARS ET POLÉMIQUES

*Les tableaux qui précèdent privilégient à dessein les éléments de continuité et de cohérence. La tendance à la concentration politique et à la condensation idéologique ne doit cependant pas faire oublier les violentes polémiques personnelles qui, jusqu'au bout, divisent la Collaboration, accusant des clivages antérieurs jusqu'à les rendre insurmontables.*

*À droite l'accord ne se fera pas entre ceux qui, étrangers à la tradition maurrassienne, se préoccupent de débarrasser leur camp de toute étiquette « réactionnaire » en insistant sur les préventions maintenues de Maurras à l'égard de l'occupant — et ceux qui, fils critiques mais nostalgiques, excipent d'une fidélité supérieure. Sordet, qui n'a rompu avec l'Action française qu'en 1940, tire en 1944 un bilan plutôt sévère du dernier Maurras.*

La démocratie est bonne fille : elle gave sa

clientèle, mais elle nourrit ses adversaires. Depuis quarante ans, M. Maurras a milité dans l'opposition, et tiré de cette situation un prestige incomparable. Contrairement à ce que sa clientèle pouvait naïvement s'imaginer, le renversement de la République et l'instauration d'un ordre qui menaçait d'être autoritaire ne lui causaient aucun plaisir. [...]

Sans doute est-ce dans *L'Action française* qu'on a lu les meilleurs articles de zone sud contre l'Angleterre et contre le terrorisme, mais ces articles ne s'intégraient jamais dans un système de vues générales qui fût clair, cohérent et avouable. Ils répandaient une odeur d'alibi, et très peu de lecteurs, à vrai dire, s'y trompaient. Quant à en tirer des conseils précis de dissidence, ce n'était pas non plus si facile : il fallait comprendre à demi-mot. Aujourd'hui, les fidèles de M. Maurras continuent d'ignorer l'Allemagne nationale-socialiste, ses vertus, son génie, son courage. Ils ne savent encore pas s'il faut souhaiter ou non la victoire de l'Allemagne[1].

*Mais Rebatet, deux ans auparavant, était allé beaucoup plus loin dans l'éreintement :*

Pour conserver son promontoire dans le ciel des principes purs, Maurras était prêt à livrer pour un temps indéfini, pour toujours même,

Paris et quarante départements français, à la condition qu'il conservât bien à lui une France d'oc, de quinze millions d'habitants, où l'on compterait vite deux et trois millions de Juifs bien nés que l'on rééduquerait par le félibrige, et la fière armée de Fort-Tarascon, où l'on mitonnerait pendant deux ou trois siècles la future guerre germano-marseillaise. [...]

Aucun régime conscient des intérêts français n'eût laissé libre ce dangereux maniaque. [...] La « Révolution nationale » ne pouvait justement se nommer « Révolution » sans dégager du même coup un relent de nazisme. On proposait Réaction, Renaissance, Restauration. Cela vous avait la jeunesse et l'opportunité d'une séance du Dictionnaire sous la Coupole. [...] Hors des colonnes plus massives que jamais de Maurras, *L'Action française* débitait une prose de bulletin paroissial.

Dans cet affreux ministère de dévots et de traîne-sabre, elle saluait son idéal politique. Elle achevait ainsi de se révéler. Elle avait pendant trente ans prêché la révolte, mobilisé le meilleur de la jeunesse française. Mais l'unique but sérieux qu'elle eût poursuivi, c'était le rétablissement dans son omnipotence de la plus écœurante bourgeoisie[2].

*L'autre partie de la droite de collaboration ne manquera pas de manifester en revanche son désaccord avec une critique qui lui paraît conduire à jeter le bébé avec l'eau du bain :*

On se rappelle le recueil charmant de souvenirs publié par Robert Brasillach sous le titre *Notre avant-guerre*; c'était œuvre d'un garçon émancipé, mais respectueux. Lucien Rebatet, lui, est un fils révolté, qui casse les vitres, en se fichant du tiers comme du quart. Les « histoires de famille », loin de les passer sous silence, il les monte en épingle et les jette en proie aux curieux. [...]

Les travers et les lacunes de Maurras et de l'Action française n'autorisent pas à ne dresser que le passif du bilan. [...] Le parti pris sordide et haineux qui, toujours, anima les dirigeants de l'Action française à l'égard de l'Allemagne est une chose; leur critique transcendante et efficace des institutions républicaines en est une autre, qu'il est impossible de minimiser. Et je dis cordialement à Lucien Rebatet que s'il est excellent que son « épopée » soit mise entre les mains de ceux qui placèrent beaucoup d'espoir en Maurras, et qui ont encore besoin d'être éclairés, il est regrettable qu'elle puisse servir d'arme aux adversaires sournois et acharnés de l'antiparlementarisme maurrassien[3].

*Au sein de la gauche, les échanges perdent peu à peu toute aménité entre ceux qui, tel Déat, poursui-*

*vront leur évolution sans barguigner jusqu'au national-socialisme intégral et ceux qui, dans un perpétuel combat d'arrière-garde, consacreront peu à peu l'essentiel de leur énergie à la défense embarrassée de quelques principes rescapés de l'ancien régime.*

*René Chateau, ancien député laïque et radical devenu l'une des illustrations du R.N.P., multiplie les réticences. La constitution de la Milice est le prétexte à la rupture définitive. Déat institue son procès public dans les colonnes de* L'Œuvre *:*

Il s'est prononcé à maintes reprises contre le Parti unique, et s'il a pris feu dès qu'il fut question des Milices, c'est encore et toujours parce qu'il a peur de l'unité. C'est donc qu'il rêve d'élections du type arrondissementier ou proportionnaliste, plutôt celui-là que celui-ci. C'est donc qu'il lui faut le régime partisan. Autrement dit le retour au parlementarisme. [...] Il veut aussi un syndicalisme, mais du type dualiste, classe ouvrière en face du patronat. Nous voulons, nous, que la rencontre se fasse autrement qu'en un dispositif de combat. [...] Dès le stade de l'entreprise, il faut que l'entreprise soit plus que la somme des intérêts. À plus forte raison quand il s'agira d'une branche d'industrie ou de l'ensemble économique national. D'où la nécessité d'un Front du travail français. De cela M. René Chateau ne veut pas. Il faudra qu'il nous donne, là encore, quelques précisions[4].

*La Ligue de la pensée française, patronnée par Chateau, ressemble par trop aux défuntes organisations laïques de la Troisième et s'attire une hostilité quasi universelle. À l'été 1943, elle vote une motion à la mode ancienne, apparemment restée inédite en son temps, qui signe l'échec de cette tentative limite : une Collaboration Troisième-République :*

Les militants syndicalistes, socialistes et républicains réunis le 3 juillet 1943, au siège de la Ligue, 5, boulevard Montmartre, ont appris avec stupeur qu'à la suite de la campagne menée par certains partis et journaux, décision avait été prise par les autorités compétentes de ne plus permettre à René Chateau de diriger politiquement *La France socialiste*, le dernier journal où, sous sa responsabilité politique, aient été défendus jusqu'à ces derniers jours les principes suivants :

Liberté de conscience, laïcité de l'État, république réelle, socialisme français, respect du syndicalisme, et tout particulièrement indépendance politique de la France dans l'Union de l'Europe.

Ils constatent que, si cette décision est maintenue, la preuve aura été donnée qu'il est désormais impossible à tout militant français de défendre librement ces principes[5].

*Chateau sera emprisonné, mais la plupart de ses*

*amis politiques, loin de prendre du champ, poursuivront et même développeront jusqu'au bout leur collaboration à la presse parisienne.*

*Ces nuances sensibles entre gauche à l'ancienne et gauche néo sont volontairement ignorées par les héritiers intransigeants de l'extrême droite d'avant guerre, qui continuent à faire preuve d'une sensibilité épidermique à l'égard de certains symboles honnis; témoins les échotiers anonymes d'*Au Pilori, *dès qu'il est question du Panthéon socialiste :*

La librairie Hachette, boulevard Saint-Germain, qui expose la série des « Vies illustres », avait placé l'indésirable Jaurès entre Charlemagne et Bugeaud, et nous estimions qu'il y avait de l'abus ! La société Hachette paraît s'être ralliée à notre avis puisque le chapeau melon de Jaurès a été remplacé par le képi à feuilles de chêne du grand Lyautey[6].

*Même réaction agressive quand il s'agit, plus généralement, de disputer à la gauche la palme de l'antériorité collaborationniste :*

M. Marcel Déat possède l'art miraculeux de nourrir des démonstrations justes par des faits qui le sont moins. Il le fait sans doute de bonne foi, ou peut-être en artiste qui fait jouer sur la vérité les ombres de l'erreur, pour mieux la mettre en relief. [...]

Hier matin, M. Déat a récidivé. Il nous convie à faire la révolution, ce qui est bien. Mais il a chu aussitôt dans le plus fâcheux travers du régime révolu en opposant la droite à quelque chose qu'il ne nomme pas et qui ne peut être que la gauche. [...]

Il se trouve que les faits, par hasard, plaident pour eux contre la thèse de M. Déat. Quels sont les partis qui ont voulu la guerre et l'ont déclarée ? Ceux qui, en 1936, se sont coalisés sous une firme commune : le Front populaire. [...] D'où venaient les hommes qui s'opposèrent à la catastrophe ? Pierre Laval était appuyé par la droite et répudié par la gauche ; P.-E. Flandin fut à la Chambre, dans tous les domaines, le seul adversaire de taille que rencontra le Front populaire. Scapini fut un des précurseurs de l'entente avec l'Allemagne...

À qui fera-t-on admettre que les partisans de la collaboration avec l'Allemagne se recrutent aujourd'hui chez ceux qui ont poussé le pays à lui faire la guerre ? À qui fera-t-on croire que les partis de droite se retrouvent mystérieusement unis sous le signe de l'anglophilie[7] ?

*Le débat le plus virulent reste cependant celui qui opposera tout au long de ces quatre années les principales formations politiques entre elles. Les francistes ou, avec plus de sérieux, les doriotistes, pourront toujours exciper de leur droit d'aînesse en fascisme et soupçonner le R.N.P. d'hypocrisie. Sans citer Déat, Doriot est, dès le début, on ne peut plus clair :*

Sous leur plume, la collaboration, au lieu d'être l'affaire de tous les Français qui ont tiré les leçons de la guerre et de la défaite et de ceux qui les avaient prévues, devient le monopole des formations de gauche, de certains de leurs chefs, voire même d'un seul.

Avec la même assurance qu'ils avaient hier pour pourfendre le fascisme, le nazisme, et dénoncer comme factieux tous ceux qui ne voyaient pas les pays totalitaires avec les mêmes yeux que Mme Geneviève Tabouis, ils dénoncent aujourd'hui la réaction. [...]

On assiste à un spectacle singulier. La franc-maçonnerie, qui est une des principales forces du gaullisme en France, s'empare de la collaboration franco-allemande comme d'un drapeau pour conserver les places. [...]

En laissant identifier la politique de collaboration franco-allemande avec certaines combinaisons intérieures louches de politiciens déçus dans leurs ambitions ministérielles, on risque de la compromettre[8].

*Comme on s'en doute, les antidoriotistes répondent sur le même ton, en rappelant avec complaisance le passé bolchevique du Grand Jacques.*

*Navrés de cette zizanie, les unitaires de la collabora-*

*tion s'ingénient à trouver à tous ces partis à vocation d'être uniques les traits de la complémentarité. Ainsi* France-Europe, *à l'occasion des deux grands congrès R.N.P. et P.P.F. de l'automne 1942 :*

Ces deux congrès, il est juste de le reconnaître, ont été également dignes; ce furent l'un et l'autre de belles manifestations politiques. Celui du R.N.P. a donné l'impression d'une force avec laquelle il faut compter. Celui du P.P.F. a été plus ample encore et plus solennel. Le premier a pris un caractère académique; l'autre s'est montré jeune, musclé et dynamique. Il n'est d'ailleurs pas question de comparer pour opposer. Au contraire, il faut faire le total de deux partis puissants qui défendent les mêmes buts, sont animés des mêmes idéaux et se complètent admirablement[9].

*À vrai dire, le jeu se joue à trois.* France-Europe *n'a garde de l'oublier, qui énonce, dans un texte plein d'ambiguïtés :*

Nous avons suivi à peu près toutes les manifestations qui se sont déroulées à Paris depuis deux ans. Nous avons entendu crier « Doriot au pouvoir ! » « Déat au pouvoir ! » « Untel au pouvoir ! » Nous avons demandé aux manifestants ce qu'ils voulaient dire et toujours la même réponse a été enregistrée. Nul ne songerait à substituer Doriot ou Déat ou X ou Y à Laval à la direction des affaires du pays. Non ! On exprimait le désir de voir adjoindre Doriot ou Déat ou tel autre à Laval, pour partager avec lui les responsabilités du pouvoir. Chaque parti a son chef. Mais tous les partis considèrent qu'ils ont un chef commun, placé au-dessus des autres : Pierre Laval. [...] Aujourd'hui Pierre Laval ne peut se reposer que sur sa police. [...] C'est beaucoup. Ce n'est pas assez. [...] Parti et police sont destinés non pas à se contrarier, mais à se compléter... Souhaitons que vienne vite le jour où M. Bousquet et le chef encore inconnu du parti unique pourront dire à Pierre Laval : « Vous faites de bonne politique extérieure. Nous ferons de bonne politique intérieure. » Alors, la position du chef du gouvernement deviendra inébranlable. Les complots s'évanouiront comme par enchantement et la presse quotidienne n'aura plus à multiplier ses conseils et ses admonestations : « Pierre, gardez-vous à droite ! Pierre, gardez-vous à gauche ! » Car Pierre sera bien gardé[10] !

*La question suprême reste donc celle du pouvoir vichyssois. Le gouvernement Laval, désormais plus soucieux d'attendre et de concéder que de prendre l'initiative, paraît trop modéré. Avec sa violence froide habituelle, Déat, toujours éloigné des allées du pouvoir, exige sans trêve :* Après Megève, fermons Vichy.

La santé morale de la France, son équilibre psychologique, sa sécurité intérieure exigent qu'on en finisse avec Vichy. [...] La France entretenant, à petits pas, avec de petites déglutitions d'eau minérale, ses insuffisances hépatiques, ce tableau quotidien est misérable. [...] Cet enracinement dans un parc thermal est le signe qu'on redoute, par-dessus tout, la vraie terre de France. Cette promenade d'égrotants entre des grilles est la preuve qu'on craint plus que la mort la proximité des foules parisiennes. [...]

Le siège de l'État peut, après tout, demeurer à Vichy. Ce ne sera qu'absurde et ridicule. Mais le siège du gouvernement a une autre importance. Là-dessus, pas de tergiversations ni d'atermoiements : c'est à Paris désormais que doivent se tenir les Conseils, que doivent être pris les décrets. [...]

Le roi règne et ne gouverne pas, disait-on autrefois. Il serait temps de revenir, toutes choses égales d'ailleurs, à ce sage précepte[11].

*Comme on le voit, le Maréchal lui-même n'est pas épargné. La crise de confiance en Vichy est totale. Dressant en janvier 1943 dans la* N.R.F. *le* Bilan *désabusé de son action, Drieu parle au conditionnel passé.*

Il aurait fallu nous sauver nous-mêmes par le travail, la discipline, l'unité. Vichy y a songé, mais Vichy a échoué.

Pour des raisons politiques établies depuis plusieurs années, le pseudo-fascisme catholique a échoué en France comme il a échoué en Autriche et ailleurs. [...] Ce n'est pas une solution que de tout faire pour éviter une solution.

Nous ne pardonnerons jamais aux hommes de Vichy — catholiques à demi masqués, démocrates mal lavés — d'avoir gâché la dernière chance de la France de se ressaisir et de se retremper, en maintenant d'abord à tout prix son unité intérieure. C'était possible, mais il fallait pour cela faire la franche révolution du socialisme viril[12].

*Drieu est quinquagénaire. L'amertume de Jean Turlais est celle des fascistes de la plus jeune génération :*

Il y a bientôt trois ans que les bien-pensants, les bons garçons, les révolutionnaires en culottes courtes (mais ils ont du poil aux jambes), avec ou sans fleur au chapeau, et puis tous ceux qui croient que la chemise fait l'homme et qui se gargarisent du mot de mystique, tous ceux qui parlent avec mépris des « écrivains décadents » sans en avoir lu dix pages — il y a bientôt trois ans que les médiocres nous compromettent. Ils ont usé, sali, ridiculisé tous nos mots, toutes nos formules, tous nos thèmes de l'avant-guerre. Alors, nous voudrions faire savoir que nous n'avons rien de commun avec eux, que notre fascisme à nous n'est pas incompatible avec la qualité, qu'il ne nous oblige pas à renier nos amours défendues, et qu'il reste celui d'hommes bien nés[13].

*C'est bien ce que pense Déat, qui aura une façon bien à lui, dans ses* Mémoires, *d'annexer* L'Être et le néant, *sorti en 1943, à son propos « européen » :*

Spengler et son désespoir historique, sa prophétie de la décadence irrémédiable avaient correspondu aux années d'affaissement de l'Allemagne. La montée victorieuse du nazisme aurait logiquement appelé des thèses conquérantes. On les trouve sans doute chez Hitler lui-même ou chez Rosenberg, mais pas chez Jaspers, plus directement relié à Kierkegaard, pas chez Heidegger, qu'on voyait revenir à l'intuition de Hölderlin, après avoir tiré les conséquences ultimes de la phénoménologie de son maître Husserl. À tout le moins, en cet abandon de l'homme, en cette déréliction pleine d'inquiétude, retrouvons-nous un des traits permanents de la conscience allemande, son goût de l'aventure vertigineuse, son amère familiarité de la catastrophe historique. Et aussi un goût tragique de l'autonomie, de la liberté, qui aurait pu s'accorder avec les ambitions nietzschéennes, qui trouvait peut-être son emploi face à la mort dans les steppes glacées et tonnantes. [...] Il était en tout cas bien symptomatique de voir le succès des formules sartriennes parmi les jeunes : par-delà les haines nationales et les fanatismes politiques, c'était le signe que des réactions communes apparentaient à travers l'Europe pantelante ce qui, parmi la génération montante, recélait probablement les chefs de file des mystérieux lendemains[14].

*Reste l'ensemble des querelles plus subtiles entre « durs » et « mous » de chaque obédience, les seconds de moins en moins persuadés de la victoire allemande sans pour autant rien renier de leurs convictions idéologiques. C'est le sens de la rupture entre Robert Brasillach, frappé à mort par la chute du fascisme mussolinien, et la grande majorité de l'équipe de* Je suis partout, *au cours de l'été 1943. À l'image de l'hebdomadaire, la Collaboration entre en serrant les poings dans l'ère du désenchantement, non plus au cri de :* Nous ne sommes pas des convertis, *mais de :* Nous ne sommes pas des dégonflés.

## L'ENFERMEMENT

*À partir de 1943 les Alliés apparaissent de plus en plus clairement avoir l'initiative des combats.*

*L'Europe entre dans la* guerre totale et radicale *célébrée par Goebbels. Le ton des collaborationnistes verse dans l'apocalypse. Châteaubriant donne le* la :

Le Führer Adolf Hitler, dans son émouvant et puissant discours, a prononcé ces paroles, qui vont au cœur de la réalité : « Chaque individu, chaque peuple, sera pesé, et ceux qui seront trouvés trop légers *disparaîtront.* [...]

Oui, la partie suprême se joue ! [...] Nous la reconnaissons ! Elle est ce fameux combat prévu depuis des siècles par les anciens mythes, ces mythes qui disent éternellement vrai, du saint Georges contre le monstre ! Les temps sont venus ; nous avons le combat sous les yeux : l'Allemagne est, aujourd'hui, ce saint Georges...

[...] Presque seule, avec sa calme figure de chevalier de Bamberg. La cause de l'homme est engagée. [...] Notre foi est entière dans nos cœurs haletants[15].

*L'un des thèmes les plus rebattus est dès lors celui du* barbare bombardement anglo-américain. *Chacun brode sur lui dans son registre propre. L'écrivain-journaliste André Salmon, jadis compagnon de route du surréalisme, historiographe de la bande à Bonnot, est depuis longtemps passé à l'extrême droite populiste. Son intervention est littéraire :*

Horrible ! Il n'y a probablement pas à chercher mieux pour qualifier l'horreur. Horrible! C'est ce qui nous monte aux lèvres, dès le réveil, quand la radio nous apprend qu'à Cologne, où sont détruites totalement trente et une églises, dont certaines illustrent mille ans d'histoire, la cathédrale par Guillaume Apollinaire contemplée « en mai, le joli mai, en barque sur le Rhin », chancelle sous les bombes jetées du ciel par des Oxoniens qui de leur grand Will ne retiennent que l'exemple spectaculaire des crimes entassés, et par ces garçons de l'Ouest pour qui le Dôme ne peut être plus imposant qu'un *building* de New York. Horrible[16]!

*Lucienne Delforge est une pianiste au talent controuvé qui s'est dès l'abord placée au premier rang des thuriféraires de la Collaboration. Elle donne le témoignage* de la femme, de la mère, de l'artiste *:*

Le crime majeur, le crime inexpiable est le crime contre l'esprit.

Ce crime, des centaines d'hommes l'ont déjà commis cent et cent fois, depuis trois longues, trois sanglantes années. Ce crime, des centaines d'autres hommes, sans doute, sont prêts à le commettre demain. Et c'est contre la préméditation de ce crime, du crime contre l'esprit, que je me révolte. [...]

J'ai compris, maintenant, pourquoi le Christ — qui n'est pas venu pour *sauver* les plus redoutables des bêtes féroces — est venu, cependant, pour *tenter* de sauver les hommes. [...]

La furieuse horreur de ces massacres, de ces ruines, nous la subirons, peut-être, à notre tour, demain... Si Dieu consent qu'il en soit ainsi, nous acceptons le crime injustifiable, le crime *incompréhensible.* Mais, avant de franchir « la porte qui mène à des soleils meilleurs », j'aurai dit du moins ce que ma conscience de femme, de mère, d'artiste me commandait de dire publiquement : que la malédiction des artistes dépossédés, que la malédiction des femmes crucifiées, que la malédiction des mères martyrisées soit, tout entière et à jamais, sur les assassins de nos plus pures joies[16] !

*À mesure que la contre-offensive s'intensifie, la politique-fiction s'installe. On réédite et réinterprète Nostradamus et, sous forme de journaux intimes ou d'éphémérides, c'est à qui renchérira dans la description horrifique des jours futurs, ceux qui verront Paris réduit en cendres (illustrations incluses)...*

APRÈS COLOGNE ville d'art...
ET ROME siège de la spiritualité chrétienne
CE SERA PARIS...
Saint-Germain-des-Prés ?
Saint-Étienne-du-Mont ?
La Cité ?
et le ciel d'Île-de-France

victimes
après ROME et BERLIN
des RAIDS de TERREUR
des gens du
FAR WEST

en Flammes
C'est L'UNIVERSALITÉ JUDAÏQUE RÉALISÉE !
C'est LE CHAOS NIVELEUR DU
BOLCHEVISME JUIF[17].

*... et la terreur s'installer sur tout le territoire « libéré ». Dans les derniers jours de son existence,* France-Europe *cherche ainsi à mobiliser par la politique-fiction les énergies vacillantes, à grand renfort d'arguments propres à toucher le public bourgeois :*

*Le 1er novembre.* – Toujours aucune nouvelle de ma femme. Elle avait tous ses bijoux sur elle. Vu hier les premiers soldats américains. Beaucoup de nègres parmi eux. Les Military Police qui assurent le service de la circulation ne sont guère polis. [...]

*Le 6 novembre.* – De Gaulle n'a pu défiler sur les Champs-Élysées. Trop de décombres. Du reste tout le monde s'en moque. On a faim. [...]

*Le 20 novembre.* – Tous les titres étrangers doivent être remis dans les vingt-quatre heures à la Banque de France. Il est défendu de les conserver chez soi sous peine de mort. La même mesure est prise pour l'or.

*Le 22 novembre.* – Décidément les Allemands avaient une autre tenue. [...]

*Le 29 novembre.* – On a perquisitionné dans notre appartement. On ne peut plus sortir dans les rues si l'on n'est pas porteur d'une carte du parti communiste ou de la C.G.T. J'ai été traité de sale bourgeois et frappé par des ouvriers qui revenaient d'une manifestation. Il y a des moments où l'on regrette qu'il n'y ait plus de Milice.

*Le 30 novembre.* – Il paraît que les Anglais et les Américains massent leurs troupes en direction de Vichy pour empêcher que l'armée rouge ne continue son avance. Bordeaux est entre les mains des Soviets et la révolution depuis trois jours fait rage en Espagne. J'ai peur d'être arrêté [18].

*De part et d'autre le nombre des victimes s'accroît. La mort s'installe en première ligne. Celle des adversaires : oraison funèbre de Georges Mandel en juillet 1944 par la rédaction de* Je suis partout...

Ce n'est pas aux lecteurs de ce journal que nous apprendrons l'ignominie du Juif Mandel. Le Juif Mandel a vraiment été d'une guerre à l'autre la malédiction de la France, *unser Unglück*, comme disent les nationaux-socialistes... On redoutait tellement le Juif Mandel que bien peu de gens se risquaient, avant la guerre, à rien imprimer contre lui. *Je suis partout* s'honore d'être l'un des rares journaux qui eurent cette audace. [...]

Si la guerre se fût prolongée, le Juif Mandel n'eût pas hésité à nous faire fusiller jusqu'au dernier. Il eût ainsi jeté les « coupables » de la défaite en pâture aux foules françaises exaspérées. Et il eût confirmé sa réputation d'énergie. [...]

Tel est l'homme que les puissances juives auraient voulu imposer de nouveau à la France.

Et qu'elles ne lui imposeront pas[19] !

*... mais aussi sa propre mort : réponse dactylographiée de collaborateurs lillois à la liste noire dressée par la Résistance locale :*

GAULLISTES, COMMUNISTES,

Votre « LISTE NOIRE » nous est parvenue. Écoutez-nous : [...]

EST-CE UN CRIME :

1° de souhaiter, comme le n° 20 de la liste, la victoire allemande ? le président Laval l'a bien annoncé au micro.

2° D'assurer, comme le n° 29 de la liste, que de Gaulle est un traître ? Pensez-vous autrement ?

3° D'être obligé, comme le n° 32 de la liste,

de remplir les fonctions d'interprète du Service de la Navigation, pour gagner sa croûte?

4° Comme le n° 37 de la liste, de vendre, en tant que négociant en vins, du pinard aux Allemands?

5° Comme cet autre commerçant, n° 41 de la liste, de ravitailler les Allemands en légumes, alors qu'il a été officiellement désigné à cet effet?

6° Comme le n° 47 de la liste, de causer allemand dans son magasin et d'être affable envers sa clientèle, fût-elle encore allemande[20]? [...]

*Chez les plus courageux, voici venu le temps de l'humour noir qui tempère un peu l'exaltation des promis de la mort :*

Pour répondre à ces menaces, l'idée me vint, un tantinet macabre, d'organiser au Cercle aryen le Banquet des Condamnés à Mort. La date choisie, le 1er avril, avait quelque chose de rassurant. Ce fut très gai : nous avions tous ce ton de crânerie goguenarde qu'affectent les briscards promis au casse-pipe.

Président du Cercle, Paul Chack, grand, élancé, avec ce charme des officiers de marine dont l'allure martiale s'est assouplie au vent du large, prononça un discours allègre : « Nous ne sommes pas prêts à nous laisser abattre comme des moutons. J'avertis ces messieurs du Maquis :

qu'ils se tiennent tranquilles ou nous ferons parler ce joujou-là. » Et je le vois encore jeter sur la table un revolver de gros calibre[21].

*En fait, peu à peu investi par les ultras de la collaboration (Darnand, Henriot et Déat entrent au gouvernement en 1944), et surtout progressivement dépossédé de ses pouvoirs de police et même de justice au profit de la Milice et de quelques groupements parapoliciers germano-français, le régime de Vichy est en train de changer de nature.*

*François Chasseigne est un ancien responsable des Jeunesses communistes passé successivement à l'extrême gauche indépendante puis à la S.F.I.O. Dès 1941 il a été l'âme de la propagande vichyste en direction du monde ouvrier. En juillet 1944, il est ministre du gouvernement Laval.* Je suis partout *le saisit dans une attitude peu ministérielle :*

Samedi dernier, au fort de Romainville. Une des cohortes de la Franc-Garde parisienne mobilisée par Joseph Darnand s'exerce au tir. Avec, soit dit en passant, des fusils anglais parachutés que nos bons amis d'outre-Manche ne destinaient pas précisément à l'armement de la Milice.

Les exercices venaient de commencer lorsqu'on vit arriver M. Chasseigne, ministre du Ravitaillement, qui est, on le sait, milicien.

M. Chasseigne venait s'entraîner comme un simple franc-garde[22].

*Même sursaut de virilité — qui n'apparaît dérisoire que rétrospectivement, par la proximité de la Libération — chez un Joseph Antignac, parachevant une fulgurante carrière de fonctionnaire antisémite par une prise de fonctions musclée, trois jours avant le Débarquement, à la tête du commissariat aux Questions juives :*

Sachez bien que je ne supporterai pas d'être contesté dans cette maison et que je briserai tous ceux qui auraient l'intention de faire continuer le désordre que j'ai connu. [...] Je ne supporterai ni les amateurs, ni les dilettantes. [...] J'exigerai la fidélité. Je ne tolérerai pas que mes collaborateurs soient discutés pas plus que mes décisions. [...] Il faudra peut-être aussi que certains d'entre vous et de vos sous-ordres soient un peu plus convaincus de l'utilité de la mission qui nous est confiée. Lisez certains ouvrages que les libraires n'osaient pas, autrefois, mettre en vente et reconsidérez votre histoire de France à la lumière des événements actuels. [...]

Je demande avec insistance à ceux d'entre vous dont les fonctions nécessitent des rapports avec les Autorités allemandes de collaborer en toute loyauté et dignité avec leurs services. Dans cette maison nous n'avons rien à cacher[23].

Antisémites d'abord, partisans de la politique

du Maréchal et de son gouvernement ensuite, *ces derniers hauts fonctionnaires font pendant, sur le versant de l'Institution, aux intellectuels porte-parole, qui dans le même temps bousculent avec fébrilité les derniers tabous. Au premier rang figurent plus que jamais les journalistes de* Je suis partout.

*Pierre-Antoine Cousteau réalise enfin ce vers quoi tendaient tant de discours martiaux : participer en province à un « nettoyage » milicien comme un grand finissant se joindrait à un jeu scout.*

Finie la *non-stop offensive* de la bêtise contemporaine ! Dès que l'on pénètre dans un cantonnement milicien, on s'évade de la France « telle qu'elle est » (hélas !) et l'on découvre (enfin !) la France telle qu'elle devrait être [...] — on pourrait en dire autant des Waffen SS, de la L.V.F. ou des groupements politiques. [...]

La Milice a — comme on dit — rassuré les honnêtes gens. Elle a inspiré aux trembleurs une frayeur salutaire. Et grâce à elle, grâce à sa force armée et à ses méthodes révolutionnaires, la vieille machine administrative qui risquait de s'enrayer définitivement a continué à tourner, grâce à elle la France continue à faire la loi en Ille-et-Vilaine. [...]

*L'homme du verbe succombe au charme du chef milicien local, Costanzo :*

On commence par le redouter parce qu'il paraît dur, cassant, brutal même parfois. Et puis lorsqu'on le voit à l'œuvre on comprend que c'est un seigneur. Ensuite, on le suit aveuglément, avec une dévotion que seuls les véritables chefs savent inspirer.

Comme Joseph Darnand, de Costanzo vient de *L'Action française* et il est un des très rares miliciens que Maurras n'a pas irrémédiablement excommuniés. [...] Il ne revint du front de l'Est que lorsque Darnand lui en donna l'ordre. C'était pour aller se battre en Haute-Savoie. Là une balle soviétique lui arracha l'index de la main gauche et alla se loger dans sa poitrine juste au-dessus du cœur. Quelques jours après, de Costanzo retournait au combat. Il commande aujourd'hui le « corps expéditionnaire » de Bretagne et si les hommes se plaignent qu'il n'y a guère de baroud, leur chef le déplore beaucoup plus que quiconque.

*Celui que la justice de la Libération classera parmi les principaux bourreaux de la Milice prend ainsi la taille d'un vice-roi d'outre-mer :*

Ce bagarreur sait prendre sur lui pour se transformer en diplomate, en administrateur « colonial », en proconsul de la Révolution nationale.

C'est entre ses mains que les égarés viennent

demander l'aman. C'est lui que les autorités locales consultent avant de rien entreprendre. C'est lui qui tranche les différends et qui rallie les bonnes volontés révolutionnaires. [...] Et déjà à Rennes, à Fougères et dans les villages avoisinants bien des préventions ont disparu. La Milice n'a pas pu, en un mois, devenir populaire. Mais elle s'est imposée et elle a ressuscité la notion d'autorité.

*Dès son arrivée, la Milice propose à Cousteau de participer à une opération :*

Oh ! une toute petite expédition : l'arrestation de trois suspects dans un village proche de Rennes. L'opération a lieu la nuit et, pour nous éviter d'attirer inutilement l'attention, nous serons en civil. Je revêts donc la défroque d'un F.T.P. qui me donne instantanément l'aspect clochard des terroristes dessinés par Soupault.

*Le voilà donc parti en chasse :*

De fort belle humeur, je le confesse. Si peu glorieuse que soit notre entreprise (on préférerait l'assaut d'un bourg F.T.P.), c'est toujours excitant de jouer aux gendarmes et aux voleurs en pleine nuit avec de vraies armes[24]...

*Rebatet ne pousse pas l'engagement jusque-là.* Un

fusil. Ce ne serait qu'un geste puéril. Mais j'ai un porte-plume, *avait-il dit naguère. Il se réserve donc pour la célébration du culte hitlérien, au lendemain de l'attentat manqué du 20 juillet :*

Le chef du Reich allemand, qui vient d'échapper de la plus miraculeuse manière à la bombe de ses ennemis, est un mortel de la plus grande espèce. Avant vingt ans, quel que soit l'état du monde, ces simples mots, qui apparaissent aujourd'hui à tant de citoyens des deux hémisphères comme une énorme provocation, seront naturels dans toutes les bouches et sous toutes les plumes. [...]

En écrivant aujourd'hui ces lignes, je souhaite prendre date pour 1964.

J'admire Hitler. Nous admirons Hitler, et nous avons pour cela de très sérieuses raisons.

Dans la lutte contre toutes les foutaises périmées du XIX^e^ siècle, Hitler a eu d'innombrables devanciers, analystes plus brillants et plus agiles que lui. Mais... c'est lui qui portera devant l'histoire l'honneur d'avoir liquidé la démocratie. [...]

Admettons que Hitler soit sur le point d'être vaincu. Mais que l'on songe alors aux efforts monstrueux sous lesquels il aura succombé. [...] Dans de tels cas, n'en doutez pas — et nous en avons déjà eu quelques exemples assez illustres ! — C'est le vaincu qui laisse les traces les plus profondes, qui met son empreinte à son siècle, qui modèle les idées et les régimes, qui a une postérité politique, spirituelle, alors que ses ennemis se sont désunis et déjugés avant même d'avoir tiré le dernier coup de canon[25].

## L'EXIL

*Le dernier acte de l'équipée collaborationniste rend un son étrange. D'une part, la société qui va le vivre semblera, l'espace d'un hiver, reproduire en son sein, mais exagérés par l'échelle lilliputienne des événements, les traits les plus significatifs des quatre années précédentes; par ailleurs ce moment de répit se trouve encadré entre deux moments d'intense agitation où le désarroi et la désunion des ultras se révèlent aux yeux des plus lucides, de ceux qui, tel Hérold-Paquis, écrivent quelques semaines plus tard à la lueur de leur défaite et à la veille de leur condamnation à mort :*

Une indescriptible cohue allait et venait, soldats et civils qui cherchaient un train, qui espéraient un ordre, qui voulaient manger, qui demandaient une place pour dormir, qui pleuraient une absence, qui appelaient un disparu, qui refluaient d'un trottoir à l'autre, d'un souterrain à l'autre, qui s'interrogeaient sans se connaître, se bousculaient sans s'excuser, se précipitaient au-devant des employés inutiles, lisaient pour la centième fois peut-être des instructions sur un tableau noir, des horaires qui n'avaient plus cours. [...] À sept heures du matin, nous étions arrêtés en pleine nature, à vingt kilomètres de Metz, devant une maison de garde-barrière. La voie n'était pas libre. L'humeur de Rebatet devenait exécrable. [...] Une heure plus tard, une escadrille anglo-américaine faisait son apparition. Alors, ce fut la débandade dans les champs et les prés voisins.

*Plus loin :*

Il est meilleur que Brasillach soit mort. Il n'a pas su la fin de ceux qui, sans lui, avaient voulu maintenir l'équipe de *Je suis partout*. Il n'a pas su que Charles Lesca avait fui l'Allemagne comme il avait fui la France, et qu'il avait retrouvé en Espagne, ce nationaliste français, une identité sud-américaine. Il n'a pas su qu'Alain Laubreaux avait imité Lesca et qu'il avait lui aussi déserté en faisant de l'esprit (il disait des gens de Sigmaringen : c'est la communauté réduite aux caquets). Il n'a pas su que Lucien Rebatet n'était plus qu'un pauvre homme, vieilli, secoué de tics nerveux, le ventre broyé par une peur qui le jetait, suant et bavant, à l'écoute des communiqués alliés. [...] Il n'a pas su que le vieux Villette-Dorsay, hargneux à force de ne plus boire, se perdait en des commentaires ridicules et sonnait une charge grotesque sur les charniers de la guerre. Il n'a pas su que Claude Jeantet avait abandonné son poste et son personnel, et insulté par un Algarron, menacé d'être giflé par Cousteau, méprisé par d'obscurs militants, sali par les rires des Allemands, pleurait comme un enfant. Il n'a pas su que Cousteau avait osé prononcer son oraison funèbre, à lui, Robert Brasillach, après l'avoir tellement moqué et honni, et traité de « dégonflé ».

À neuf heures du matin, nous étions à Strasbourg. Il y avait trois jours que nous étions en route, venant de Nancy. Un magnifique orage noyait la ville. Et les journalistes P.P.F., toujours conduits par leur guide Moras, changeaient de train et traversaient le Rhin. Cette fois, nous étions véritablement des exilés. Rebatet, de l'autre côté du fleuve, eut son premier sourire : il se sentait enfin en sécurité. [...] Au nom des autorités franco-allemandes, Robert Jullien-Courtine nous souhaitait la bienvenue[26]...

*Le paradoxe initial est donc que cette petite France émigrée ne se sentira réellement capable de redresser la tête qu'une fois le Rhin franchi : Pétain, Laval, les ministres qui ont suivi s'installent à Sigmaringen.*

*Céline.*

Haut Lieu!... mordez Château!... stuc, bricolage, dégingandiere tous les styles, tourelles, cheminées, gargouilles... pas à croire!... super-Hollywood[27] !

*Le P.P.F. sur le lac de Constance, la Milice un peu partout. Bourgades romantiques ou rustiques, le décor est planté pour une ultime représentation par l'ensemble des acteurs parisiens, chacun persistant dans son être sous un maquillage qui paraît soudain outré. Certains, autour de Brinon, cherchent à entretenir avec leur « Commission gouvernementale » la fiction d'une légitimité d'essence vichyste. Ainsi le proclame le premier éditorial de* La France, journal quotidien du matin, rédaction : Sigmaringen, Karlstrasse 3 *:*

Quelques hommes, des hommes promis à l'Histoire, et une Commission gouvernementale française, voilà ce qu'abritent, sous le pavillon tricolore, les murs du château de Sigmaringen.

Mais ces murs renferment aussi un bien commun à tous les Français, un bien incorruptible et inaliénable : le *principe* à partir duquel le seul pouvoir du Maréchal est légitime, au milieu des malheurs où nous voyons plongée notre malheureuse patrie.

Ce *principe* dont Sigmaringen est aujourd'hui la forteresse est né de la réaction spontanée de la France de 1940 contre la démocratie parlementaire et judéo-maçonnique, qui avait conduit notre pays à la guerre « perdue d'avance ». [...] Viendrait-on nous dire que vingt gouvernements reconnaissent la République gaulliste, nous n'aurions pas d'autre réponse que le mot magnifique du chef vendéen : « Oui, mais est-ce que ces gens-là sont français[28] ? »

*L'absurdité de ses dernières tentatives ne vient d'ailleurs pas seulement de l'ambiguïté du statut territorial sur lequel elles se fondent...*

La Chancellerie du Grand Reich avait trouvé pour les Français de Sigmaringen une certaine façon d'exister, ni absolument fictive, ni absolument réelle, qui sans engager l'avenir tenait tout de même compte du passé... statut fictif « mi-quarantaine mi-opérette » [...] finalement nous étions reconnus à titre précaire-exceptionnel « réfugiés en enclave française[29] ».

*... mais de ce qu'elles ne sont même pas reconnues par l'ensemble des émigrés, à commencer par le Maréchal et son chef du gouvernement, qui se considèrent désormais comme désinvestis de toute autorité. Dans de telles conditions il suffit d'un regard quelque peu halluciné pour que grands et petits ténors ne soient plus que la caricature de ce que nous les avons vus chercher à représenter quatre années durant. Dans le kaléidoscope de Céline passent ainsi Abetz :*

J'y coupe pas!... l'Europe nouvelle! et son projet auquel il tient, sa grande œuvre, dès notre retour à Paris, la plus colossale statue, Charlemagne en bronze, en haut de l'avenue de la Défense!...

— Vous voyez, Céline?... L'axe Aix-la-Chapelle – la Défense!

— Vous pensez, monsieur Abetz! je suis né rampe du Pont[30]!

*Laval :*

Je connaissais sa plaidoirie... dix... vingt fois il me l'avait servie!... que dans les conditions du monde, la faiblesse européenne, un seul moyen de tout arranger : sa politique franco-allemande!... la sienne!... que sans sa « collaboration » c'était plus la peine d'insister! y avait plus d'Histoire! plus d'Europe! que lui, il aimait pas l'Allemagne, mais que... mais que[31]...

*Brinon :*

« Graf von Brinon » écrit sur sa porte... [...] Brinon étant d'assez sombre nature, d'expression... dissimulée... une sorte d'animal des cavernes (X *dixit*)... à son bureau il répondait presque plus... il était pas sot... j'ai toujours eu l'impression qu'il savait très exactement que tout était plus que la chienlit, question de jours[32]...

*Déat :*

Géant de la pensée politique, il préférait partir tout seul au fond des bois... il frayait peu... il préférait... il mettait au point un certain programme de l'« Europe burgonde et française », avec élections primo-majoro-pluri-différées... il méditait[33]...

*Châteaubriant :*

— ... un cirque, nous dirons, entre trois sommets... au fond du Tyrol!... et là! là, Céline!... nous nous isolons!... vous me comprenez?... nous nous concentrons!... nous mettons au point notre bombe!

Hoffmann comprend pas bien...

— Avec quoi votre bombe?

— Oh! Cher Hoffmann!... pas une bombe d'acier! ni dynamite!... mille fois non!... une bombe de concentration! de foi! Hoffmann!

— Alors?

— Un message!... une terrible bombe morale[34]!...

*Et les autres :*

Les « espoirs », l'autre guéridon, eux qu'étaient pas convenables du tout, vachement pétulants ! scandaleux ! le choc des « programmes » ! leur reconditionnement de l'Europe !... ce qu'il faudrait faire, ce qu'il faudrait pas ! sectaires terribles ! néo-Bucard !... néo-P.P.F. !... néo-Cocos ! néo-tout ! les hommes nouveaux, les superforces, eux que toute la France attendait[35] !...

*Luchaire lui-même, qui se donne du « Commissaire général à l'Information et à la Propagande », essaie de ressusciter le fantôme de Philippe Henriot en lançant sur les ondes d'*Ici la France *de solennels appels à ses compatriotes « occupés » par les Anglo-Américains. Ce ne sont parfois que de simples appels à la désertion :*

Ne supposez pas [...] que les jeunes gens ainsi appelés sous les drapeaux ne courent qu'un seul risque : celui d'assurer paisiblement l'occupation escomptée de territoires allemands. Je connais la chanson. [...] Vous allez recevoir, jeunes Français résidant en France, des feuilles vous appelant devant les conseils de révision. Ne répondez pas à ces appels. [...] M. de Gaulle ne dispose à aucun degré et à aucun titre du droit de vous appeler sous les drapeaux. Ce droit, seul le maréchal Pétain serait qualifié pour l'exercer, à la condition qu'il n'ait pas signé avec l'Allemagne un armistice qui lui en interdit l'usage[36].

*On le devine, le discours central n'a guère changé, qu'il soit blanc...*

J'engage les Français à méditer sur les passages de son discours dans lequel le Führer a décrit de quel métal et de quelles raisons est faite la volonté du peuple allemand de ne jamais s'avouer battu et de tout faire pour remporter la victoire. Cette analyse, politique et psychologique, n'a rien à voir avec une propagande bien faite, ce qu'on peut être tenté de croire. Elle reflète la plus exacte des réalités. Le moral du peuple allemand, tel que deux millions de Français l'examinent ici quotidiennement, est bien celui que décrit le Chancelier Hitler[37].

*... ou noir, comme en témoigne l'un des derniers articles de la presse collaborationniste, paru le 4 février 1945 dans* La France *:*

La réclame pro-juive de Mauriac, sa chaude recommandation, et surtout le reproche qu'il fait aux Français de ce « certain ton » qu'ils emploient maintenant, lorsqu'ils parlent des Juifs, en disent long sur l'état d'esprit en France. Ainsi, si nous traduisons en clair, nous devons comprendre qu'on commence à y montrer une certaine lassitude devant le nouveau reflux de l'invasion juive, plus insolente, plus étendue que jamais. Et, à bien connaître nos compatriotes, et plus particulièrement les Parisiens, les manifestations de ces antisémites naissants doivent prendre parfois des formes assez violentes, et il n'en manque sans doute pas, même parmi les plus férus de « résistance », qui doivent proclamer à haute et intelligible voix qu'« ils en ont marre des youpins ! »[37]

*Le désarroi gît pourtant en permanence derrière ces attitudes forcées. Hérold-Paquis, dans l'une de ses dernières chroniques radiodiffusées depuis le poste P.P.F. de Landau,* Radio-Patrie, *a pu pousser particulièrement loin l'aveuglement...*

La presse et la radio répètent à l'envi le nom d'Oradour-sur-Glane. Il paraît, d'après les mêmes centres de vertu française, que là est la preuve de la sauvagerie nazie et de la barbarie hitlérienne. L'affaire ainsi présentée ne peut que séduire la population. Je ne me fais pas ici l'avocat des Allemands, mais les Français doivent savoir qu'à l'origine de cette tuerie, il y a eu, avant, dans Oradour, la promenade d'officiers allemands torturés et livrés à une population exultant devant l'atroce mort de ces malheureux. [...]

Est-ce que les amis sensibles de M. de Gaulle demanderont des comptes au général Leclerc et à ses soudards qui assassinent tous les jours en Alsace et continueront de battre le rappel sur la peau tendue des victimes d'Oradour-sur-Glane ?

Les Allemands, ces barbares, ces assassins, en quatre ans, n'ont brûlé que ce village[38].

*... du moins est-ce le même homme qui, quelques mois plus tard, rend compte sans complaisance de ce moment étrange, rarement vécu et surtout rarement rapporté, où les derniers naufragés de la Collaboration se trouvent soudain face à face avec les conséquences ultimes de leurs choix politiques : les premiers rescapés des camps de concentration.*

On nous avait destinés au centre d'hébergement d'Olten. Mais ce centre ne recevait que des malades, rescapés de Buchenwald, des Polonais pour la plupart, véritables squelettes animés, et dont la vue me laissait sans pensée. Non, vraiment, en croyant aux vertus du nationalisme, en croyant à la nécessité de la « collaboration » franco-allemande, je n'avais jamais imaginé que ceux dont les idées politiques étaient voisines des miennes pouvaient être des bourreaux. Oh ! je sais bien qu'ils n'ont pas été les seuls, et que la Sibérie, les rives de la mer Blanche ont connu des camps aussi férocement tragiques que ceux de l'Allemagne hitlérienne. Mais ceci n'excuse pas cela. Et les plaidoiries sont impossibles[39].

*Certaines de ces tentatives de justification prennent cependant des airs de prophétie rageuse, comme chez*

*Déat, écrivant de sa cachette italienne au lendemain du crépuscule de Hitler :*

Il est mort dans l'incendie du Walhalla, on n'a pas retrouvé son corps, la légende s'est même un moment établie qu'il était encore vivant et préparait son retour. De toute manière son image ne peut que s'épurer et grandir sur le fond de cette tragique histoire ; dans quelques années, il sera le symbole impérissable et adoré du passé de puissance, de grandeur et d'espérance de l'Allemagne. [...]

La renaissance du prestige napoléonien au XIXe siècle en France n'est qu'une faible image de ce qui se produira en Allemagne, de ce qui déjà s'y manifeste. D'autant plus que les mots d'ordre antibolchevistes de Hitler prennent une actualité et une vérité croissantes, et que les trois quarts des Allemands attendent dans la fièvre qu'éclate le conflit entre les Anglo-Saxons et les Russes, pour y trouver passage à leur volonté de renaître[40].

*On entrait dans le temps des* plaidoiries, *avant celui des plaidoyers. Et toute l'ambiguïté de l'histoire posthume de cette France allemande est un peu à l'image du plus subtil de ces plaidoyers, en même temps que l'un des premiers, signé à l'orée de sa mort par Drieu le suicidaire.*

Soyez fidèles à l'orgueil de la Résistance comme je suis fidèle à l'orgueil de la Collaboration. Ne trichez pas plus que je ne triche. Condamnez-moi à la peine capitale.

Pas de demi-mesure. La pensée était devenue facile, elle est redevenue difficile, ne retombez pas dans la facilité.

Oui, je suis un traître. Oui, j'ai été d'intelligence avec l'ennemi. J'ai apporté l'intelligence française à l'ennemi. Ce n'est pas ma faute si cet ennemi n'a pas été intelligent. [...]

Oui, je ne suis pas un patriote ordinaire, un nationaliste fermé : je suis un internationaliste.

Je ne suis pas qu'un Français, je suis un Européen.

Vous aussi vous l'êtes, sans le savoir ou en le sachant. Mais nous avons joué, j'ai perdu.

Je réclame la mort[41].

comme [illegible] l'Angleterre [illegible]
[illegible]
[illegible]
Pas de demi-mesure. La guerre doit devenir [illegible]
[illegible]
[illegible]

[illegible]

[illegible]

# RÉFÉRENCES

## *1/L'événement*

1. Paul Ferdonnet, *La Guerre juive*, Paris, Baudinière, 1939, p. 256.
2. *Les Procès de la radio, Ferdonnet et Jean Hérold-Paquis, compte rendu sténographique*, Paris, Albin Michel, 1947, pp. 40-43, *passim*.
3. Alphonse de Châteaubriant, *La Gerbe des forces*, Paris, Grasset, 1937, pp. 63-64.
4. *Ibid.*, pp. 160-161.
5. *Ibid.*, pp. 70-71.
6. *Ibid.*, p. 68.
7. *Ibid.*, p. 69.
8. *Ibid.*, p. 136.
9. Interview de Brinon à la radio new-yorkaise, reprise dans Fernand de Brinon, *Mémoires*, Paris, L.L.C., 1946, pp. 212-213.
10. Dominique Sordet, *Inter France, 10, 11, 12 octobre 1942, palais de Chaillot*, Paris, impr. de L. Hardey, 1943, pp. 15 à 19, *passim*.
11. Dominique Sordet, avant-propos à Léon Emery, *La Troisième République*, Paris, éd. Inter France, 1943, pp. 5 à 7.
12. Alain Laubreaux, *Écrit pendant la guerre*, Paris, éd. Inter France, 1944, p. 45.
13. Lucien Rebatet, *Les Décombres*, Paris, Denoël, 1942, p. 308.

14. Géo Vallis, *Premiers contacts France-Allemagne*, Paris, R. Debresse, nouv. éd. augm. 1941, pp. 49-50 et 69-70.

15. *Ibid.*, p. 78.

16. *Ibid.*, p. 137.

17. *Ibid.*, p. 102.

18. *Paris-Soir*, 22 juillet 1940, éditorial de première page.

19. « Aurions-nous la mémoire courte ? », *Notre combat*, n° 21, juin 1942.

20. *Paris-Soir*, 22 juin 1940.

21. Jacques Chardonne, *Voir la figure*, Paris, Grasset, 1941, p. 42.

22. Pierre Drieu la Rochelle, *Ne plus attendre*, Paris, Grasset, 1941, pp. 27 à 29 et 31. Ce texte est paru dans *La Gerbe* du 10 octobre 1940.

23. Bertrand de Jouvenel, *Après la défaite*, Paris, Plon, 1941, pp. 219 à 221.

24. René Martel, *Principes du national-socialisme*, Paris, Sorlot, 1941, pp. 91 et 93.

25. *Aujourd'hui*, 15 et 16 novembre 1940, *passim*.

26. Géo Vallis, *op. cit.*, p. 126 (141 nouvelle version).

27. Henry de Montherlant, *Le Solstice de juin*, Paris, Grasset, 1941, p. 306.

28. *Haute Cour de justice, Fernand de Brinon*, fascicule n° 1, audience du 4 mars 1947, pp. 59 à 68 (sténographie du cabinet Bluet).

29. *Haute Cour de justice, op. cit.*, fascicule n° 3, audience du 6 mars 1947, pp. 64 et 65.

30. *La France au travail*, 14 juillet 1940.

31. *Notre combat*, numéro spécial hors série sur « L'homme de Montoire », 1942, pp. 16 et 17.

32. Jean de La Hire, *Hitler et nous*, Paris, Éditions du livre, 1942.

33. *Paris-Soir*, épigraphes des 14, 17, 19, 21, 27 et 29 juillet 1940.

34. *Paris-Soir*, 3 juillet 1940.

35. Dominique Sordet, *op. cit.*

36. Pierre Drieu la Rochelle, *op. cit.*, p. 30.

37. *Le Fait*, 30 novembre 1940.

38. *Idées*, n° 14, décembre 1942, p. 59.
39. Abel Bonnard, *Allocution... aux chefs miliciens (30 janvier 1943)*, s.l.n.d., Milice française, p. 2.
40. Lucien Rebatet, *op. cit.*, p. 517.
41. *L'Enjeu de la guerre*, tract du Comité d'action antibolchevique, Archives du Comité d'histoire de la Seconde Guerre mondiale, RF 27.
42. *Je suis partout*, 11 avril 1942.

*2/Ce que parler veut dire*

1. Georges Oltramare, *Les Souvenirs nous vengent*, Genève, L'autre son de cloche, 1956, pp. 181 et 182.
2. *Ibid.*, p. 212.
3. *Les procès de collaboration*, Paris, Albin Michel, 1948, p. 384.
4. *Ibid.*, p. 421.
5. *Ibid.*, p. 516-517.
6. *Au Pilori*, 24 septembre 1942.
7. *Signal*, n° 9, 10 août 1940.
8. *Signal*, n° 16, novembre 1940.
9. *Le Téméraire*, numéro spécial de vacances, fin juillet 1943.
10. Jacques Savary, *Le Téméraire*, 1er juin 1943.
11. Jacques Savary, *Le Téméraire*, 1er juillet 1943.
12. Émile Vuillermoz, préface à Philippe Henriot, *Et s'ils débarquaient ?*, Paris, éd. de l'Agence Inter France, 1944, pp. VIII à X.
13. Dr. Friedrich, « Un journaliste allemand vous parle », Paris, *Les Causeries du Dr. Friedrich*, n° 34, 1943.
14. *Les Procès de la radio...*, p. 182.
15. Émile Vuillermoz, *op. cit.*, p. XI.
16. Philippe Henriot, *op. cit.*, pp. 256 à 258. L'allocution s'intitule « Les gribouilles sanglants ».
17. André Gide, *Pages de journal (1939-1942)*, New York, Pantheon Books Inc., p. 74.
18. *L'Appel*, 25 juin 1942. L'article s'intitule « Littérature de vaincus ».

19. *Au Pilori*, 29 avril 1943.
20. *Je suis partout*, 24 décembre 1942.
21. *Je suis partout*, 25 septembre 1942.
22. Louis-Ferdinand Céline, préface à la réédition de *L'École des cadavres*, Paris, Denoël, 1942, pp. 11-12.
23. Lettre de Céline à Claude Jamet, *Germinal*, 28 avril 1944.
24. Henry de Montherlant, *Le Solstice de juin*, Paris, Grasset, 1941, pp. 292-293, 303 et 306-307.
25. Jacques Chardonne, *Chronique privée de l'année 1940*, Paris, Stock, 1941, pp. 141-143, *passim*.
26. Jacques Chardonne, *Voir la figure*, Paris, Grasset, 1942, pp. 70-71.
27. *Ibid.*, pp. 43-44.
28. Georges Claude, *La Seule Route*, Paris, éd. de l'Agence Inter France, 1942, p. 14.
29. *Collaboration*, juillet-août 1943, pp. 15-16.
30. Corinne Luchaire, *Ma drôle de vie*, Paris, Sun, 1949, pp. 140-141.
31. Ernst Jünger, *Journal*, I, 1941-1943, trad. fr., Paris, Julliard, 1965, pp. 67-68.
32. *Stur*, n° 6, été 1943.
33. *Haute Cour de justice, ministère public contre Maurice Gabolde*, fascicule I.
34. *Paris-Soir*, 16 décembre 1940.
35. René Lasne, Georg Rabuse, *Anthologie de la poésie allemande*, Paris, Aubier-Montaigne, 1943, t. II, pp. 249, 251, 253...
36. *L'Appel*, 16 juin 1942.
37. « Allocution prononcée le 25 mai 1941 à Meudon à l'occasion du centenaire du séjour de Richard Wagner », *Cahiers franco-allemands*, mai-juin 1941, pp. 194-195.
38. Dr. C.F. Jäckisch, « Le cinéma allemand et la collaboration européenne », *Cahiers franco-allemands*, mai 1942, pp. 160-161.
39. *Foyer-Travail*, mars 1944.
40. Marc Augier, *J'ai vu l'Allemagne*, Paris, F. Sorlot, 1941, pp. 11-12.
41. *Cahiers franco-allemands*, septembre-décembre 1943, p. 236.

42. *Collaboration*, juillet-août 1943.
43. *Haute Cour de justice, ministère public contre* [X...], fascicule 1, pp. 3 et 4, audience du 20 juillet 1948, pp. 3-4.
44. *Notre combat*, n° 23, consacré à « La Relève », juillet 1943.
45. Pierre Drieu la Rochelle, *Le Français d'Europe*, Paris, éd. Balzac, 1944, pp. 100-101.
46. Dr. C.F. Jäckisch, art. cité, p. 162.
47. « Vedettes françaises en Allemagne », *Notre combat*, n° 23, juillet 1943.
48. Marc Augier, *op. cit.*, pp. 28-29.

*3/Itinéraires*

1. *La Tempête*, 14 février 1941.
2. *Pierre Costantini, chef de la Ligue française*, tract de la Ligue, Archives du Comité d'histoire de la Seconde Guerre mondiale, RF 27 B.
3. Jean Hérold-Paquis, *Des illusions... désillusions !* Paris, Bourgoin, 1948, p. 53.
4. Lucien Rebatet, *op. cit.*, pp. 525-526.
5. Maurice Yvan Sicard, *Doriot contre Moscou*, Paris, Éditions populaires françaises, s.d. (1941 ?), pp. 52-53.
6. *Un parti, un chef*, Paris, éd. du R.N.P., 1943, p. 8.
7. *La Tempête*, 28 février 1941.
8. *Au Pilori*, 7 février 1941.
9. *A bas les privilèges !* tract franciste, Archives du Comité d'histoire de la Seconde Guerre mondiale, RF 27 B.
10. Géo Vallis, *Voir clair*, Paris, René Debresse, 1942, p. 32.
11. Exemple de reproduction : *Nouvelles continentales*, 9 novembre 1941.
12. Exemple de reproduction : *La Gerbe*, n° 20.
13. *Le Cri du peuple*, 4 décembre 1941. Interview du cardinal par M. Y. Sicard.
14. *La France*, 6-7 janvier 1945.
15. *La France*, 23 novembre 1944.
16. *Parti ouvrier et paysan français. Deuxième lettre aux ouvriers français communistes* suivie de *L'Opinion de Marcel Cachin*, impr.

d'Alfort, s.d. (1941 ?), Archives du Comité d'histoire de la Seconde Guerre mondiale, RF 27 B.

17. Jean Hérold-Paquis, *op. cit.*, p. 93.

18. *La France au travail*, 24 août 1940, sous le titre, en pleine page : « Berlin et Moscou se sont mis d'accord il y a un an. »

19. *La France au travail*, 1er mai 1941.

20. Léon Emery, postface à *La Troisième République*, Paris, éd. de l'Agence Inter France, 1943, pp. 208-209.

21. Claude Jamet, *Engagements*, Paris, S.N.P., 1949, p. 235.

22. Ludovic Zoretti, *France, réveille-toi*, Paris, René Debresse, 1941, avant-propos, daté de Caen le 7 juin 1941.

23. *Le Rouge et le bleu*, 1er novembre 1941.

24. *Le Rouge et le bleu*, 27 juin 1942.

25. *Stur*, n° 1, nouvelle série, mai-juin 1942, pp. 2 à 5.

26. *Stur*, n ° 5, automne 1942, p. 50. Lettre d'un Lorrain « M.R.S. » (= M.S.R. ?), ancien combattant 1914-1918.

27. *Stur*, n° 2, été 1942, p. 44. Lettre d'un Occitan du Front franc de Jean Boissel.

28. Olier Mordrel, *Stur*, n° 1, pp. 8-9.

29. *Ibid.*, p. 9.

30. Rapport OFK 670 du 17 décembre 1940. Cité par Étienne Dejonghe, « Un mouvement séparatiste dans le Nord et le Pas-de-Calais sous l'occupation, le Vlaamsch Verbond van Frankrijk », *Revue d'histoire moderne et contemporaine*, janvier-février 1970.

31. Serge Kerdual, *L'Heure bretonne*, 5 juillet 1941.

32. *L'heure bretonne*, 18 octobre 1941.

33. Raymond Delaporte, *L'Heure bretonne*, 8 février 1941.

34. *Stur*, n° 5, p. 62.

35. *Ibid.*, pp. 49-50.

36. *Er Rachid*, n° 1, janvier 1943.

37. *Er Rachid*, n° 6, juin 1943.

38. *Er Rachid*, n° 5, mai 1943. L'article s'intitule « L'Eurafrique sera ».

39. Géo Vallis, *op. cit.*, p. 48. Lettre au Dr F... de la librairie franco-allemande « Rive gauche », après un attentat de la Résistance contre cet établissement.

40. Archives du C.D.J.C. (Paris), CXLIV, 466-467.

41. *La Gerbe*, 6 novembre 1941.
42. *Je suis partout*, 14 juillet 1944.
43. *La France*, 22 novembre 1944. Témoignage de Pierre Chicoineau.
44. Lettre extraite du dossier présenté par Claude Delpla dans le *Bulletin de la société ariégeoise des sciences, lettres et arts*, t. XXIII, 1967 : « Textes et documents. Correspondance d'un L.V.F. et SS français. »
45. *Haute Cour de justice, ministère public contre Joseph Darnand*, fasc. I, audience du 3 octobre 1945, pp. 20-21.
46. *Ibid.*, p. 30.
47. *Ibid.*, pp. 28-29.
48. Abel Bonnard, *op. cit.*, p. 1.
49. Papillon de la L.V.F., *Les légionnaires sont des Français numéro un... c'est le Maréchal qui le dit*, Archives du Comité d'histoire de la Seconde Guerre mondiale, RF 27.
50. *Haute Cour de justice, ministère public contre Abel Bonnard*, fasc. 3, audience du 23 mars 1960, pp. 30-31.
51. Marc Augier, *Les Partisans*, Paris, Denoël, 1943, p. 197.
52. Abel Bonnard, *Allocution...*, *op. cit.*, p. 8.
53. Marc Augier, *op. cit.*, pp. 195-196.
54. *Ibid.*, p. 194.
55. *Ibid.*, épigraphe.

*4/Le noir*

1. *Au Pilori*, 25 novembre, 11 février et 15 juillet 1943, 24 mars 1944.
2. *Au Pilori*, 1er octobre 1942, rubrique « Le coin des lecteurs ».
3. Jacques Doriot, *Je suis un homme du Maréchal*, Paris, Grasset, 1941.
4. *La Gerbe*, 8 juin 1944.
5. *Le Cri du peuple*, 27 novembre 1940. Signé « Le Balayeur » (Lucien Rebatet ?).
6. *Au Pilori*, 21 septembre 1942.
7. Lucien Rebatet, *op. cit.*, pp. 553-554.

8. *Ibid.*, p. 62.
9. *Stur*, n° 5, pp. 69-70.
10. Georges Champeaux, *La Croisade des démocraties*, Paris, éd. de l'Agence Inter France, 1943, t. I, pp. XXIII-XXXV.
11. *La France au travail*. L'article s'intitule « Il fallait les pendre tout de suite ».
12. *Je suis partout*, 6 septembre 1941.
13. *Aujourd'hui*, 1er octobre 1940.
14. « Les responsabilités sont un bloc, elles ne se détaillent pas ! » *Notre combat*, n° 16, mars 1942, pp. 4 et 5.
15. Dominique Sordet, *Les Derniers Jours de la démocratie*, Paris, éd. de l'Agence Inter France, 1944, p. 49.
16. *Ibid.*, pp. 57-58.
17. *Ibid.*, pp. 9-10.
18. *Ibid.*, pp. 138-139.
19. Maurice-Th. Muller, *Les Documents maçonniques*, n° 8, mai 1944, pp. 207-208.
20. Paul Lombard, *Puissance des ténèbres*, Marseille, impr. du *Petit Marseillais*, 1942, p. 22.
21. *Les documents maçonniques*, n° 6, mars 1943, p. 186.
22. Jean de La Hire, *Mort aux Anglais, vive la France !* Paris, s.n. d'édit., 1942, pp. 29-32.
23. Tract P.P.F., Archives du Comité d'histoire de la Seconde Guerre mondiale, fonds René Thiébaut.
24. *La Gerbe*, 18 février 1943.
25. Pierre-Antoine Cousteau, *L'Amérique juive*, Paris, Éditions de France, 1942, pp. 119-120.
26. Virgilio Lilli, « L'"homo americanus" », *Notre combat*, juillet 1943.
27. André Chaumet, « Sur le gaullisme », *Notre combat*, n° 7, novembre 1941.
28. Georges Régnier, « Le drapeau noir », *Combats*, 8 avril 1944.
29. Jean Drault, *Au Pilori*, 20 janvier 1944.
30. Henry Charbonneau, « Les miliciens dans le maquis savoyard », *Combats*, 8 avril 1944.
31. Abel Bonnard, *op. cit.*, pp. 7-8.
32. *La Gerbe*, 26 juin 1941.

33. Pierre Ducrocq, « Jeune Français, c'est aussi ton combat ! », *La Gerbe*, 25 mars 1943.
34. Tract, Archives du Comité d'histoire de la Seconde Guerre mondiale, D 19-146.
35. Brochure du Comité d'études antibolcheviques, Paris, (1943 ?), Archives du Comité d'histoire de la Seconde Guerre mondiale, RF 27.
36. Alphonse de Châteaubriant, *Cahiers 1906-1951*, Paris, Grasset, 1955, pp. 205 à 207. L'ensemble du chapitre s'intitule « Les écailles du monstre, 1935-1944 ».
37. *Exposition « Le Juif et la France »*, palais Berlitz, Guide officiel, Paris, Institut d'études des questions juives, s.d. (1941), p. 5.
38. 5 septembre 1941.
39. *Exposition...*, p. 7 et 12, *passim.*
40. Dominique Sordet, *op. cit.*, pp. 47-48.
41. *Exposition...*, p. 11.
42. Edgar Tatarin-Tarnheyden, « Georges Vacher de Lapouge », *Cahiers franco-allemands*, octobre-décembre 1942, pp. 344 à 346.
43. *La France au travail*, 2 juillet 1940.
44. *Haute Cour de justice, ministère public contre Abel Bonnard*, fasc. I, audience du 22 mars 1960, p. 56.
45. Jean Troupeau-Housay, « auteur de *La Clef du drame* », *La Victoire de l'Aigle*, Paris, Ligue française, « 2, rue Meyerbeer » (*sic*), s.d.
46. *Les Nouveaux Temps*, 1er février 1941. L'article s'intitule « Un juste racisme ».
47. Raymond Delaporte, *L'Heure bretonne*, 28 juin 1941.

*5/Le blanc*

1. *Je suis partout*, 26 mai 1944.
2. « Réponse à un lecteur », *L'Illustration*, 6 juin 1942.
3. Tract, Archives du Comité d'histoire de la Seconde Guerre mondiale, RF 26.
4. *Collaboration*, mars-avril 1944.

5. *La Gerbe*, 7 novembre 1940.

6. *La Gerbe*, 21 janvier 1943. L'article s'intitule « Et vous, peuple infortuné... »

7. 26 juin 1943.

8. Marcel Déat, *Le Parti unique*, Paris, Aux Armes de France, 1942, p. 49. L'article s'intitule « Vers un humanisme concret ».

9. Georges Suarez, *Pétain ou la démocratie ? Il faut choisir*, Paris, Grasset, 1941, p. 105.

10. Jean de La Hire, *Hitler, que nous veut-il donc ?*, Paris, Éditions du livre moderne, 1942, pp. 38-39.

11. « L'Europe, espace vital de l'agriculture française », conférence du groupe Collaboration, *Collaboration*, septembre 1941.

12. *Illustration*, 7 février 1942.

13. *Illustration*, 13 juin 1942, p. 117.

14. *Au Pilori*, 9 septembre 1943. L'article s'intitule « Adieu, giovinezza ! »

15. Pierre Drieu la Rochelle, *Le Français d'Europe*, Paris, éd. Balzac, 1944, pp. 405 à 407. Article paru dans *Deutschland-Frankreich* en 1943. Rédigé en 1942.

16. « Hégémonie, fédération, hiérarchie », *Idées*, n° 14, décembre 1942, pp. 25 à 29.

17. Ludovic Zoretti, *op. cit.*, p. 252.

18. *La France européenne*, n° 1, juin 1941.

19. *France-Europe*, 12 décembre 1942.

20. *La Gerbe*, 1er juillet 1943. L'article est intitulé « Naissance de la IIIe Europe » et dédié « à mon ami Alphonse de Châteaubriant, qui a entendu la réponse du Seigneur ».

21. Georges Claude, *op. cit.*, pp. 115-116.

22. *La France au travail*, 14 juillet 1940.

23. *L'Œuvre*, 17 septembre 1943.

24. Marcel Déat, *Le Parti unique*, pp. 59 à 61. L'article s'intitule « Sélection et discipline ».

25. *Stur*, n° 5, pp. 76-77.

26. *L'Œuvre*, 16 septembre 1943.

27. Jean Luchaire, *Partage du pouvoir*, Paris, éd. Balzac, 1943, pp. 17-18.

28. *Je suis partout*, 21 août 1942.

29. Ludovic Zoretti, *op. cit.*, pp. 70-71.
30. Marcel Déat, *op. cit.*, pp. 46 à 48.
31. *La Gerbe*, 19 décembre 1940. Conférence prononcée le 15 du même mois.
32. « Le bonheur du peuple », in « La France base européenne », *Notre combat*, n° 5, octobre 1941, pp. 25-26.
33. Dominique Sordet, *op. cit.*, pp. 141-142.
34. 14 avril 1944.
35. « Socialisme, espoir du pays ! » in « Le socialisme, espoir de la France », *Notre combat*, n° 13, p. 13. En exergue de l'article la formule bien connue : « Aller à l'idéal mais comprendre le réel. »
36. Brochure, imp. ATS, 2e trimestre 1944. Archives du Comité d'histoire de la Seconde Guerre mondiale.
37. Jean Marquès-Rivière, *Les Ouvriers et Hitler*, Paris, Le Pont, 1941, pp. 21-22. Archives du Comité d'histoire de la Seconde Guerre mondiale.
38. Ludovic Zoretti, *op. cit.*, pp. 122-123.
39. *Les Cahiers français*, n° 1, p. 63.
40. Pierre Masteau, « Vers un nouveau Moyen Âge », in « Sur les routes nouvelles », *Notre combat*, n° 26, septembre 1942.
41. Lucien Rebatet, *op. cit.*, p. 563
42. *La Nouvelle Revue française*, février 1941.
43. *La Nouvelle Revue française*, juin 1941.
44. « Les dieux en chemise noire », *La Gerbe*, 7 novembre 1940.
45. *Cahiers français*, n° 12, pp. 35-36. L'article s'intitule « À nous la liberté ».
46. Abel Bonnard, *Pensées dans l'action*, Paris, Grasset, 1941, pp. 92-93. Le chapitre s'intitule « L'instant décisif ».
47. Jacques Doriot, *op. cit.*, pp. 61-62. L'article s'intitule « Crise de l'élite ».
48. *Notre combat*, n° 26, septembre 1942.
49. *Nouvelles continentales*, supplément hebdomadaire, n° 66, 13 juin 1942.
50. Marc Augier, *J'ai vu l'Allemagne*, pp. 48-49.
51. *Idées*, n° 22, août 1943, pp. 1 à 14.

52. Pierre Lahire, « Le disque au service de la collaboration », *La France européenne,* n° 1, juin 1941.
53. *La France européenne,* n° 14, 20 mai 1942.
54. Guy Harveng, « L'architecture nationale-socialiste », *La Gerbe,* 4 février 1943.
55. Abel Bonnard, à l'inauguration de l'exposition Arno Breker, *Nouvelles continentales,* supplément hebdomadaire, n° 64, 30 mai 1942.
56. Jacques Benoist-Méchin, *ibid.*
57. Lucien Rebatet, *op. cit.*, pp. 568-569.
58. *Les Cahiers français,* n° 6, mai 1943, pp. 30 à 32.
59. *Révolution nationale,* 26 juin 1943. L'article s'intitule « Invertébrés et faschicules ».

*6/Les beaux draps*

1. Dominique Sordet, *op. cit.*, pp. 86 à 88.
2. Lucien Rebatet, *op. cit.*, pp. 528 à 530.
3. Gaston Donizot, *La Gerbe,* 10 septembre 1942.
4. 17 mars 1943.
5. Document cité dans Claude Jamet, *Le Rendez-vous manqué de 1944,* Paris, France Empire, 1964, pp. 311-312.
6. 6 août 1942.
7. Georges Suarez, *op. cit.*, pp. 74 à 77.
8. Jacques Doriot, *op. cit.*, pp. 125 à 127. L'article, daté du 8 janvier 1941, s'intitule « Équivoque à éviter ».
9. *France-Europe,* 14 novembre 1942.
10. *France-Europe,* 29 mai 1942.
11. *L'Œuvre,* 4 juin 1943.
12. *La Nouvelle Revue française,* janvier 1943.
13. *Les Cahiers français, art. cit.*
14. *Mémoires* (inédits), IIe partie : « Le combat pour l'impossible », XII, 27-28.
15. *La Gerbe,* 4 février 1943. L'article s'intitule « La dernière chance de l'Europe ».
16. *Notre combat,* juillet 1943. L'article de Lucienne Delforge s'intitule « Le crime incompréhensible ».

17. Brochure, Archives du Comité d'histoire de la Seconde Guerre mondiale, RF 27 (as).
18. *France-Europe*, juillet 1944.
19. 14 juillet 1944.
20. Document dactylographié au dos d'un tract P.P.F. Archives du Comité d'histoire de la Seconde Guerre mondiale, RF 27 B.
21. Georges Oltramare, *op. cit.*, pp. 201-202.
22. 14 juillet 1944.
23. Document dactylographié. Archives du C.D.J.C., Paris, LXI-122. Le discours a été prononcé le 3 juin 1944 devant les chefs de service du Commissariat.
24. Pierre Antoine Cousteau, « En Bretagne avec la Milice », *Je suis partout*, 7 juillet 1944.
25. « Fidélité », *Je suis partout*, 28 juillet 1944.
26. Jean Hérold-Paquis, *op. cit.*, pp. 43 et 91-92.
27. Louis-Ferdinand Céline, *D'un château l'autre*, Paris, Gallimard, 1957, p. 157.
28. *La France*, n° 1, 26 octobre 1944.
29. Louis-Ferdinand Céline, *op. cit.*, pp. 333-334.
30. *Ibid.*, p. 339.
31. *Ibid.*, p. 351.
32. *Ibid.*, p. 167 et 213.
33. *Ibid.*, p. 200.
34. *Ibid.*, p. 342.
35. *Ibid.*, p. 397.
36. Allocution au micro d'*Ici la France*, reprise dans *La France* du 4 janvier 1945.
37. *La France*, 3-4 février 1945, « Renouveau français de l'antisémitisme ».
38. Allocution du 2 décembre 1944. Citée à l'audience de son procès, *Les Procès de la radio*, pp. 169-170.
39. Jean Hérold-Paquis, *Des illusions*, p. 167.
40. *Mémoires* (inédits), II, 34-35.
41. Pierre Drieu la Rochelle, « Exorde », in *Récit secret...*, Paris, Gallimard, 1961, p. 99.

## DU MÊME AUTEUR

LES COLLABORATEURS 1940-1945, Seuil, 1977.

DE GAULLE OU L'ORDRE DU DISCOURS, Masson, 1979.

LE PETIT NAZI ILLUSTRÉ. UNE PÉDAGOGIE HITLÉRIENNE EN CULTURE FRANÇAISE : *LE TÉMÉRAIRE* 1943-1944, Albatros, 1979.

NIZAN. DESTIN D'UN RÉVOLTÉ, Ramsay, 1980.

LES EXPOSITIONS UNIVERSELLES DE PARIS, Ramsay, 1982.

L'ENTRE-DEUX-MAI. HISTOIRE CULTURELLE DE LA FRANCE, MAI 1968-MAI 1981, Seuil, 1983.

L'ANARCHISME DE DROITE OU DU MÉPRIS CONSIDÉRÉ COMME UNE MORALE, LE TOUT ASSORTI DE RÉFLEXIONS PLUS GÉNÉRALES, Grasset, 1985.

MOTS DE PASSE 1945-1985. PETIT ABÉCÉDAIRE DES MODES DE VIE (dir.), Autrement, 1985.

NOUVELLE HISTOIRE DES IDÉES POLITIQUES (dir.), Hachette, 1987.

L'AVENTURE CULTURELLE FRANÇAISE 1945-1989, Flammarion, 1989.

1889. L'EXPOSITION UNIVERSELLE, Complexe, 1989.

DERNIÈRES QUESTIONS AUX INTELLECTUELS (dir.), Orban, 1990.

LES INTELLECTUELS EN FRANCE. DE L'AFFAIRE DREYFUS À NOS JOURS (avec Jean-François Sirinelli), Armand Colin, nouv. éd. 1992.

UNE NATION POUR MÉMOIRE. 1889-1939-1989 : TROIS JUBILÉS RÉVOLUTIONNAIRES, Presses de la fondation nationale des sciences politiques, 1992.

LA BELLE ILLUSION : CULTURE ET POLITIQUE SOUS LE SIGNE DU FRONT POPULAIRE 1935-1938, Plon, 1994.

LA REVUE BLANCHE : HISTOIRE, ANTHOLOGIE, PORTRAITS (éd., avec Olivier Barrot), UGE, nouv. éd. 1994.

## DANS LA COLLECTION FOLIO/HISTOIRE

1 Georges Duby : *Le dimanche de Bouvines (27 juillet 1214).*
2 Jean-Denis Bredin : *Joseph Caillaux.*
3 François Furet : *Penser la Révolution française.*
4 Michel Winock : *La République se meurt (Chronique 1956-1958).*
5 Alexis de Tocqueville : *L'ancien régime et la Révolution.*
6 Philippe Erlanger : *Le Régent.*
7 Paul Morand : *Fouquet ou le Soleil offusqué.*
8 Claude Dulong : *Anne d'Autriche (mère de Louis XIV).*
9 Emmanuel Le Roy Ladurie : *Montaillou, village occitan de 1294 à 1324.*
10 Emmanuel Le Roy Ladurie : *Le Carnaval de Romans (De la Chandeleur au mercredi des Cendres, 1579-1580).*
11 Georges Duby : *Guillaume le Maréchal (ou Le meilleur chevalier du monde).*
12 Alexis de Tocqueville : *De la démocratie en Amérique,* tome I.
13 Alexis de Tocqueville : *De la démocratie en Amérique,* tome II.
14 Zoé Oldenbourg : *Catherine de Russie.*
15 Lucien Bianco : *Les origines de la révolution chinoise (1915-1949).*
16 Collectif : *Faire de l'histoire,* I : *Nouveaux problèmes.*
17 Collectif : *Faire de l'histoire,* II : *Nouvelles approches.*
18 Collectif : *Faire de l'histoire,* III : *Nouveaux objets.*
19 Marc Ferro : *L'histoire sous surveillance (Science et conscience de l'histoire).*
20 Jacques Le Goff : *Histoire et mémoire.*
21 Philippe Erlanger : *Henri III.*
22 Mona Ozouf : *La fête révolutionnaire (1789-1799).*
23 Zoé Oldenbourg : *Le bûcher de Montségur (16 mars 1244).*

24 Jacques Godechot : *La prise de la Bastille (14 juillet 1789).*
25 Le Débat : *Les idées en France, 1945-1988 (Une chronologie).*
26 Robert Folz : *Le couronnement impérial de Charlemagne (25 décembre 800).*
27 Marc Bloch : *L'étrange défaite.*
28 Michel Vovelle : *Mourir autrefois.*
29 Marc Ferro : *La Grande Guerre (1914-1918).*
30 Georges Corm : *Le Proche-Orient éclaté (1956-1991).*
31 Jacques Le Goff : *La naissance du Purgatoire.*
32 Hannah Arendt : *Eichmann à Jérusalem.*
33 Jean Heffer : *La Grande Dépression (Les États-Unis en crise 1929-1933).*
34 Yves-Marie Bercé : *Croquants et nu-pieds (Les soulèvements paysans en France du XVI^e au XIX^e siècle).*
35 Arnaldo Momigliano : *Sagesses barbares.*
36 Robert Muchembled : *La sorcière au village.*
37 Gérard Gayot : *La franc-maçonnerie française.*
38 Raul Hilberg : *La destruction des Juifs d'Europe,* I.
39 Raul Hilberg : *La destruction des Juifs d'Europe,* II.
40 Ian Kershaw : *Qu'est-ce que le nazisme ?*
41 Jean Maitron : *Ravachol et les anarchistes.*
42 Maurice Agulhon : *Les Quarante-huitards.*
43 Arlette Farge : *Vivre dans la rue à Paris au XVIII^e siècle.*
44 Norman Cohn : *Histoire d'un mythe (La « conspiration » juive et les protocoles des sages de Sion).*
45 Roland Mousnier : *L'assassinat d'Henri IV.*
46 Michael Pollack : *Vienne 1900 (Une identité blessée).*
47 Nathan Wachtel : *La vision des vaincus (Les Indiens du Pérou devant la Conquête espagnole 1530-1570).*
48 Michel Vovelle : *Idéologies et mentalités.*
49 Jean Bottéro : *Naissance de Dieu (La Bible et l'historien).*
50 Jacques Ozouf : *Nous les maîtres d'école (Autobiographies d'instituteurs de la Belle Époque).*
51 Léon Blum : *Souvenirs sur l'Affaire.*
52 Georges Duby : *L'An Mil.*
53 Jean-Louis Flandrin : *Les amours paysannes (XVI^e-XIX^e siècle).*

54 Bernard Lewis : *Le retour de l'Islam.*
55 Marc Ferro : *Cinéma et Histoire.*
56 Colette Beaune : *Naissance de la nation France.*
57 Présenté par Michel Foucault : *Moi, Pierre Rivière, ayant égorgé ma mère, ma sœur et mon frère...*
58 Zeev Sternhell, Mario Sznajder, Maia Ashéri : *Naissance de l'idéologie fasciste.*
59 José Cabanis : *Le Sacre de Napoléon.*
60 Philippe Joutard : *Les Camisards.*
61 John Kenneth Galbraith : *L'argent.*
62 Marc Fumaroli : *Trois institutions littéraires.*
63 Sous la direction de Jean-François Sirinelli : *Les droites françaises (De la Révolution à nos jours).*
64 Jean Baechler : *Le capitalisme 1. Les origines.*
65 Jean Baechler : *Le capitalisme 2. L'économie capitaliste.*
66 Gérard Monnier : *L'art et ses institutions en France. (De la Révolution à nos jours).*

*Composition Euronumérique*
*et impression Bussière Camedan Imprimeries*
*à Saint-Amand (Cher), le 15 septembre 1995.*
*Dépôt légal : septembre 1995.*
*Numéro d'imprimeur : 1/2250.*

ISBN 2-07-032893-7./Imprimé en France.

Composé par Eurocomposition
et imprimé par Bussière Camedan Imprimeries
à Saint-Amand (Cher), le 15 septembre 1995.
Dépôt légal : septembre 1995.
Numéro d'imprimeur : [illegible]
[illegible]